FROM COMPETITIVE ADVANTAGE TO SUPERIOR VALUE
GAINING PERSISTENT SUPRANORMAL PERFORMANCE

从竞争优势到卓越价值
赢得持久超常经营绩效

马浩 著

图书在版编目(CIP)数据

从竞争优势到卓越价值:赢得持久超常经营绩效/马浩著.—北京:北京大学出版社,2021.7

ISBN 978-7-301-32207-9

Ⅰ.①从… Ⅱ.①马… Ⅲ.①经营管理 Ⅳ.①F272.3

中国版本图书馆 CIP 数据核字(2021)第 094334 号

书　　名	从竞争优势到卓越价值：赢得持久超常经营绩效 CONG JINGZHENG YOUSHI DAO ZHUOYUE JIAZHI: YINGDE CHIJIU CHAOCHANG JINGYING JIXIAO
著作责任者	马　浩　著
责任编辑	张　燕
标准书号	ISBN 978-7-301-32207-9
出版发行	北京大学出版社
地　　址	北京市海淀区成府路 205 号　100871
网　　址	http://www.pup.cn
微信公众号	北京大学经管书苑（pupembook）
电子信箱	em@pup.cn
电　　话	邮购部 010-62752015　发行部 010-62750672　编辑部 010-62752926
印　刷　者	涿州市星河印刷有限公司
经　销　者	新华书店
	787 毫米×1092 毫米　16 开本　20.75 印张　302 千字 2021 年 7 月第 1 版　2021 年 7 月第 1 次印刷
印　　数	0001—5000 册
定　　价	78.00 元

未经许可，不得以任何方式复制或抄袭本书之部分或全部内容。
版权所有，侵权必究
举报电话：010-62752024　电子信箱：fd@pup.pku.edu.cn
图书如有印装质量问题，请与出版部联系，电话：010-62756370

献给我的兄妹及其家人

To My Dear Sister and Brother

and

Their Loving Families

专家推荐语

本书试图回答战略管理的核心命题：企业如何能够获得持久超常经营绩效？虽然传统的答案在于企业是否具有竞争优势，但作者指出，竞争优势的构建与管理只有以价值创造为目的，才能够帮助企业在竞争中取胜。在当今的数字化时代，企业更需要突破个体的价值创造，通过商业模式设计与外部生态网络形成价值共创。作者将自己的思考与洞见凝练成"选择-星群-最优"（SELECT STAR BEST）这一总体分析框架，系统阐述了企业如何剖析自身的竞争优势，动态地构建、管理和更新优势集合，并且突破企业个体，从而与外部要素一起实现价值共创。本书的论述兼具广度与深度，在价值创造的每个步骤上都提供了相应的分析框架、行动策略以及案例启示，极具现实指导意义。作为战略管理者，如果你想创造持久超常经营绩效，一定会受益于本书的真知灼见。

陈春花，北京大学王宽诚讲习教授、国家发展研究院 BiMBA 商学院院长

这是一本必读书，可以使我们从理论和实践紧密结合的视角去深刻理解企业如何通过竞争优势为顾客创造卓越价值。

高旭东，清华大学经济管理学院创新创业与战略系教授

马浩教授的新作，打通了战略管理研究中竞争优势和价值创造这两大核心主题，提出了构建与发挥竞争优势进而创造卓越价值的"选择-星群-最优"框架，为企业赢得持久超常经营绩效指明了方向。本书充分体现了马浩教授的睿智、大气以及对战略的深刻理解，必将成为战略管理领域

从竞争优势到卓越价值：
赢得持久超常经营绩效

的经典之作。

宫玉振，北京大学国家发展研究院管理学教授、国家发展研究院BiMBA商学院副院长

本书将竞争优势和价值创造的分析融为"三元一体"的框架，在理论上将多家之言抽丝剥茧，系统性地呈现给读者，亦有助于实践者们更深层次地思考如何创造卓越价值、把握持久超常经营绩效的真谛。

廖建文，京东集团首席战略官，长江商学院教授

如何摆脱"内卷"是当今社会组织和个人面临的重大课题。马浩教授从战略管理核心命题切入，对竞争优势来源的剖析（SELECT框架），与我们熟悉的"记叙文六要素"一脉相承、恰如其分；对竞争优势动态变化的剖析（STAR框架）颇有"起承转合"之意；对竞争优势向卓越价值的转化分析（BEST框架），则暗合"食色，性也"的"人之大欲"。通读下来，颇感战略的本意就是，在浩瀚天际中选择最为闪亮的星辰（SELECT the BEST STAR）。

路江涌，北京大学光华管理学院战略管理学教授

马浩教授在战略管理领域深耕多年，功底扎实，治学严谨，学养深厚，同时又注重对企业实践的长期跟踪与分析，不盲目跟风。"立足经典，直面现实"，是马浩教授给我最大的感受。多年前就拜读过《竞争优势：解剖与集合》，这本新书又整合进了更新的实践和视角，对企业如何保持竞争优势与创造卓越价值，做了更系统、全面的阐述。内容翔实，文笔精彩，非常值得一读。

马永武，腾讯学院院长

专家推荐语

本书堪称原创型战略管理经典著作之一，常读常新。新版中又加入了作者对新经济的深刻思考，与时俱进。

滕斌圣，长江商学院战略学教授、高层管理教育副院长

在移动互联和数字经济的大时代下，企业管理正面临新的机遇和挑战。本书是战略管理领域的标杆性著作。而新版中关于数字经济和战略的论述更是顺应了时代潮流，拓展了理论空间，并为管理实践提供了新的分析框架。

童文锋（Tony Tong），美国科罗拉多大学战略、创业与运营管理系主任、教授

赢得持久超常经营绩效既是成就伟大企业的不二法门，更是企业存在的终极意义。但如何才能做到这一点？是从竞争优势切入还是从价值创造着手？马浩教授的研究找到了二者的结合点，即通过构建竞争优势来创造卓越价值这座桥梁，才能完成实现持久超常经营绩效的质变之跃。更为难得的是，马浩教授将其落地具化为三个系统的分析框架，让战略的分析与创新可学而至！

魏炜，北京大学汇丰商学院管理学教授

马浩教授的《从竞争优势到卓越价值》一书突破了传统战略管理的研究范畴和边界，提出了数智化时代下价值创造和共享的新模型，内容自成体系、东西结合、与时俱进，必将引发战略管理领域新一轮的脑力激荡！

吴剑峰，对外经济贸易大学商学院战略管理学教授

从竞争优势到卓越价值：
赢得持久超常经营绩效

    随着日新月异的技术变革，企业家需要不断更新和加深对战略管理、商业模式和竞争优势的理解。马浩教授结合最前沿的理论和实践，在其新书里拓展了传统的战略管理理论，提供了实践中急需的和实用的系统性框架。这本书将会对企业家和创业者产生深远的影响。

        吴迅（Brian Wu），美国密歇根大学 Ross 商学院战略管理学教授

    战略的思想源远流长，战略管理作为一门学问则是近几十年的事。马浩教授的大作把深刻的思想与现代战略管理的概念相结合，用清晰简洁的语言娓娓道来，是战略管理领域难得的佳作。

武常岐，山东大学管理学院院长，北京大学光华管理学院战略管理学教授

    马浩教授的 SELECT 框架，别出心裁，含摄战略诸法。阅读之，如六韬在手，领略谋定纲要，一通百通。

        周长辉，北京大学光华管理学院战略管理学教授

    随着信息技术的快速发展以及新商业模式的涌现，今天的企业需要有全面的战略思维来获得持久超常经营绩效。马浩教授的新书系统地阐释了企业如何能拥有竞争优势并创造卓越价值。本书能让管理者掌握前沿的理论框架，在数字时代的竞争中取得更大的成功。

        朱峰（Feng Zhu），美国哈佛商学院管理学教授

前　言

如何获取持久超常的经营绩效？此乃企业战略管理的终极追问。在战略管理学领域，对该问题的回答首先聚焦于对可持续竞争优势的青睐与追捧。竞争优势也随之成为20世纪整个战略管理学研究的核心话题与主导范式。在21世纪，随着数字经济时代的到来以及商业模式思维与相关实践之兴起，价值创造与创新正日益成为大家关注的焦点和全新的语境。因此，有必要系统地梳理竞争优势与价值创造的关系，为当下和未来的战略管理研究与实践提供有助于其进一步发展的跳板与平台。这样一来可以保持学科发展的连续性与一致性，发现并利用共通的知识精髓与实践要义，既不抱残守缺、因噎废食，亦不厚今薄古、盲目冒进；二来可以拥抱新兴潮流与实践中的创新探索，开发新的理论框架与实务指南，不仅直面现实、与时俱进，而且力求图新、继往开来。

本书的主旨正是以持久超常经营绩效为终极诉求，力求系统地阐释竞争优势的前因后果以及价值创造的来龙去脉。本书的底本是笔者的首部学术专著《竞争优势：解剖与集合》。该书首版为英文版，历经8年成书，是2004年北京大学中国经济研究中心成立十周年之际北京大学出版社出版的"北京大学中国经济研究中心研究系列"中的一册。该书的中文版由笔者本人翻译改定，于2004年由中信出版社同步出版。2010年，该书中文修订版转由北京大学出版社刊印发行。此次修订则是在2010年版本的基础上增加了全新的关于价值创造的第三部分。从某种意义上说，本书可以被认为是《竞争优势：解剖与集合》的第三版，但同样也是一个试图打通抑或再次确认竞争优势与卓越价值之间关系的创新性尝试。

从学科发展的演进历程和学术研究的内在逻辑来看，竞争优势与卓越价值之间有着千丝万缕的联系，不仅没有明显的割裂与断层、挤出与替代，而且表里相连、前后互鉴，只是二者的关注焦点和语境背景略有不同而已。竞争优势大概主要聚焦于独立的企业个体，价值创造或许更加在意

从竞争优势到卓越价值：
赢得持久超常经营绩效

企业所赖以生存的整个生态系统。从《竞争优势：解剖与集合》前两版的定位与行文来看，值得欣慰的是，笔者也恰恰着意关照了竞争优势与卓越价值的关系。这首先体现于对竞争优势的定义本身就已经涉及卓越价值。竞争优势乃是不同的企业间在任何可以比较的维度上所具有的差异性和不对称性。正是这种差异性和不对称性决定了某些企业能够比其对手更好地为消费者提供价值。也就是说，竞争优势体现在企业强于对手的价值创造能力。竞争优势最终是以价值创造为参照基准来界定的。

在保持原有的对竞争优势基本风貌之呈现的同时，笔者将着力强调对卓越价值的考量与推崇，使其进一步强化与明晰，并将其主导性含义贯穿于本书始终。承前启后，本书提出通过构建与发挥竞争优势而创造卓越价值的一个总括的分析框架："选择-星群-最优"（SELECT STAR BEST）。选择（SELECT）框架主要考察竞争优势的解剖，在继承前两版的基础上做了大幅度的精简与补充。星群（STAR）框架主要考察竞争优势的集合，在保持前两版原貌的基础上做了大量的增强与拓展。最优（BEST）框架力图解析价值创造的过程、宗旨和方法。本书重在探究相关现象背后的逻辑道理和一般性规律，以学术文献中的系统思考结晶以及综合证据为基本素材，并不着意引用或者剖析具体的案例。而对本书中理论框架的解读与应用，笔者则欣然寄望于那些富有梦想、善于思考、重在行动、笃实建功的业界人士与管理精英。

马浩　谨识
得克萨斯州奥斯汀市
2020 年 7 月 3 日

目录

导　论　战略管理之终极诉求：持久超常经营绩效 / 1

　第一章　从竞争优势到卓越价值 / 3
　第二章　一个总括的分析框架：选择-星群-最优
　　　　　（SELECT STAR BEST） / 21

第一部分　竞争优势解剖：SELECT 分析框架 / 35

　第三章　坚厚的内核：竞争优势的实质要素 / 43
　第四章　多姿的容颜：竞争优势的表现形式 / 61
　第五章　神秘的地点：竞争优势的存在方位 / 69
　第六章　实际的功效：竞争优势的作用影响 / 91
　第七章　奇妙的钥匙：竞争优势的起因缘由 / 111
　第八章　变幻的历程：竞争优势的时间跨度 / 141

第二部分　竞争优势集合：STAR 分析框架 / 161

　第九章　优势集合的构建：整合思维与总体考量 / 169
　第十章　优势集合的管理：持久-放大-取舍-更新 / 181

第三部分	卓越价值共创：BEST 分析框架	/ 209

第十一章	商业模式：价值创造的基本逻辑	/ 217
第十二章	生态系统：价值创造的多方并举	/ 239
第十三章	共享经济：价值创造的共同参与	/ 262
第十四章	品味格调：卓越价值的持久魅力	/ 287

参考文献 / 308

后　　记 / 316

导 论
战略管理之终极诉求:持久超常经营绩效

第一章　从竞争优势到卓越价值

一个世纪以来，战略管理领域及其前身——企业政策研究所面临的终极问题是企业间经营绩效的差异。为什么有些企业能够长期持久地享有超常的经营绩效？早期的解释聚焦于竞争优势及其可持续性，近期的研究则专注于卓越价值的创造与捕获。本章概要地回顾竞争优势与价值创造的相关研究与实践含义，并系统地比较二者的特点及其一体互鉴的总体关系。在此基础上，我们提出通过竞争优势来创造卓越价值从而赢得持久超常经营绩效的核心命题，并以此奠定全书的基调与主题。

企业是现代社会中不可或缺的重要经济和社会实体。企业经营管理这一游戏的实质在于对社会与生态环境中有限资源的竞争。游戏中的胜者，根据定义，注定是那些能够攫取、占有和使用大量社会与经济资源并对社会和民生产生深远影响者。对于企业，尤其是优胜企业而言，它们的存在证明了它们相对于其他企业或社会经济实体的竞争优势（Competitive Advantage）。换言之，它们之所以存在，是因为它们能够更好地为顾客提供价值、满足社会的需求。正因如此，它们也通过获取持久超常经营绩效（Persistent Supranormal Performance）而赢得应有的嘉赏与褒扬。一言以蔽之，要在竞争中生存并取胜，一个企业需要拥有竞争优势并创造卓越价值。

从竞争优势到卓越价值：
赢得持久超常经营绩效

在战略管理学（Strategic Management）领域，从源自哈佛商学院的企业政策（Business Policy）传统的创立算起的一个世纪以来，学者们所关注的核心因变量（Dependent Variable）一直是企业间经营绩效的差异。为什么有些企业能够获得比其他企业更加持久超常的经营绩效？此乃战略管理学的标志性追问与终极诉求。而对这一问题的回答，自从战略管理学科在 20 世纪七八十年代正式定名之后，主要聚焦于对竞争优势的探究，尤其是对可持续竞争优势（Sustainable Competitive Advantage）的考察。无论是战略管理研究中先后出现的两大主导范式——产业定位学派与资源本位企业观，还是之后的动态能力学说，都是力图揭示可持续竞争优势的来源与特点。同样，在管理实践领域，各类管理者们对于竞争优势更是极力追捧、青睐有加。

> 如果你没有竞争优势，干脆别竞争。
>
> ——杰克·韦尔奇（Jack Welch），
> 通用电气公司前 CEO（首席执行官）
>
> 投资的关键不在于估算一个行业将如何影响社会抑或它能增长多少，而是在于确定一个特定企业的竞争优势，而且更为重要的是，确定这一优势的可持续性。
>
> ——沃伦·巴菲特（Warren Buffett），投资家

世纪之交，随着信息技术行业的迅猛发展，商业模式创新为战略管理的研究与实践注入了新鲜活力。进入 21 世纪，数字经济的日益常态化更是拓展了研究者和实践者的思维与眼界。在以竞争和替代为主线的传统思维定式之外，大家开始逐渐认识并积极拥抱竞合和互补思维的含义与启发。生态系统与平台战略等相关概念也在文献中立足生根、广泛传播。与此相伴，大家关注的焦点从作为价值创造之利器的竞争优势逐渐转向卓越价值的创造与捕获本身。

第一章
从竞争优势到卓越价值

> 我在这个行业 33 年了，似乎每隔 10 年我们就会被提醒去重新认识我们业务的真谛，那就是为顾客提供更好的价值。
>
> ——约翰·佩珀（John Pepper），宝洁公司前 CEO

在数字经济时代，商业模式创新更加强调生态系统的思维以及"价值共创"（Value Co-Creation）的概念。本章概要地追溯对竞争优势与卓越价值各自特点相关研究的演进及其实践含义，并对这两个概念之间的关系进行剖析解读，为本书所提供的有关竞争优势与卓越价值的分析框架奠定坚实的基础。

对竞争优势的青睐

战略管理的研究者和实践者一直专注并青睐于优胜企业所享有的持久超常经营绩效。这样，他们对竞争优势的实质与起因理所当然地表现出浓厚的兴趣和不可抑制的好感。迄今为止，关于竞争优势的理论框架和视角可谓百花齐放、蔚为大观。我们不妨首先回顾一下文献中对竞争优势的探究历程。表 1.1 对现有关于竞争优势的主要理论学说从三个基本方面进行了精炼的总结。第一，对企业观的阐释有助于我们了解每个理论如何看待企业和企业存在的理由。第二，对核心概念的陈述有助于我们理解每个理论学说对竞争优势的界定与解析。第三，对不同理论学说关于战略管理首要任务之看法的系统梳理有助于管理者思考如何应对构建、保持和应用竞争优势时所面临的挑战。

表 1.1　关于竞争优势的主要理论学说的总结

	企业观	核心概念	战略的任务
产业定位学说	产品与市场活动组合	产业结构/市场定位 议价能力 进入壁垒/流动壁垒 垄断利润	产业定位 将企业定位于具有吸引力的产业中最易防守的强势位置
战略承诺学说	一系列不可逆转的投资决定的设计者和执行者	承诺（献身投入） 战略的持久性 进入壁垒/流动壁垒 持久竞争优势	选择承诺 通过一系列的资源投入来建立和加强企业的可持续的市场定位
资源本位企业观	独特的资源与能力组合	独特资源与能力 核心竞争力 李嘉图租金	资源差异化 攫取和利用独特的资源与能力从而实施难以被对手模仿的战略
效率学说	降低生产和交易成本的一个内部阶层制的安排	交易成本 运营成本 经济化（效率） 效率租金或准租金	经营活动经济化 力求最有效率地经营运作从而实现企业总体价值链上所有活动的最高效率
超级竞争学说	警觉不安的"斗士"	超级竞争 竞争升级 新的"7S"分析 短期优势	奋力打斗 通过不断的竞争行为制造短期竞争优势从而在永无休止的竞争中与时俱进
动态能力学说	不断重组自身能力的市场开拓者与顺应者	动态能力 感知机会/把握机会 重组资源与能力 创造性地转化	动态契合 通过资源、能力与业务的不断重组来保持企业自身运作与外部环境要求的动态契合

产业定位学说

在 20 世纪 80 年代，迈克尔·波特（Michael Porter）对产业结构分析之正规化所做的贡献在战略管理领域里可以称为划时代的成就。以产业组织经济学中的"产业结构—企业行为—经营绩效"为基本理论范式，产业结构分析法将企业看成一个产品和市场组合。企业所在产业的产业结构决定企业的行为与战略，企业的行为与战略决定企业的经营绩效。根据这种分析范式与方法，在具有吸引力的产业建立可以防御竞争者的市场定位将使持久竞争优势的存在成为可能。产业的吸引力则取决于那些能够影响和改变产业结构的五种基本力量（供应商、购买商、现有竞争对手、潜在竞争对手和竞争性替代者）的具体组合。

波特将其产业分析框架（五力模型）的终极目的定位在解释企业相对于直接和潜在竞争对手的超额利润率的持久性上。根据产业结构分析的解释，战略的实质在于企业如何进行产业定位的选择。一旦进入一个具有吸引力的产业并建立了可以防御竞争者的市场定位，企业的战略任务便是筑起和操纵进入壁垒，并打击和阻挠潜在竞争者的进入，从而保护企业的市场定位，使竞争优势以及相关的垄断利润得以持久。

战略承诺学说

企业的诸多战略行动之所以能够被称为战略行动，就在于它们牵涉到大规模的不可取消和不可逆转的资源投入。这种一旦投入就不可轻易撤出的资源承诺（沉没成本极高），决定了企业行为的不可逆转性和企业战略的相对稳定性，乃是企业获得持久竞争优势之充分必要条件。战略承诺可以导致强势产业定位并阻止潜在竞争者的进入。如果没有这种承诺，大家都企图永远"灵活多变"，就不会产生企业间战略的持久性差异。换言之，如果企业的定位选择对企业没有相对长期持久的影响和约束，那么，预测未来，并对某种想象的未来做相应的承诺，也就没有什么意义可言。

由于战略往往取决于并最终体现在企业的一系列不可逆转的投资决策上，在高度的环境不确定性和复杂性面前，善于预测或感知未来并坚定不移地朝着某个战略方向不断加强承诺，是企业战略的首要任务也是最为严峻的挑战。在战略承诺的研究中，沿袭产业组织经济学的传统，大家对进入壁垒和流动壁垒也非常关注。可持续竞争优势得以实现的前提就是通过那些不可逆转的投资决策造就实实在在的进入壁垒（或流动壁垒），来阻止潜在进入者（或产业内其他对手，尤其是来自不同战略群组的对手）的威胁。

资源本位企业观

资源本位企业观强调企业资源与能力才是企业可持续竞争优势的主要来源。具体而言，某些企业资源是有价值的、稀缺的、难以被模仿的并难以被替代的。这样的独特资源将为企业带来可持续竞争优势，从而带来企业的经济租金（李嘉图租金）和持久超常经营绩效。产业分析学派强调的是产品市场结构的不完善（或非完全竞争），而资源本位企业观强调的则主要是资源和能力市场的非完全竞争。这种非完全竞争导致企业间战略资源分配的差异性及其持续存在。

根据资源本位企业观的解释，企业经营战略的首要任务在于发现和寻求独特的资源与能力，并以之为基础构建其他企业不可能模仿和替代的战略。与产业结构分析学派的进入壁垒概念相似，资源本位企业观用资源实力壁垒——限制和阻止对手模仿某个企业资源与能力组合的机制——来解释可持续竞争优势。核心竞争力学说乃是资源本位企业观在管理实务文献中应用的典范。

效率学说

企业以管理命令链条来组织和监管生产与交易活动。它是相对于市场机制的另外一种配置有限经济资源的制度安排。某些经济活动与决策之所以在企业内发生，正是因为企业在这些情景下通常比市场更有效率。奥利弗·威廉姆森（Oliver Williamson）尤为强调效率在企业经营活动中的重要性及其对经营绩效产生的影响。有关效率、战略运作和竞争优势，威廉姆森（1991：75）做如下评述："经济性是最好的战略。这么说，并不意味着通过巧计和定位等手段打压和击败对手的战略运作不重要。但是，长期而言，最好的战略就是有效率地进行组织和操作……增强经济性才是更根本的。"

第一章
从竞争优势到卓越价值

同样，产业组织经济学中的芝加哥学派也坚持认为，企业发展壮大主要靠它们的效率而不是垄断强权。虽然芝加哥学派并不否认垄断利润的存在，但这一学派倾向于认为企业的超常经营绩效所反映的主要是企业的效率租金，而不是垄断强权本身。从这个意义上讲，当一个企业可以更有效率地服务整个市场的时候，自然垄断是完全可能的。而该企业所享有的超常经营绩效可以被看做对其效率的奖赏。

超级竞争学说

由理查德·达文尼（Richard D'Aveni）所提出的超级竞争学说，描述了一种狂争恶斗的"厮杀"场景。在这个场景中，企业竞争不断升级、步步推进，从价格和质量到时间和诀窍，从争夺势力范围到打造丰厚资源储备。超级竞争的一大特点就是竞争优势难以持续。毫不奇怪，这种学说将企业看成一个超级竞争者，无时无刻不在与对手过招较量。为了生存，它不得不尽力地去不断创造短期竞争优势。作者提出了一个新的"7S战略武器体系"来帮助企业在超级竞争中取胜。

超级竞争，就其实质而言，可以说是熊彼特竞争的极端表现形式，亦即所谓的"破坏性创新"，不仅时间跨度缩短，而且发生频率增强。合作战略并不能导致企业走出超级竞争的困境。在超级竞争中取胜的唯一手段就是毫不犹豫、无所畏惧、全面拥抱、拔剑而战。只有适应不断"打硬仗"的挑战，企业才有可能在超级竞争中获得竞争优势，虽然这种优势往往是非常短暂的。不断构建和应用短期竞争优势，大概算是超级竞争中企业战略管理的最高境界了。

动态能力学说

如前所述，在战略管理学领域，最早的关于竞争优势的考量来自对企业政策的研究。SWOT分析的精髓在于企业自身条件和运作与外部环境要求和变化之间的契合。这种契合乃是竞争优势的重要决定因素。之后，产业定位学派强调了产业环境的重要性；资源本位企业观强调了企业内部资源与能力的重要性；自20世纪末至今仍然盛行不衰的动态能力理论则再次强调企业政策研究传统与SWOT分析所强调的契合：企业与环境的动态契合。

如欲保持竞争优势的持久，企业必须时刻审视自身的资源与能力组合以及外部环境的变化，并适时地感知变化、捕捉机会、重组更新、转化自身。也就是说，企业要根据环境的变化或者依照自己对未来的预期，不断地重组资源、再造流程、更新业务，从而实现企业自身运作与外部环境要求的动态契合，不断地构建与保持其竞争优势。

对卓越价值的痴迷

需要明确指出的是，对于竞争优势的定义本身从一开始就是与价值创造（Value Creation）密不可分的。我们不妨首先看看战略管理文献中关于竞争优势的最为经典和权威的定义之一。波特在《竞争战略》一书中对竞争优势做出如下论断：

> 竞争优势，就其根本而言，来源于一个企业所能够为其买主提供的，并高于企业为之付出之成本的价值。价值才是买主愿意支付的，卓越的价值在于为顾客提供同等的效用但比对手价格低廉，或者为顾客提供某种独特的效用而顾客愿意为之付出高昂的价格。（Porter, 1985：3）

波特的定义的精彩之处在于它以市场和顾客为基准以及对顾客价值的强调。在竞争优势研究的演进过程中，有些理论学说，尤其是早期的研究工作，主要聚焦于竞争优势本身的来源和特点，比如表1.1中总结的各种理论学说；另外一些理论潮流，尤其是近期的研究工作，则更加关注价值创造的过程与结果本身，比如表1.2中列出的理论学说。尽管具有不同的

第一章
从竞争优势到卓越价值

语境和关注点,但价值创造研究与竞争优势研究实质上是密不可分的。以波特的定义为例,简而言之,竞争优势可以被认为是有利于价值创造的使动因素,而卓越价值的创造与实现正是由于竞争优势而促成的结果。在很大程度上,竞争优势研究与价值创造研究的差别只是各自关注的侧重点不同而已。

表1.2 关于价值创造的主要理论学说的总结

	企业观	核心概念	战略的任务
熊彼特创新学说	"创造性破坏"的实施者	创新/企业家 "创造性破坏" 资源的新组合 企业家租金	不断创新 打破现有市场均衡并开拓自己领先的新市场和新游戏
蓝海战略学说	发现和开辟新市场的价值创造者	价值创造 精准定位 价值画板 价值杠杆	创建蓝海 通过精准定位去发现和开辟尚未被意识到或者尚未被充分开发的市场
竞合学说	一个力求行为结果最优化的理性决策者	双赢 竞争与合作同时进行 替代与互补 游戏的构成要素(PARTS)	竞合并举 追求竞争与合作间的平衡;通过改变游戏规则或游戏本身实现双赢
生态系统学说	业务生态系统中的物种之一	业务生态系统演化/共同演化 主导性(基石)物种 环境选择	共同演化 追求企业在业务生态系统中的主导地位和系统本身的健康演化
商业模式学说	用特定交易和盈利模式创造并捕获价值者	价值主张 价值交付 价值捕获 盈利模式	创造并捕获价值 通过清晰有效的交易模式与盈利模式为顾客提供价值并为企业自己捕获价值
平台战略学说	多方参与的合作或交易平台的构建者与参与者	技术平台 交易平台 多边市场 治理模式与规则	促成交易 构建和维持平台的运营从而促进技术创新或者增进交易的便利

显然,如果不能够导致卓越价值之提供,企业的竞争优势就很难被明确地界定和体现。而卓越价值的创造,靠的仍然是竞争优势,而并不仅仅

是商业模式、平台战略和生态系统等更为时髦的术语与概念。无论是个体企业还是整个生态系统，要想比其他企业或者生态系统更好地创造卓越价值，都离不开各类竞争优势。进一步说，虽然价值创造过程需要更多的协作与共创，但在大家争相捕获价值的时候，参与的各方之间仍然是激烈竞争的关系。

> 只是创造价值是不够的，你必须能够从创造的价值中捕获一部分。
>
> ——彼得·蒂尔（Peter Thiel），《从0到1》作者
>
> 价值创造是一个天然的合作过程，价值捕获则是天然地极具竞争性。
>
> ——巴里·内由巴夫（Barry Nalebuff），经济学家

如前所述，战略管理的终极问题是如何获取持久超常的经营绩效。从这一点来看，竞争优势与价值创造都不过是作为手段和方法的中间变量。正是因为我们对持久超常的经营绩效感兴趣，所以我们才对竞争优势与卓越价值感兴趣。因此，本书遵从如下基本逻辑链条：通过可持续的竞争优势去创造卓越价值并赢得持久超常经营绩效。

熊彼特创新学说

对于战略管理学研究者而言，世界上最伟大的经济学家、对市场经济运行机制理解最深刻透彻的学者当首推约瑟夫·熊彼特（Joseph Schumpeter）。他对企业家角色的贴切描述以及对创新机制的精辟论断至今仍被奉为学术经典和理论高峰。熊彼特认为，追逐利润的企业家将不断地通过创新来打破经济发展中现有的均衡。创新是市场经济自我促动的引擎。由于其"创造性破坏"的特质，熊彼特型竞争不可能是稳定的，而注定是

第一章
从竞争优势到卓越价值

动态的、非均衡的和难以预测的。然而，正是不确定性才使战略成为必需。在以不确定性、复杂性、革命性和迅捷性为特色的熊彼特型竞争中，正是企业家在战略运作中的远见、判断和冒险使一批又一批的新兴企业后来居上，推出新的价值创造方法与手段，从而推动经济不断发展。

简言之，创新是战略成功的一大法宝。无论是产品的创新、新市场的开发、新原材料的发现、新型企业组织管理制度的创立，还是各类企业活动的重新组合，都会帮助企业更好地为顾客提供价值。显然，按照熊彼特创新学说的思路，战略管理的主要任务应该是不断创新：不断创造新的游戏或改变现有游戏规则并在创新中取胜。熊彼特创新学说的精彩之处恰恰在于其主张的"创造性破坏"。与诸多的企图使得现有竞争优势得以持续的学说与做法不同，这种思路实际上是强调击败或者越过现有强势企业的竞争优势。因此，它所研究和服务的对象主要是挑战企业和新兴企业。

蓝海战略学说

在战略管理学领域将熊彼特创新学说继承和发扬光大的典型代表就是所谓的蓝海战略学说。蓝海战略学说不仅是一种思维方式，也是一套行动指南。其基本理念和哲学意蕴在于其独辟蹊径的主张：通过进入那些需求尚未被发现或者尚未被充分满足的市场从而实现价值创造。其实质精髓在于精准定位，找到适合的消费者群体并为他们提供量身定制的产品与服务，而不是在所有的相关维度上平均施力故而毫无特色。所谓适合的消费者群体，特指那些企业愿意准确地了解和把握其痛点与诉求并愿意为之提供深度与精准服务的顾客，而且这些顾客也愿意接受并欣赏和褒奖这种企业所提供的服务。

蓝海战略的主要实践指南包括两个相关的分析框架。首先是价值画布框架，它帮助企业提供精准的产品与服务组合。企业应拒绝不假思索地追求大而全、小而全、一个"均码"对应全场。企业应该只提供那些顾客需要的产品与服务属性，而顾客不需要的就根本不提供。此乃通过精准定位而创造卓越价值之根本。其次是价值杠杆框架,它帮助企业对自己的产品与服务进行定制:出台那些顾客需要但企业尚未提供的产品与服务属性;剔除企业当下正在提供但顾客其实并不需要的属性;增加那些顾客极为需要但当下满足力度不足的属性;减少顾客虽然需要但当下的提供已经过剩的属性。

竞合学说

合作与竞争乃是企业常见的关系形态。在极端情况下,你死我活的对手间必须时刻保持竞争的意识与行动。通常情况下,尤其是在新兴的行业里,企业间很可能既竞争又合作。所谓的竞合(Co-Opetition)——与竞争者合作、与合作者竞争,乃是特指对手间同时进行竞争与合作的情形,是从其意识上的认知定位到实际的行为姿态。与产业定位分析中对竞争者与替代者的重视不同,竞合学说更加强调互补者和在游戏中的重要角色。竞合学说,是与产业定位学说尤其是以超级竞争学说为代表的过分强调竞争之不可避免性阵营强烈对立的一种学说。

竞合学说认为,把互补者的角色放回到分析图景中,能够帮助企业思考和寻求合作的机会以及双赢的可能。竞合学说的核心主题是,企业可以通过改变游戏而获取竞争优势。通过竞合,参与的各方或许能够更好地创造价值。需要强调的是,竞合思维主要关注的是人如何通过互补与合作将整个产出的价值做大。至于参与者在价值创造过程中如何分享或捕获属于自己的价值,则既可以是双赢,也可以是零和游戏。如果是零和游戏,则某些企业注定获得了更多的利益或者增强了自己的竞争优势。这一点是不应该被轻易忽略的。

生态系统学说

生态系统学说将企业看做属于某一个特定物种的实体,它试图在生态系统中调整自己去适应变化、攫取资源，并接受系统和更大外部环境的选择（或淘汰）。生态系统学说的一个重要研究焦点就是不同生态系统之间的竞争，而不仅仅是同一个生态系统内不同物种之间的竞争。这样，环境选择不仅发生在个体物种层面，而且发生在多个生态系统之间。不难想象以下情况：一个物种在一个具体的业务生态系统中是主导性（或基石）物种，但整个生态系统可能正游走于分崩离析的边缘。如此，任何一个渴望在生态系统中占有主导地位的物种，它的进化模式必须使其在自己的生态系统中脱颖而出，同时使其所在的整个生态系统在与其他生态系统未来的争斗中保持强劲的战斗力和韧性。

显然，在当前新的语境下，生态系统的概念与方法则主要强调某个具体的生态系统内不同物种之间的协作共生——大家共同创造卓越价值。与此相关，也许我们需要区分"企业生态系统"和"业务生态系统"。比如，所谓的"腾讯系"之"生态圈"中的企业，它们的身份主要是以其与腾讯的关系来界定的。它们也可以同时游走于其他企业生态系统，包括与"腾讯系"直接竞争的生态系统。具体到某个业务市场，比如电商领域的竞争，这个实际的生态圈中不可能只包括自己人（合作伙伴和上下游企业）而不包括竞争对手和相对独立的第三方。如此，在具体的"业务生态系统"中，自然存在着以不同企业为基准的"企业生态圈"或曰不同的、相互竞争的"亚生态圈"们。业务生态圈是真实存在的领域，囊括了所有参与和潜在参与的"物种"。企业生态圈则是有选择的概念性和意识性的感知，只关注自己体系内部的"物种"。

商业模式学说

所谓商业模式，指的是一个企业在价值创造过程中与不同参与者之间的关系以及交往互动的架构设计与规制准则，是一种超越企业自身边界的关系模式与活动安排。它界定和描述不同参与者的角色定位和贡献方式以及获利的途径与空间。一个清晰的商业模式通常是一个令人信服的故事，告诉大家收入从哪里来以及盈利如何产生并如何在参与者之间进行分配。具体而言，商业模式的主要构成要素包括价值主张、价值交付和价值捕获。价值主张阐明为谁创造什么价值。价值交付说明如何制造价值并将其交付给目标受众。价值捕获取决于具体的盈利模式设计，要界定企业如何在创造价值的同时有效地获取属于自己的那部分价值。

  传统的竞争战略所关注的是不同对手之间在为顾客创造价值的过程中的竞争较量与相互钳制。商业模式思维则相对注重企业与合作伙伴间的角色互补以及共创价值的协作关系。上述的生态系统思维便是与商业模式思维同时兴起的相互映衬的新兴学说。商业模式主要体现在参与者所共同践行的活动体系（如何分工并相互连接）以及维持多方参与者之间关系的相应的治理机制。在某种意义上说，商业模式可能是一种广泛使用的业态，比如电商相比于线下零售。由此，在同一种商业模式下，企业可以采取不同的竞争战略，比如综合电商和垂直电商；而同一种竞争战略，比如差异化战略，也可以通过不同的商业模式来实施，比如奢侈品的线上营销与线下营销的齐头并进。

平台战略学说

  平台战略和商业模式的概念与生态系统思维密不可分。可以说，平台战略是基于生态系统思维的一种特定的商业模式。通常情况下，平台战略特指营造和维护平台的企业的战略。该战略旨在构建和经营有多个售卖者和多个购买者参与交易的平台体系，并通过特定的治理机制与准则来促成或增进交易的便利。平台的架构者不仅可以提供交易的场所和信息渠道，而且可以提供咨询、担保、仲裁、支付、赔付、短期融资等多种增值服务，增进交易的便捷性与安全性，从而进一步吸引更多的卖家与买主。平台战略的功效不仅在于增速扩容、提效添益，而且在于诱发新创、使动催生。一方面，平台战略能够提高交易的效率与便捷性从而降低交易成本；另一方面，它也能够在原先由于信息不对称或者交易量过小而形不成实际交易的场景下促成交易的实现和相关市场的诞生。

其实，数字时代只是放大和增强了平台的效应。在模拟世界中，平台经济与平台战略就早已存在并盛行，比如庙会和集市、跳蚤市场等。再比如，以建材、装修和家居为主题的综合卖场——居然之家便是容纳多种相关店铺的实体平台。其先行赔付政策保证了顾客不会受到那些依赖其平台而生存的独立商家的无端刁难。在数字经济时代，各种先进的信息技术使得许多全新的市场得以被激活，比如优步等平台战略的践行者在网约车市场上对多个司机与多个乘车者的匹配服务。最早的线上平台之一便是亚马逊商城，它在自营业务之外为其他商家提供销售平台与各种辅助服务。

除了货物交易，平台战略也可以是技术上的共享、合作与交易，比如亚马逊和阿里的云平台或者早期的IBM PC（个人计算机）平台以及当下的安卓智能手机平台。在以技术创新为主要目的而存在的平台上，多方合作者与互补者共同协作、共同演进，促成某种技术上的创新或者价值链上某个具体环节上的创新。比如，上述的安卓智能手机操作系统及其主要竞争对手苹果的iOS系统，都是典型的技术创新平台。

从竞争优势的魅惑到卓越价值的梦幻

如上所述，作为实现超常经营绩效的法宝和利器，持久竞争优势与卓越价值创造深受战略管理者之青睐与痴迷。但过分的青睐与痴迷可能使得管理者陷入魅惑与梦幻的误区，导致本末倒置、表里相隙、手段至上、目标游离。而忽视二者的内在联系与总体关系则更容易使管理者走火入魔、固守偏执、南辕北辙、枉费心机。通常境况下，过分关注竞争优势与竞争本身，可能忘却了价值创造的必要性与紧迫感，死缠烂打、乐此不疲；而以价值创造之名去从事自己毫无竞争优势的业务，最终可能是水月镜花、画饼充饥。

简而言之，关于竞争优势与卓越价值的侧重点与分水岭，说得极端一点，就是盯住对手和拥抱顾客的区别。盯住对手，通常意味着以竞争思维为主导，千方百计地要打败对手或者至少领先于对手，为竞争而竞争。对于竞争优势本身的追求流淌在血液里，落实在行动中。此时的目标，主要在于造就和保持相对于竞争对手的竞争优势本身，而创造客户价值可能会沦落为次要的考量。

没错，恰如波特对竞争优势的经典定义本身确实是根植于企业间在创造价值方面的差别，但此时企业强调的也许主要是企业间的差别而不是创造出来的价值总量。比如，在恶性竞争（尤其是恶性价格战）中，企业关注的就是如何打赢价格战，而不是如何通过产品与服务创新来更好地满足顾客需求。长此以往，即使暂且存活的企业依靠微弱的竞争优势打败了竞争对手，整个行业的前景亦是极为堪忧，因为此时要为顾客创造卓越价值的使命和初衷已然被抛在了脑后。

拥抱顾客，通常意味着以价值创造为主导，煞费苦心地要为顾客创造价值，关注他们的"痛点"，满足他们尚未被满足的需求。无论是蓝海战略还是商业模式创新，它们所尊崇的都是价值创造至上的逻辑思路。然而，拥抱顾客有时可以变种为忪恿顾客甚至忽悠顾客。其中包括各类想象力丰富的所谓"价值主张"，声称要诱发和满足那些消费者尚未想象到、意识到和提出希望的需求，从而主动地、当仁不让地要为他们创造卓越价值。

艺高人胆大。确实有天才企业家献身于此类创业活动而终获成功。然而，虽然我们不能简单地以成败论英雄，但在很多时候，以为顾客创造卓越价值的名义进行的各类创业与创新举措其实是不符合商业逻辑并难以为继的。商业模式创新以及价值创造并不是缺乏潜在可持续盈利能力的"遮羞布"。甚至无须奢谈盈利，能够最低限度地保证足够的现金流从而能够持续生存就可以证明价值创造的潜能。价值创造不仅仅是一个虚幻的概念和良好的愿景。一个旨在创造卓越价值的企业应该给大家提供一个令人信服的理由，来说明其所作所为比现有的商业模式有更加可观的前景，抑或其独特的执行能力可以弥补和消除所选商业模式本身的弊端与不足。

第一章
从竞争优势到卓越价值

否则,就是假借价值创造之名为自己想方设法地捕获价值、攫取利益。即使其创业初衷完全是满足顾客需求,如果企业不能在为顾客创造价值的同时得到相应的回报、获取自己应得的价值,那么这种价值创造过程也无法持续。

任何一个日本企业的终极目标都是要保持它的永久生存。与风险投资资助的企业和美国公司不同,我们的首要目标不是短期利润最大化。我们的首要目标是在保持生存的稳定基础上持久地赢利。

——贺来隆三郎(Ryuzaburo Kaku),佳能前总裁

总之,比竞争对手为顾客创造更加卓越的价值,靠的正是相比于竞争对手或者其他生态系统和商业模式所具有的竞争优势。没有竞争优势的企业不可能单单靠新的概念和所谓的全新模式就能凭空创造价值。而过分痴迷于竞争优势本身的魅惑也会使得企业偏离价值创造的航线。因此,再次强调,本书的主旨就是探讨企业如何通过构建与发挥持久竞争优势为顾客创造卓越价值,从而为自己赢得持久超常经营绩效。

本 章 结 语

战略管理的终极目标是企业的持久超常经营绩效。这也是战略管理研究中最为重要的因变量和战略管理实践结果的"试金石"。在战略管理学的演进过程中,对于超常经营绩效的探究首先聚焦于竞争优势的起因与特点,并随着数字经济时代的来临逐渐转向以价值创造为核心主题的研讨。本章概要地总结和梳理了有关竞争优势与价值创造的研究潮流与理论学说,并阐明了二者的独特之处与总体关系。虽然整个领域关注的重点和流行的语境从以竞争优势为主导渐次转向以价值创造为核心,但二者其实是

从竞争优势到卓越价值:
赢得持久超常经营绩效

相互依赖和表里共存的关系:没有竞争优势,企业难以创造卓越价值;没有卓越价值的创造,竞争优势本身的存在单薄无力。本书的主旨就在于对竞争优势与卓越价值创造的整合性处理:通过竞争优势创造卓越价值并从中获取持久超常经营绩效。

第二章 一个总括的分析框架：选择-星群-最优（SELECT STAR BEST）

企业的经营绩效由多种因素影响与决定。战略管理乃是企业能够影响其经营绩效的主动行为。其根本使命和具体目标在于通过构建和应用竞争优势来为顾客创造卓越价值并从中捕获属于自己的那部分卓越价值。作为本书内容体系的简要预告与精炼总结，本章集中呈现一个总括的分析框架：三位一体的选择-星群-最优(SELECT STAR BEST)。SELECT 框架主要考察竞争优势的解剖维度，力求全面地捕捉其来龙去脉、行迹姿态与功用时效。STAR 框架聚焦于竞争优势集合的构成与动态以及相应的管理要务，阐释竞争优势的持久、放大、取舍与更新。BEST 框架则专注于价值创造的过程与方法，分析商业模式、生态系统、共享经济与品味格调等在价值共创中面临的相关挑战及应对。

战略的精髓在于取胜。就企业而言，战略的目标在于赢得持久超常经营绩效。经过精心考量并成功实施的战略可以帮助企业建立相对于其对手的竞争优势，从而实现超常经营绩效。一个企业若想取得竞争优势并以之获利，它的战略管理者必须具有胜者之想象力。取胜是一种思维定式，一种内在的、鲜活的意志状态。取胜是一种世界观，一种系统的、一致的处

从竞争优势到卓越价值：
赢得持久超常经营绩效

世哲学。战略即取胜，取胜即战略。尘埃落定，只见胜者名彪青史，被奉为英雄。胜者不但对经济与社会产生直接的影响，其成就和遗产也往往为后人颂扬，荣誉有加，辉煌不减。发挥胜者的想象力，以战略取胜，此乃企业竞争之精彩妙趣之处。

你必须去统治而赢，要么遭奴役而输。受难或胜利，当铁案或做夯锤。

——歌德

你问，我们的目标是什么？我可以用一个词来回答：胜利，不惜一切代价、不顾任何恐怖、不管道路如何长久和艰难地去赢得胜利；因为没有胜利就没有生存。

——温斯顿·丘吉尔，第二次世界大战时期英国首相，
1940 年在英国下议院的演讲

胜利者似乎显得如此无可挑剔。

——莎士比亚，《亨利四世》

欲为胜者，仅仅把企业看成产品市场组合或者资源与能力组合是远远不够的。你必须把你的企业看成一个竞争优势的集合。你的企业必须至少在某一方面强于对手，而且最好在多个方面强于对手。这种强烈的取胜意识为灼热燃烧的欲望推波助澜：敢为人先、竞取最优。这种积极取胜的世界观帮助战略管理者定义企业的使命（企业存在的根本原因）以及企业的自我认知与社会形象。你的企业之所以存在，正是因为它能更好地为顾客提供价值。企业的形象和自我认知取决于它对社会的独特贡献（经济的或非经济的）。也正是这种独特贡献使得你们的战略管理团队成为胜者。简言之，你必须把企业看做一个取胜的载体，一个竞争优势的集合。

第二章
一个总括的分析框架：选择-星群-最优（SELECT STAR BEST）

>奥运会中最重要的不是取胜而是参与……生活的真谛不在于征服而在于努力奋斗。
>
>——皮埃尔·顾拜旦（Pierre de Coubertin），
>现代奥林匹克运动先驱
>
>你不是赢得了银牌，而是输掉了金牌。
>
>——1996年奥运会耐克广告语
>
>胜者王侯败者寇。
>
>——中国俗语

胜者之所以取胜，首先在于取胜之心。不仅如此，优秀企业不只在某一方面优秀，它们往往在诸多方面都很出色。它们并不依靠和拘泥于某种特定优势，而是精心打造一个优势集合，使得不同的竞争优势互补增强。这样也使得企业的战略行之有效、攻守自如。因为对于对手而言，要同时在多方面模仿和赶超是非常困难而且不理性的。进而言之，优胜企业通常善于管理其优势集合的动态发展。优势通常遵循特定的演化过程。当旧有优势衰退、消失之前，优胜企业能够以新的优势去填补、添续其优势集合。经时历久，它们也会改变相应的关注点，依赖于不同的竞争优势，以应变环境和竞争之需求。

一个企业存在的根本原因取决于它在服务顾客时所拥有的竞争优势，取决于其通过竞争优势为顾客提供卓越的价值并顺利捕获其中自己应得的那一部分价值。至少对于一个成功的企业来说，大抵如此。欲为胜者，必须有胜者之意志和心态。优胜企业经常取胜的原因就在于它们知道如何创建并管理优势集合，如何在多方面都很出色并与时俱进、调整应变。因此，将企业看成动态演化的优势集合，也就意味着企业乃胜利之载体。

显然，企业不可能是一个只靠单打独斗而无往不胜的"独行侠"。一对一的竞争日益被企业群组间的对垒所取代。单一物种间的纷争也早已被生态系统的视角重新界定。在为顾客创造价值的时候，企业注定要与各方合作，包括与其为之服务的顾客本身合作，构建和发展自己的生态系统，从而打造和发挥自己独特的竞争优势。在生态系统中与多方协作共创价值乃是必须。如何通过富有格调与章法的各种手段来锁定顾客、共创价值，乃是数字经济时代战略管理的重要挑战。

有鉴于此，为了更好地帮助大家认识和解读竞争优势与卓越价值，本书提出一个三位一体的总括分析框架：选择-星群-最优（SELECT STAR BEST）。前两部分涉及竞争优势的前因后果。第三部分探究卓越价值的来龙去脉。具体而言，本书的第一部分呈示 SELECT 框架，着力于单一竞争优势的解剖分析。第二部分呈示 STAR 框架，聚焦于多种竞争优势的集合与动态以及优势集合的总体管理与相机运用。第三部分呈示 BEST 框架，专注于勾勒卓越价值的共创过程与手段方法。下面我们简单介绍三个框架的精髓所在，并在此之前，首先给出本书关于竞争优势的定义。

竞争优势的实用定义

竞争优势，可以被定义为一个企业相对于另外一个或一组企业，在任何可比的层面或者维度上的差异性（Differential）或者不对称性（Asymmetry）。这种差异性或者不对称性，无论是实际存在的还是相关主体（比如对手或者顾客）想象的，都使得该企业比其他企业更好地为顾客提供价值。这一定义有三个显著特点。

第一，这个竞争优势的定义是表述在竞争分析的最基本的分析层次上的。也就是说，在一组企业的实际竞争中，如果一个企业的某个特定要素使得它在提供顾客价值时能够比其他企业更出色，那么这个企业就在这一个具体方面拥有竞争优势。在某个具体方面的竞争优势，毫无疑问，能够帮助企业在此方面更好地服务客户，比如产品质量上乘。但是，这一具体优势的功效可能被对手在另外一个方面的某种竞争优势所掩盖或淹没，比

第二章
一个总括的分析框架：选择-星群-最优（SELECT STAR BEST）

如对手店铺的黄金地段。意欲取得持久超常经营绩效，企业需要多种竞争优势。在多重战略层面上打败对手对于企业的取胜至关重要。毫不奇怪，优胜企业往往在很多方面都很优秀。"押宝"于某个特定优势，即使是可持续的优势，也是不可靠的。只有创造竞争优势集合并及时替旧续新，方可渐入佳境。

在这种意义上，为了避免循环论证，笔者不在竞争优势和超常经营绩效这两者之间自动画等号。这一做法似乎不同于现有文献中的常规做法。但这种定义，从系统论的角度而言，包容了殊途同归的可能性。条条大路通罗马。不同的战略与商业模式和不同的优势集合可以同样带来持久超常经营绩效。

第二，这个定义是关系型的（Relational），取决于分析的具体境况（Situational）。竞争优势并不总是意味着一个企业在某一方面强于所有对手。这一定义允许一对一的捉对比较。比如说，两个较大的企业之间，一个可能相对更灵活，并以此为竞争优势。但是灵活性往往不是大企业所擅长的，就整个市场中的对手而言，相对灵活的那个大企业也未必称得上真正灵活。再比如，企业的大小既可以是优势（比如规模经济）也可以是劣势（比如缺乏灵活性），要看竞争的情境与焦点。

第三，这个定义比较易于量化和操作。我们可以把企业在某种竞争层面上的分值进行比较，并得出相对于一组特定的竞争对手孰优孰劣的结论。这种竞争层面或维度可能是优越的选址和地段、货架上产品摆放方面的统治地位、独家或非常优惠地获取供应商的服务、一个著名的商标和品牌、员工的技术诀窍、运作的效率、庞大的基础用户量，等等。简而言之，在上述层面或维度上，企业的分值越高，它的竞争优势就越强。

> 优势是比蛮勇更好的战士。
>
> ——莎士比亚，《亨利五世》

从竞争优势到卓越价值:
赢得持久超常经营绩效

竞争优势解剖:SELECT 框架

企业为什么存在?为什么某一个特定的企业存在于世?因为使命、愿景、宗旨、目标、战略意图……不管它究竟是什么,一个企业需要这样一个理由或名分来为自己的存在辩护。这个理由,就是创造价值并在竞争中取胜,比对手更好地为顾客创造价值,为社会做出独特有益而又不可或缺的贡献。这才是企业在商战中取胜的真正含义。纵观强势优胜企业,如亚马逊、苹果、腾讯等,这些企业正在从根本上改变我们的工作方式、学习方式、生活方式和娱乐方式。

如果经济规律、环境因素或我们的能力决定了我们不能实现我们的意图,那么我们必须以与当时乘兴而来时同样的兴致和果敢,从那些我们不能够比最好做得更好的领域内迅速退出。

——杰克·韦尔奇(Jack Welch),通用电气公司前 CEO

显然,力求取胜的生存态度与经营理念有助于帮助企业将其视线和努力聚焦于其核心价值和独特的竞争优势,促使企业着力于它的"绝活"和优异之处。它强调企业必须选择那些能够发挥和应用其独特竞争优势的游戏,那些它有可能取胜的游戏。其实,扬长避短、发挥优势,对于组织和个体都是一样的道理。

宁当鸡头,不当凤尾。

——中国俗语

当我小的时候,我母亲曾经对我说:"如果你想当兵,你要成为

第二章
一个总括的分析框架：选择-星群-最优（SELECT STAR BEST）

> 一位将军；如果你想当和尚，你要成为一个教皇。"但是，我想成为一名画家，于是我成了毕加索。
>
> ——毕加索，西班牙画家

对于强势优胜企业而言，取胜不是一次、两次或偶尔为之的事情，取胜是一种习惯。欲为胜者，一个企业必须不断地创造、利用和保持相对于其他企业的竞争优势。常胜企业必须长期一致地如此而为。如何解读竞争优势的前因后果和要点精髓？不妨想象如下问题：

- 竞争优势有哪些主要来源和常见的因由？
- 竞争优势的实质和表象如何？
- 它们在企业内外的哪些地方存在？企业在多大程度上具有所有权和控制权？
- 它们的形式如何观察？你怎么知道哪些是你的竞争优势？
- 它们对企业绩效的影响方式有哪些？有竞争优势就必然有超常绩效吗？
- 竞争优势的可持续性怎样？在多大程度上可以历久不衰？

这些关于竞争优势解剖之方方面面的问题无疑是重要的。竞争优势可以采取不同的"形状"或大小。了解竞争优势的解剖有助于战略管理者增加获取和保持竞争优势的机会，从而增加取胜的机会。针对竞争优势的解剖，本书提出一个 SELECT 分析框架，用以帮助战略管理者系统地分析竞争优势的六个具体侧面：

- 实质要素（Substance）
- 表现形式（Expression）
- 存在方位（Locale）
- 作用效果（Effect）
- 起因缘由（Cause）
- 时间跨度（Time-Span）

SELECT 之名取上述六个侧面的英文名称的首字母组合而成。战略意在取胜。战略在乎选择。战略所涉及的选择包括企业的业务范围和产品市场定位，以及企业内部的资源与能力组合和组织制度方面的安排。选择的精髓在于保持外部环境变化和企业资源与能力组合的动态契合。如此，选择"选择"（SELECT）一词来为分析竞争优势解剖的框架定名，应该说是实至名归、恰如其分。显然，作为一个实际现象或理论概念，竞争优势非常复杂，难以贴切地捕捉。上述六个侧面不可能囊括竞争优势的所有方面，但大致上涵盖了主要方面。而且，虽然它们之间不可能完全互相独立、明确区分，但又毕竟有足够的区别和各自独立存在的必要性。本书第一部分将对这六个侧面各辟一章、详细阐释。

竞争优势集合：STAR 框架

优势集合的精神实质：优势本位企业观

优势本位企业观的立足点在于它将企业看成一个多维的、动态演化的优势集合。这种优势集合由同时存在并发生作用的多种不同竞争优势构成。它们交互影响、增强补充、由此及彼、激发催生。转瞬即逝的暂时优势可能得以放大、持久，衰颓消亡的优势得以被替代、更新。需要强调的是，优势本位企业观不仅将企业看做多重优势的集合，更重要的是，它把这种优势集合当做一个不断自我更新的有机体。

简而言之，优势集合可以采取如下定义：一个包含多种竞争优势而且不断演化的系统集成。对于优势集合中的某个具有特定解剖性状的竞争优势而言，其自身的演化始自优势的获得或生成，继而发扬持久，最终衰颓消亡。优势集合作为一个系统，其演化反映了不同优势之间的互动关系以及新旧交替。在任何一个时间点上，此优势集合可能同时拥有潜在、初生的优势，暂时的优势，以及长期可持续的优势。

第二章
一个总括的分析框架：选择-星群-最优（SELECT STAR BEST）

一个平衡发展、健康演化的竞争优势集合乃企业获取持久超常经营绩效之基本决定因素。持久超常经营绩效意味着经年历久、长期一致的超常利润。如此，战略管理的核心问题在于如何创建并保持竞争优势集合的健康、动态发展；如何在调整、改善竞争优势，应对环境、竞争对手、顾客、政府的过程中不断搜寻、捕捉、实现、放大、持续竞争优势，从而不断地更新企业的竞争优势集合。

在企业这一层面，遵循优势本位企业观，一个企业创造持久超常经营绩效的可能性便会增加。这是因为它所处的位置使之能够扬长避短，更好地为顾客提供价值。道理很简单：用巧力，而非蛮力。这大概应是企业经营游戏中一条重要的取胜之道吧。努力做好你所最擅长的事情，扬名，获利。

> 猪也可能会飞，但肯定不如鸟飞得漂亮。
>
> ——西方谚语

在国民经济和整个社会层面，如果越来越多的企业采纳了优势本位企业观，则稀缺经济资源被更有效力和有效率地配置与应用的可能性也将大大增加。这是因为，资源的浪费将会由于那些劣势企业滥用社会经济资源现象的减少而减少。劣势企业长期混迹于它没有任何竞争优势的行业其实是对有限资源的巨大浪费。如果更多的企业遵循优势本位企业观，则双赢的机会也会越来越多。这时的企业都着眼于它们最有可能取胜的机会、它们最有竞争优势和附加价值最高的领域。

最终而言，取胜才是企业应关注的焦点。竞争也好，合作也罢，竞合也行，不战而胜也算，这些都是手段，其本身不成为目的。企业最终的目的是取胜——以优势取胜并创造持久超常经营绩效。

STAR 框架

基于优势本位企业观，STAR 分析框架旨在帮助管理者分析企业的竞争优势集合的构成和动态及其管理与应用。如下关于竞争优势集合的主要问题值得深入探究：

- 竞争优势集合的主要构成部分是什么？
- 不同的竞争优势分别扮演什么角色？
- 不同的竞争优势如何互动影响？如何应用竞争优势的不同组合？
- 不同的竞争优势之间会有冲突吗？是否所有的优势都注定要保留？
- 竞争优势集合如何随着时间的推移而演化？
- 如何有意识、主动地把握并管理优势集合的演化？

具体而言，本书将企业的竞争优势划分为主导优势（Dominant Advantage）与辅助优势（Supporting Advantage），并探究它们各自的演进动态以及相互之间的关系及其转换。STAR分析框架则旨在帮助管理者有效地应对优势集合的管理与应用。

- 给定具体的竞争优势，如何尽量使之得以持久存续（Sustaining）？
- 如何在不同的竞争优势之间进行必要的权衡取舍（Trade-off）？
- 如何将现有的竞争优势的作用进行增强放大（Amplification）？
- 如何对优势集合进行及时的更新添补（Renewal）？

当我们把竞争优势作为终极目标来分析时，我们会发现，现存的理论似乎变得更具互补性，而不是更具对立性或替代性，因为它们都只不过是为实现目标而等待被选的工具和手段而已。显然，正是管理者的判断决定了企业如何选择合适有效的工具和手段来面对竞争并引导企业优势集合的健康演化。这也正是笔者提倡优势本位企业观的初衷：帮助战略管理者更好地尽职。充满乐观主义的优势本位企业观将企业看做取胜的载体。竞争优势给了企业生存的理由。经营中的胜利赋予它回报和嘉奖。现在就行动起来——构建你的竞争优势集合，进而取胜。

第二章
一个总括的分析框架：选择-星群-最优（SELECT STAR BEST）

共创卓越价值：BEST 框架

在数字经济时代，价值创造和价值捕获乃是企业战略管理面对的最为重要的挑战。如果说传统战略管理学说中的竞争优势视角主要强调的是企业在竞争中胜出并从竞争对手那里夺取更多利润的话，那么新兴的卓越价值共创学说则同时注重价值创造和价值捕获。首先，价值创造乃是企业与合作伙伴以及消费者共同参与创造的过程。其次，企业如何在大家共创价值的同时有效地捕获属于自己的那部分价值，则需要缜密的商业模式设计尤其是盈利模式的设计。

BEST 分析框架主要聚焦于企业如何通过商业模式创新从而在数字经济时代的不同情境下创造和捕获卓越价值。具体而言，BEST 框架包括商业模式（Business Model）的设计与选择、生态系统战略（Ecosystem Strategy）的考量与应用、共享经济（Sharing Economy）情景下的机遇与问题，以及价值创造过程中对于品味与格调（Taste & Style）的关注。

商业模式统领企业价值创造活动的结构与流程上的设计，涉及其价值主张所针对的受众与内容、价值交付的手段和方法以及价值捕获的具体盈利模式。商业模式上的闭环设计，意味着把最为重要的交易环节留存在自己企业的活动范围内或者自己的生态系统之内。同时，在不同的业务之间，企业要妥当地处理好"吃饭""送饭""找饭"和"吃撑"之间的相互关系，通过商业模式的调整与创新来从整体上盘活企业的不同业务。

在考虑生态系统战略的时候，主导企业应该明确什么样的企业与机构可以受邀进入自己的生态系统，如何界定不同参与者的角色并调节大家行为与交往模式的基本规则，怎样保持对生态系统中的参与者及其活动内容与行为方式的不断更新，从而促成该生态系统的不断增长与扩张。生态系统战略面对的最大挑战，其实是通过多方参与者的共同协作与共同专业化举措来形成多边互补性和多边范围经济，从而实现具有生态系统特定性的竞争优势。

在共享经济的范畴内，大家的共享，无论是C2C（消费者对消费者）还是B2B（企业对企业），抑或B2C（企业对消费者）与C2B（消费者对企业），都可能合理而经济地利用冗余的资源。但并不是所有的群体或者所有的价值载体（产品、服务和体验）都适用于共享经济。能否通过与共享经济相关的商业模式创造价值，主要取决于参与者的共享倾向性、价值载体的可共享性、中介平台的功效与可信度、相应的治理与监管机制以及具体的应用场景。

最后，在温饱等基本生活需求得到满足之后，人们必将追求生活质量的提高以及高品质生活方式所带来的快乐有趣与精神满足。因此，在当下的数字经济时代，大家对于价值载体所能满足的品味与格调上的需求更是有增无减、兴趣盎然。企业提供的价值载体不仅要靠谱，有效地满足基本的功能性需求，比如简单实用、稳健可靠，而且要满足情感上的需求，使人觉得喜欢和具有好感。为了更好地在基本功能和品味格调上创造卓越价值，企业提供的价值载体需要有强烈的设计感、审美感、精致感和兴奋感。

本 章 结 语

放眼当今世界，各类"最新的灵丹妙药""绝对的大师箴言""最权威的管理圣经"等"宝典""秘籍"充斥于畅销书市场。潮流和运动变化之快，不亚于各类减肥偏方、美容秘诀以及新潮饭店里的"迷踪"菜单。管理实践者日复一日地被各种不同类型而又往往互相抵触、支离破碎的观点狂轰滥炸，甚觉茫然不知所措。应用战略管理学的知识结晶来系统地梳理相关的问题挑战及应对方略，乃是管理实践者的重要功课。不畏浮云遮望眼，勿以时髦断真言。我们应关注实践和现象背后的基础问题与相关逻辑，以相对严谨的学术研究成果来启发和指导企业对持久超常经营绩效的

第二章
一个总括的分析框架：选择-星群-最优（SELECT STAR BEST）

追寻。本书的目的正是以整合现有理论为基础来为战略管理实践者提供一个系统的分析框架，增进其对竞争优势与卓越价值的理解和认知。希望本书提出的 SELECT STAR BEST 框架能够助益实践、不辱使命。

本书的主要受众自然应当是战略管理实践者。如果单就学术研究而言，一个学者不得不深入某一相对狭窄的领域，用非常专业的方法和手段，对某一个具体的战略问题进行全面、深层的了解。但就企业经营管理而言，复杂多变的现实并不必然遵循优雅的理论。这就意味着，战略管理实践者的工具箱中必须有多种工具，以备各种不同战略管理挑战与情境之需。一个战略家注定须是通才，博采诸家理论之长，广求实战辅助良方。正因如此，本书的探讨遵循集成之法，旨在实现理论上的整合。集成之法，贵在总体的把握。本书不以任何具体的视角、学派、范式和方法论为窠臼，而是以问题或任务为主导。这里的核心问题，毫无疑问，便是企业的竞争优势与价值创造。

第一部分
竞争优势解剖：SELECT分析框架

竞争优势乃超常经营绩效之根基。了解竞争优势的解剖对那些肩负企业长期生存和成功之责的战略管理者意义重大。本书第一部分提出一个名为 SELECT 的分析框架，来帮助战略管理者系统地考察竞争优势解剖的方方面面：实质要素、表现形式、存在方位、作用影响、起因缘由和时间跨度。参见图 I.1。

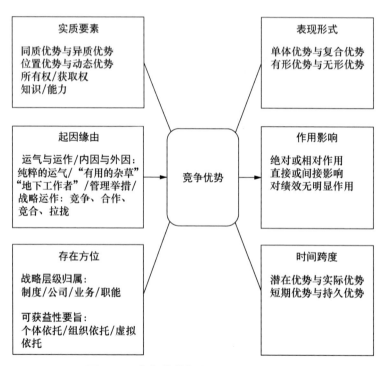

图 I.1　竞争优势解剖：SELECT 框架

分析竞争优势的起因可以帮助企业创造和获取竞争优势。研究竞争优势的实质、表象、定位和作用可以使企业更好地发挥其竞争优势。审视竞争优势的时间跨度能够帮助企业更完全地了解竞争优势的潜能和可持续性，从而更有效地加以利用。

第一部分
竞争优势解剖：SELECT 分析框架

具体而言，竞争优势的**实质要素**（Substance）意指其构成要素与内容分类。首先，我们可以区分同质优势（Homogeneous Advantage）与异质优势（Heterogeneous Advantage），比如电商相对于实体店的优势以及同类电商之间的优势差异。其次，我们区分位置优势（Positional Advantage）和动态优势（Kinetic Advantage）。概而言之，前者包括以所有权（Ownership）和获取权（Access）为基础的优势，比如企业拥有的专利和与供应商的良好关系；而后者则包括以知识（Knowledge）和能力（Capability）为基础的优势，比如研发实力。

竞争优势的**表现形式**（Expression）可以通过如下两个分类来考察：单体优势（Discrete Advantage）与复合优势（Compound Advantage）以及有形优势（Tangible Advantage）和无形优势（Intangible Advantage）。单体优势可以独自存在并产生作用，比如店铺的优质地点本身；复合优势则是由多种单体优势叠加构成，比如成本优势。有形优势显而易见，比如连锁店的规模与覆盖面；无形优势秘而不宣，比如企业的独家知识产权与技术诀窍。

竞争优势的**存在方位**（Locale）可以从企业经营战略的层级以及竞争优势的可获益性（Appropriability）主体两个方面来分类。首先，我们可以从制度战略（如良好的社会形象）、公司战略（如卓越的公司治理能力）、业务战略（如产品与服务的成功差异化）和职能战略（如品牌打造能力）等多个层面来考察竞争优势在组织中的方位归属。其次，不同的相关主体从竞争优势中获益的权利和机会是不同的。我们可以分别考察以所有者、管理者抑或员工等个体为依托的优势（Individual-Based Advantage），比如经纪人公司中明星经纪人的社交网络与影响力；以组织集体为依托的优势（Firm-Specific Advantage），比如百年老店的总体声誉往往高于任何当下的明星雇员的影响；以及存在于组织之外的抑或组织与外部实体关系层面上的所谓虚拟优势（Virtual Advantage），比如依靠开放式创新获取的商业先机。

竞争优势的**作用影响**（Effect）则指的是竞争优势与企业经营绩效

从竞争优势到卓越价值：
赢得持久超常经营绩效

（Performance）的关系。竞争优势对经营绩效的影响可以是绝对的（Absolute）抑或相对的（Relative）。比如近乎垄断的市场地位带来的绝对压倒优势所导致的超额利润，以及几乎旗鼓相当的企业之间具有微弱优势者所享有的较小的利润增值。竞争优势对于企业绩效的作用方式可以是直接的（Direct）抑或间接的（Indirect）。制造企业之产品在卖场中显眼的货架摆放位置可以直接为其贡献销售与利润，而优秀企业文化对利润的贡献链条则相对较长，因此影响相对间接。当然，也存在这样一种可能：企业的竞争优势并不对其经营绩效产生明显的或者实质性的影响。比如，在获取某项竞争优势的过程中，企业已经过多地支出，耗费掉了未来潜在的增值空间。再比如，企业与对手间只忙于"互掐死磕"，忘记了为顾客创造价值的根本使命，即使获得了暂时的竞争优势，也难以轻易地从中获利。还有，竞争优势的作用影响往往是具有很强的情境性的，并不是在所有的游戏中都能够贡献于企业经营绩效或者决定绩效的优劣。总体而言，竞争优势与经营绩效之间的关系通常并不完全确定。

竞争优势的**起因缘由**（Cause）也许是关于竞争优势的最为令人感兴趣的话题。我们可以从内部（Endogenous）原因和外部（Exogenous）原因以及主动谋求（Purposeful）与自然涌现（Serendipitous）两个维度来系统地考察竞争优势的源泉，或者将其简单地归类为运作与运气。运气（Luck）可以来自纯粹不可控的外部事件与契机，比如重大灾难降临之际那些原本销售不旺但恰巧可以用来救灾的产品；也可以是来自企业内部的"有用的杂草"（Useful Weed），比如万艾可那样的偶然发明，无心插柳、歪打正着。介于主动谋求和自然涌现之间的则通常是半明半暗、亦正规亦尝试的所谓"地下工作者"（Skunk Work）所带来的创新，比如腾讯公司的远离其深圳总部的广州研发中心所独立开发的微信产品与服务。运作则包括管理举措与战略运作。企业可以着力于内功修炼与管理举措（Managerial Initiatives），从而提高运作效率；改善和提高组织能力（Organizational Improvement），从而增强组织韧性和灵活性以及快速有效的应变能力。当然，战略管理的重点在于不断地进行产品与市场上的创新以及有意识地

第一部分
竞争优势解剖：SELECT 分析框架

规划和协调自己与对手间的竞争（Competition）、合作（Cooperation）、竞合（Co-Opetition）和对第三方利益相关者的拉拢（Co-Option）。

竞争优势的**时间跨度**（Time-Span）主要涉及竞争优势的时效表现。我们可以从竞争优势的整个生命周期的视角来考察其在不同阶段的表现特点以及相关的管理含义。我们可以区分潜在优势（Potential Advantage）与实际优势（Actual Advantage）以及短期优势（Temporal Advantage）与持久优势（Sustained Advantage）。潜在优势通常指的是暂时没有得到充分认识、开发和利用的某种优质资源与能力，比如某些人才济济但业务定位错乱或者领导轻视人才的企业；实际优势则是人尽其才、物尽其用，优势得以淋漓尽致地发挥。短期优势转瞬即逝，比如犬牙交错、你追我赶的对手间的暂时的市场份额差异；持久优势则通常指的是那些基业长青的百年老店，比如 De Beers 在钻石业务上的霸权或者同仁堂在中药界的地位。当然，在竞争日益激烈的当今时代，也许持久竞争优势越来越难以存续。企业需要不断通过积极主动地构建短期优势从而以阶段性继起的迭代创新（Successive Innovation）来促成总括包络性的长期优势（Enveloping Advantage），比如谷歌通过不断进行各类貌似互不相干的业务创新来充分地利用其网络信息搜寻能力以及与之密切相关的广告收入和盈利能力。

行动中的 SELECT：耐克的竞争优势解剖

自 1962 年以来，耐克公司的竞争优势主要包括成本优势和形象优势两方面，如表 I.1 所示。首先，我们来看耐克的成本优势。菲尔·奈特（Phil Knight）关于利用海外廉价劳动力造鞋的远见，以及根据这个远见制定的战略，是耐克在运动鞋企业中享有成本优势的主要原因。这个精明的战略在耐克成立初期帮助其有力地与当时运动鞋领域的世界头号霸主阿迪达斯进行竞争。这一成本优势基本上是单体的、有形的。这一优势并不是什么秘密：制鞋业是劳动密集型行业，控制了劳工成本就解决了根本

从竞争优势到卓越价值：
赢得持久超常经营绩效

问题。

表 I.1 SELECT 框架的应用：耐克的案例

竞争优势	成本优势	形象优势
实质内涵	位置	位置
	同质	异质
表现形式	有形	有形/无形
	复合	复合
存在方位	虚拟/企业为依托	企业为依托
作用影响	直接	直接
	绝对/相对	绝对
起因缘由	战略选择	战略选择
	合作/拉拢	合作
时间跨度	相对可持续	极为可持续

　　如今，耐克成本优势的实质主要是同质的。这是因为耐克并没有从根本上采取不同于别人的制鞋方法。它的制鞋方法与对手一样劳动密集，只不过它的人工成本相对较为低廉。耐克在整个运动鞋产销价值链上，只关注设计和营销——附加价值较高的环节。它的成本优势来自与制造商的关系和对它们的控制。因此，耐克的成本优势是一种位置优势。从这个意义上讲，耐克成本优势的存在方位其实是虚拟的。但由于可观的规模和强大的议价能力，相对于它的那些比较小而且分散的代工企业而言，耐克在这种关系中占上风，因而能够获得绝大部分的利润。

　　耐克的成本优势的作用影响很明显，为其打败阿迪达斯立下了汗马功劳。至少在早期，耐克相对于阿迪达斯的成本优势是绝对的，因为当时阿迪达斯在德国雇用成本极高的德国工人制鞋。后来，这种优势便逐渐变得相对化了，因为包括阿迪达斯在内的其他对手们成功地模仿了耐克的海外廉价制鞋战略。虽然导致这一优势的战略可以被模仿，但是对手在这一方面超过耐克的可能性应该不太大。耐克的先动者地位和经验使它的成本优势比较容易持续。随着从最初的日本、韩国向中国、泰国以及后来的墨西

第一部分
竞争优势解剖：SELECT 分析框架

哥和越南等多个国家的迁移，耐克不断通过寻找拥有廉价劳动力的代工企业来延续其制造优势。其协调代工企业关系的能力、实现采购规模经济的能力以及拉拢和安抚代工企业及其所在国民众与社区的能力（比如各类社会责任举措）等多种因素，使得其成本优势日益成为一种相对可持续的复合优势，并为其超常经营绩效贡献卓著。但随着其他运动鞋企业对其外包制造战略的模仿，耐克的成本优势逐渐从初始的绝对优势转变成当下的相对优势。

耐克的形象优势从哪里来？一句话：明星效应，亦即体育明星的示范效应。耐克的形象是冠军的形象、赢者的形象。这种形象来自耐克与众多全球超级体育明星多年的合作关系。这一优势的起因也来自创始人菲尔·奈特为耐克制定的初始战略——虽然成本相对低廉，但设计和质量争取达到世界一流，为最好的运动员服务。首先，耐克为参加奥林匹克运动会的运动员提供运动鞋。到耐克成立20年的1982年为止，所有中长跑世界纪录均由穿耐克运动鞋的选手创造。品牌认知和轰动效应随之而来。其次，广告为耐克提供了一个塑造品牌形象的有力武器。20世纪80年代以后，所有的耐克广告都集中在耐克品牌上，而不是某一个具体的产品系列上。简单易记的"对号"商标和干脆响亮的"尽管干"（Just Do It!）口号极为奏效。再有，对体育项目和不同层次的体育队伍的赞助使耐克在年轻人中得到很好的品牌宣传。最后，可能也是最重要的一点，就是请体育巨星作为耐克的形象代言人。从篮球到足球，从网球到高尔夫，以乔丹等体育巨星为代表的耐克代言人在各类广告和促销活动中频频出现，并产生了持久的品牌影响。

形象优势是一种复合优势，而不是简单的单体优势，因为它从多种活动和领域中结晶而成。它是无形的，因为在顾客心目中它以某种难以琢磨、难于言表的社会心理意识和情感诉求来打动顾客，影响其感知和对耐克品牌的好感。它又是有形的，因为耐克明星代言人在广告中展现的卓越与求胜的精神如此生动感人，真实得似乎可以触摸。耐克已不只是一个品牌，它甚至要求并创造社会文化趋同性：大家都有耐克，你有吗？

从竞争优势到卓越价值：
赢得持久超常经营绩效

与成本优势不同，耐克的形象优势的存在方位是企业内部。虽然每个耐克明星代言人的个人魅力都很强，但总的赢家是耐克。企业大于个人。这种形象优势是以企业为依托的，它与位置优势更为接近，因为它表现了耐克的市场地位。它是异质的和绝对的优势，因为在很多顾客心目中，耐克独树一帜、不可替代。形象帮助卖鞋，耐克在卖形象。60年来，耐克的品牌形象深入人心，其形象优势延续持久。

显然，耐克的两个主要竞争优势的构成是不一样的。成本优势比形象优势相对更容易被模仿，形象优势的作用更大而且可持续性更强；成本优势来自与供应商的良好关系，形象优势取自协调高效的营销组合；成本优势表现在同质化的操作效率，形象优势派生自异质性与独特性；成本优势在耐克发展早期功不可没，形象优势的被强调和利用越来越多；成本优势基于对他人资源的获取，形象优势靠的是耐克自身的能力。如果说是耐克的成本优势帮助造就了它的形象优势，似乎显得突兀牵强。但是，必须注意到，成本优势给耐克带来了很大的边际利润，使得昂贵的明星代言和夺人眼球的广告促销成为可能。要在这一行业获得胜利并持续领先，很显然，耐克需要两种竞争优势共同效力。

从耐克的案例中可以看出，研究竞争优势的解剖能够帮助战略管理者更好地了解一个具体的优势如何组合构成和发挥作用，同时也可以帮助企业了解该竞争优势在整个企业竞争优势集合中逐渐演化的角色。如此，这个企业可以更好地将其战略承诺聚焦在它能够创造更大价值的活动中，并捕获所创造的价值。

总体而言，SELECT框架的六个侧面其实是紧密相关而又有所重合的。它们之间的关系更是千丝万缕、错综复杂。出于行文简洁的需要以及分类解剖的初衷，我们不得不分别单独呈示每个侧面的具体细节。笔者也尽可能地在行文中关注和梳理不同侧面间的关系与相互作用。下面六章（第三章到第八章）将具体阐释SELECT框架中的六个侧面。

第三章　坚厚的内核：竞争优势的实质要素

竞争优势的实质在于企业之间在某些关键维度上的差异性和不对称性。这些关键维度主要体现在企业拥有什么、能够获取什么、知道什么以及能够干什么。具体而言，就与对手的实质差异而言，竞争优势可以区分为异质性优势和同质性优势。就其基于的具体维度而言，竞争优势可以简单地分为位置优势和动态优势。位置优势在于企业的某种地位或者位置能够有利于企业为顾客提供更好的价值。动态优势在于企业的行为能力能够使企业的经营运作更有效力和效率。位置优势往往是动态优势的基础，支持并强化动态优势。动态优势能够帮助企业获取和保持其位置优势。在日常的竞争中，位置优势的缺乏能够导致动态优势的作用被减弱或淹没。动态优势的缺乏也会危及位置优势的稳固，甚至导致其丧失。在不同的经营环境中，两种优势对经营绩效的影响可能是不同的。两种竞争优势的并存和积极互动乃是企业成功的重要决定因素。

就其实质内容而言，竞争优势由哪些要素来构成？有哪些种类和特征？本章通过两个基本分类法来考察竞争优势的实质要素（Substance）：位置优势（Positional Advantage）和动态优势（Kinetic Advantage）的区分，以及同质优势（Homogeneous Advantage）和异质优势（Heterogeneous Advantage）的区分。

前者主要考察竞争优势构成要素的基本维度及其本身的特点，探究到底在哪些维度上可以明确地界定企业的竞争优势，讨论的问题更具基础性和一般性。比如，对于一个企业而言，你拥有什么？你能拿到什么？你知道什么？你会干什么？你有什么东西能够使你不费周折就能相对轻松地坐收渔利、尽享其成？你在哪些方面必须依靠不断的倾力折腾才能在行动中保持领先而不可懈怠停歇、坐吃山空？

后者主要是比较对手间在竞争优势构成要素维度之间的不同侧重以及在同一个维度上的不同侧重，重点在于比较对手间较量的方法与基准之不同。企业的异质化优势可以体现在采用与竞争对手完全不同的方法和路数来竞争，比如用资本优势抵消对手的人力资源优势，用新一代技术领先对手的过时技术，或者零售业中的用电商替代实体店经营。同质化优势则体现在与对手采用一样的或者几乎相同的手段和章法来竞争，而只不过是效率略微高于对手，比如一家零售店的配送速度高于采用同种配送方式的主要对手。本章的重点将聚焦在位置优势和动态优势的具体构成要素上。

位置优势和动态优势

位置优势在于企业的某种地位或者位置能够有利于企业为顾客提供更好的价值。动态优势在于企业的行为能力能够使企业的经营运作更有效力和效率。位置优势往往是动态优势的基础，支持并强化动态优势。动态优势能够帮助企业获取和保持其位置优势。在日常的竞争中，位置优势的缺乏能够导致动态优势的作用被减弱或淹没。动态优势的缺乏也会危及位置优势的稳固，甚至导致其丧失。在不同的经营环境中，两种优势对经营绩效的影响可能是不同的。

具体而言，位置优势通常来自资源禀赋或市场强权和优先获取权，以及其他相对固定和静态的企业特质。它取决于一个企业在顾客、对手、伙伴、政府和其他利益相关者中的地位，包括社会地位和经济地位、实际的

第三章
坚厚的内核：竞争优势的实质要素

地位抑或想象的地位。位置优势不仅直接贡献于企业的价值创造，而且为企业在实战中检验不同的竞争手段提供了比较广阔的容错和保险空间。

> 如果战略位置变动得非常不频繁，而且保护机制造就可防卫的地位，那么很多企业可以长期忽视战略而仍然赢利……如果一个企业的战略位置足够强大，那么即使傻瓜主政也能成绩斐然（至少在短时期内是如此）。
>
> ——理查德·儒梅尔特（Richard Rumelt），战略管理学教授

动态优势的基础是企业经营运作中的知识、技巧、专长和能力，包括但不局限于识别市场良机的能力、技术诀窍和实力、在市场中的行动和反应速度，以及组织和操作过程中的效率和灵活性，等等。根据动态能力分析法，企业不断组合资源、配置资源从而应对多变的市场契机的战略管理能力可以带来企业的超常经营绩效。与相对静态化的位置优势不同，动态优势的行动取向性和过程取向性比较强。它来自连续不断地改善企业的"组织常规"或曰"动态定型"（Routine）：增强企业的行动实力，打磨企业的行为范式。参见表3.1。

表 3.1 位置优势与动态优势

	位置优势	动态优势
构成要素	所有权与获取权	知识与能力
主要维度	外部生态系统中的地位： 竞争对手/合作伙伴/替代者/互补者/ 供应商/分销商/政府/顾客/社区 企业的资源禀赋： 财务资本/实物资本/知识产权/人力资源/ 组织资本/管理天资 获取权： 与上下游的关系/要素市场之优先权	市场开创能力 技术运作能力 组织管理能力 核心竞争力 动态能力
具体表现	地位/声誉/形象/关系/产业标准 优先权/优惠待遇/议价能力	创造性/效率 速度/灵活性/质量

从竞争优势到卓越价值：
赢得持久超常经营绩效

我们首先简要讨论位置优势和动态优势的定义和特点，然后具体讨论两类优势的内容和实质，最后讨论两种优势的各种可能的关系模式。

位 置 优 势

基于文献研究，我将位置优势细分成两种：基于所有权的（Ownership-Based）位置优势和基于获取权的（Access-Based）位置优势。前者强调你拥有什么，包括强势市场地位和优质资源禀赋；后者强调你能拿到或者接触到什么，主要基于在生产要素市场上的优先获取权以及对供应商和销售渠道的优先获取权。显然，优先获取权往往也离不开以所有权为依托的优势，比如强势市场地位。

道理很简单，任何一个企业都必然面临两个基本市场：产品市场和生产要素市场。这两种市场中的实体或参与者构成一个业务生态系统。在这个系统中，这些实体交互行动、共同演进，而且政府扮演着重要角色，对企业如何与其他企业竞争、交往和如何为顾客创造价值具有深远影响。在一个企业为争取在其业务生态系统中占有主导地位的奋斗中，它相对于对手的资源禀赋和市场地位，决定了它是否享有位置优势。同时，一个企业所在的业务生态系统也可能和其他业务生态系统竞争或重叠，争夺同样的顾客群体，尤其是不同的潜在产业标准之间的明争暗斗。由此而言，一个企业相对于其他业务生态系统中的不同实体和参与者的位置也同样决定了它的竞争优势。

如图3.1所示，不同的业务生态系统往往互相重叠。因此，一个企业同时存在于多个业务生态系统是可能的。同样，在某个具体业务生态系统中，一个企业可以同时扮演多种角色。比如，苹果公司和微软公司，在任何一天，在微型计算机这一业务生态系统，既可以是竞争对手（比如在微机操作系统领域），也可以是合作或者互补对象（比如在应用软件开发领域）。进一步说，它们各自代表了微机业务生态系统中的一个亚生态系

第三章
坚厚的内核：竞争优势的实质要素

统（PC 与 iOS）。在各自的亚生态系统中，它们都扮演着"基石物种"的角色，其他实体围绕它们共同演化、共同成长。作为一个"物种"，微软又同时跨越两个亚生态系统，比如微软也供应适用于苹果机型的应用软件。那些第三方参与者，比如独立的软件开发商，也通常游历于两个亚生态系统之间。

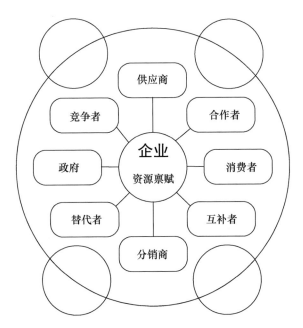

图3.1　企业的资源禀赋和企业在业务生态系统中的地位

注：图中大圈代表我们分析的主要业务生态系统。与大圈有部分重叠的小圈代表其他业务生态系统。圆圈的大小并无实际含义，只为呈现方便而已。

相对于竞争对手的位置

企业的大小往往影响其竞争优势。大企业，相对于同一产业中较小的对手，它的大表明它的强势位置。大企业的位置优势至少有三种贡献因素：市场强权、规模经济、经验曲线效应。

首先，一个大企业通常有足够的资源，使之能够在竞争中耗尽对手而立于不败之地。如此，它对对手的影响重大，能够提出并执行"可信的威胁"。大企业的资源为它的各种可能的决策失误提供了较大的容错空间。相对于购买者和供应商，大企业具有较强的议价能力。大企业之"大"，在消费者眼中，也通常意味着可信性和可依赖性高。不但如此，大企业通常可以使用小企业无法施行的竞争手段或反竞争手段，比如价格领袖、捆绑销售等。

其次，企业之所以做大，并不简单地靠运气，而往往是因为正确地遵循了某种经济规律。规模经济是大企业竞争优势的主要表现形式之一。

最后，无论企业的绝对大小如何，企业都可以通过生产总量的积累获得以"经验曲线效应"为基础的成本优势。此类成本优势的实质表现在重复生产同一产品时的经验和学习可以提高效率和生产力。大企业的生产总量更高，因此可以获得更为明显的"经验曲线效应"。

相对于互补者、合作者和替代者的位置

一个企业可以由于与互补者的良好关系而享有位置优势。互补者指的是业务生态系统中的另外一些企业或实体，由于它们的出现，该企业的产品与服务在顾客眼中的价值得到提高。比如，苹果手机的优势地位在很大程度上得益于其应用软件系统中各种应用软件开发商的互补作用。另外，规模相对较小的企业也可以通过与合作者的结盟或者参加某种贸易联盟来抵消或冲淡大企业的规模优势，并且增强自己相对于其他小企业的竞争优势。比如，在零售业，小企业可以参加采购联盟（亦即小企业的团购），增加它们的购买总量，从而增强它们对供货商的议价能力。

相对于供应商和分销商的位置

一个企业的位置优势可以表现在它与供应商的接触与关系使得其对原

材料和产品的获取更方便、全面和廉价。比如，邻近纯净水源的瓶装水制造商因为方便的地理位置而享有成本优势。如果后来的企业必须向供应商支付更高的价格才能获得同样的供给的话，则一个企业与供应商提早签订的长期合同就会给企业带来竞争优势。在零售业，如果一个零售商可以比对手更全面地挑选供应商所提供的产品，或更优先地挑选比较畅销的产品，那么该零售商就会享有竞争优势，尤其是相对于那些由于各种原因而不得不销售该供应商所供产品中不太受欢迎的品类的零售商们而言。产业内的先行者通常可以锁定供给（甚至排他性的供给），享受供应商给予的优厚待遇。此乃先动优势的表现之一。同样的道理，企业对于分销渠道的优先接触和优惠获取也可为企业带来位置优势。例如，强势品牌的产品往往占据货架最抢眼之处。如此，相对于挑战者企业，具有令人青睐品牌的企业在与分销渠道的关系上享有竞争优势。

相对于政府和消费者的位置

一个企业的竞争优势可以是它知名的品牌，该品牌更能够为顾客记住、想起、尊重和喜爱。也就是说，如果一个企业能够与顾客达到某种独特的相互理解、信任和默契，使它的品牌在顾客心目中不可替代，那么这个企业就享有以品牌为基础的位置优势。政府政策和法规的出台和变化也会给企业带来位置优势。这通常表现在政府的倾斜政策中。某些企业会更受青睐，很容易得到政府的各类许可证、牌照、进出口配额、税务减免、政府补贴以及减少管制等，从而获得相对于其他企业的竞争优势。

总体位置优势：独霸产业标准

企业的总体位置优势最集中地体现在对技术标准或产业标准的占有和控制上，尤其是在"赢者通吃"的行业。拥有产业标准标志着一个企业在其业务生态系统中相对于所有实体的强势位置。一个企业如果希望拥有产业标准从而获得强大的位置优势，必须满足多方条件。第一，它需要拥有相对独特和高质量的产品。第二，它需要拥有足够大的基础用户群体（Installed Base）。第三，它需要愿意使用和推进其标准的合作者，比如愿意采用其标准的同业对手与伙伴。第四，它需要值得信任的互补者。第五，它需要政府的扶持或认可。政府管制或扶持对产业标准的产生与持续往往起决定作用，可以随时造就或毁灭某个相关企业的位置优势。

企业资源禀赋作为位置优势

上述位置优势主要来源于企业与外部经营环境中其他实体的关系。企业的位置优势也可以来自其独特的资源禀赋和企业自身的内部实力。简而言之，我们可以将企业的资源要素分成如下几类：财务资本、实物资本、知识产权、人力资源、组织资本以及管理天资等。企业的财务资本直接影响企业的地位和在市场中的应对能力。拥有深厚、坚实的资金储备的企业，相对于资金短缺的企业而言，享有位置优势。企业的实物资本包括企业所拥有的所有固定资产，比如厂房和仪器。优良的实物资本可以为企业带来位置优势。同样，一个先进复杂的信息技术系统也能为企业带来效率和速度方面的竞争优势。位置优势还表现在企业所拥有的知识产权上，例如商业机密、技术诀窍、专利和版权等。

企业的人力资源可以被称为其竞争优势，前提是该企业的员工训练有素、技术娴熟、积极敬业、忠诚可靠。组织资本指的是一个企业的人力资本总和及其在组织中被配置和应用的方式。它包括企业的组织结构、系统、过程和文化。企业的位置优势可以表现在它拥有的独特的组织资本上，这些资本能使它的经营运作更有效率和效力。而且，其通常派生出来的另一个优势是组织资本雄厚的企业往往会吸引更多的优秀人力资本。战略管理者承担企业生存和绩效的最终责任，创造竞争优势从而取胜是他们

第三章
坚厚的内核：竞争优势的实质要素

的基本任务。从这个意义上说，企业的管理者资源可能是人力资本中最重要的一类。卓越的管理天资能为顾客和股东创造更好的价值；拙劣的管理人员往往会毁灭企业、破坏价值。而卓越管理天资的供应以及与之俱来的远见、激情、胆识、经验和判断能力则是非常有限的。这种资本是没有替代品的。基于资源本位企业观的论点，相对于二流人才"掌军"的企业，拥有卓越管理天资的企业会享有难得的竞争优势。

以获取为基础的竞争优势

以获取为基础的竞争优势意指这样一种情形：一个企业对资源要素市场或产品市场在优先和优惠条件下的接触和获取使它能够比对手更好地提供顾客价值。这种获取取决于一个企业是否能够有效地借用其他营利或非营利机构的知识、资源、经验、长处、市场覆盖面和任何有关的权利和权威。也就是说，以获取为基础的竞争优势在于企业和经营环境中其他有关方面的关系。具体而言，以获取为基础的竞争优势包括一个企业与供应商，合作者，分销商，各类政府牌照、许可证和配额等的发放机关，以及新产品批准和监督机构的关系。

比如，国际驰名的麦肯锡咨询公司或波士顿咨询公司，与世界著名的商学院项目有多年的良好关系，通常可以优先选择每年 MBA（工商管理硕士）毕业生中最优秀和最具发展潜力的人选。这种对人才的优先获取从一个关键的层面上保证了这些强势企业在指导企业经营这一知识积累和知识传播的业务竞争中走在行业前列。与之相反，如果没有适当的资源获取和市场接触，一个企业，甚至一个非常有能力的企业，也会处于竞争劣势。值得注意的是，由于历史原因和其他原因，第二次世界大战后的日本企业，相对于其德国竞争对手而言，能够更加便捷地进入相对富裕的北美市场。对西方国家（尤其是美国）先进技术的获取、掌握、改进和应用，以及在世界市场上的进出方便，使得日本企业在战后迅速扩张，在很多产品市场上呈现出强大的位置优势。

从竞争优势到卓越价值：
赢得持久超常经营绩效

动 态 优 势

除位置优势外，一个企业还可以从它在经营活动与过程中积累和应用的知识、专长、技巧和能力中获取竞争优势。在企业的实际行动和运作中，这种动态优势给企业以主动和利器，使得企业能比对手更有效力和效率地为顾客创造价值。基于对战略管理文献的回顾和总结，笔者认为，对动态优势背后的知识与能力（Knowledge and Capability）的把握可以主要聚焦在如下四个方面：市场开创能力、组织运行能力、技术操作能力和动态管理能力。

一个企业的市场开创能力指的是预测或诱导环境变化以及发现和培育新市场与新客户的能力。组织运行能力指的是企业领导和激励员工、促进组织学习以及组织调整与变迁的能力。技术操作能力指的是企业在具体业务中的技术实力，包括研究与开发能力、产品设计与工艺流程、制造能力或服务实施能力以及与企业业务相关的某些特殊技巧和能力。动态管理能力指的是企业的战略管理层不断地创建、获取、积累、协调、整合、配置，以及重组、再配置企业内不同体系的知识、资源和能力，以应对或主动利用环境变化和机会的战略管理能力。

而这些能力所支撑和导致的动态能力最终将会体现在如下五大衡量指标上：创造性（Creativity）、效率（Efficiency）、速度（Speed）、灵活性（Flexibility）和质量（Quality）。也就是说，对于一个享有动态优势的企业而言，其卓越的知识和能力能够使它在经营活动和运作中更具创造力，效率更高，灵活性更强，对顾客和市场的反应更加迅速和准确。而从质量管理的角度来看，质量管理不仅适用于产品本身，而且适用于业务运作过程。动态优势通常体现在对产品质量和业务过程质量的全面重视上，参见图3.2。

第三章
坚厚的内核：竞争优势的实质要素

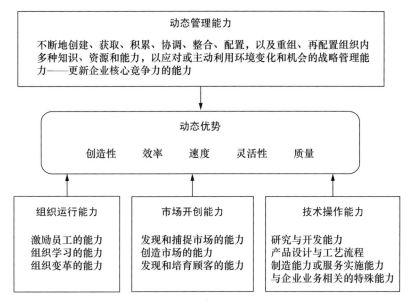

图 3.2 动态优势的构成

市场开创能力

企业经营战略的核心要务在于有效地取得企业内部资源与能力组合与外部环境定位的契合。一个企业的动态优势可以表现在它的市场开创能力上：准确预测市场前景与变化，快速捕捉新的市场发展机会，善于选择、锁定目标顾客群体，对顾客背景和需求有详尽、细致的了解。

对于顾客的了解是企业成功的关键之一。超常经营绩效的实质是创造良好的顾客价值。企业必须了解它应该为谁和怎样为他们提供良好的价值。选择和锁定合适的目标客户群体的能力，了解那些忠诚度高、可预测性强和赢利潜能高的主干客户的能力，会使企业享有竞争优势。长期而言，为适当的顾客服务，准确地提供他们所需要的产品、服务或体验，是对顾客和企业来说一举两得的事情。

对于某些环境变化而言，一些企业看到威胁，另外一些企业看到机会，其他的企业可能视而不见。一个善于预测环境变化并迅速捕捉商机的企业将会享有动态优势。

技术操作能力

企业的市场开创能力帮助企业识别它的核心客户和市场良机，它的技术操作能力则有助于企业在价值创造过程中的质量把控与技术创新。一个企业享有动态优势，可以表现在它的技术操作能力能够使它在运作中比对手更有效率、更灵活、质量更高，并且能更迅速地对市场和客户需求做出反应。具体而言，技术操作能力包括研究与开发能力（研发能力）、产品设计与工艺流程、制造能力或服务实施能力，以及与企业业务相关的特殊能力。

企业的研发能力可以为整个企业的成功奠定良好的技术基础。比如，三星在显示屏业务上的研发能力可以使之在多种电子产品的设计和制造中受益。高超的制造能力可以帮助企业大规模、高速度、高效率、高质量地去灵活多样地制造产品。第二次世界大战后日本企业在多种制造业上的突出表现证实了技术操作能力作为竞争优势的巨大潜力。

组织运行能力

组织运行能力帮助企业调动员工的积极性，从而更好地实现组织学习、组织变革和为顾客提供卓越价值的根本目标。它与技术操作能力互补，在企业经营运作活动中共同发挥作用。事实上，很多技术操作能力是镶嵌在组织运行能力之中的，二者密不可分。二者的结合界定一个企业的"动态定型"——某种特定的运作模式和实力水准。

在现代企业里，创新已经不再是个人的努力，而通常是一个团队的集体过程。创造性也不仅仅是一种技术现象，而是牵涉到多种组织过程和技巧。组织运行能力能够帮助企业将技术创新纳入总体经营发展轨道，从而

第三章
坚厚的内核：竞争优势的实质要素

更好地保证技术创新为企业带来良好的商业利益。在快速多变的环境中，企业的学习能力、应变能力以及总体的组织韧性将有助于企业比对手更加迅捷高效地调整自己、顺应潮流或化解危机。

同样，一个企业在运行操作中的效率可能同时来自特定的技术和组织过程的结合。

对市场的快速反应，一般来说，也不仅仅是技术实力；它要求某种组织动态定型，这种动态定型使企业的速度和灵活性成为可能。比如，美国金融服务集团USAA采用高度集中的组织模式来操作它的业务系统。它的主要客户——美国军人及其家属——经常流动，几乎遍及全球各地。客户信息库的共享、服务项目的高效协调与整合、全球免费电话服务中心服务代表的昼夜值班，使其"一条龙"服务更具有灵活性和快速反应能力。相对于传统的银行和保险公司而言，USAA的技术和组织能力在支持客户服务方面为其赢得了令人羡慕的动态竞争优势。

动态优势的综合要素：核心竞争力

核心竞争力作为企业独特、显著、具有代表意义的技术和能力组合，使得一个企业能在多种产品市场上优势突出、声名显赫。需要强调的是，虽然核心竞争力偏重某种技术实力或实力组合，但它往往与组织能力和管理能力相结合。核心竞争力的积累要求很强的组织运行能力来促使组织内跨产品、跨部门的学习和交流以及知识、技巧和能力的共享。核心竞争力是企业跨行业经营的基础，贯穿于企业经营活动的多个层面。比如，索尼当年的产品微型化能力（应用于随身听、摄像机等产品市场），佳能的图像处理能力（应用于照相机、复印机、打印机等产品市场），本田的小型发动机设计和制造能力（应用于汽车、摩托车、割草机等产品市场），戴尔的量身定制能力（应用于PC、打印机等产品市场，以及个人和公司客户），迪士尼的想象力和服务意识（应用于电影制作、游乐园等业务），以及腾讯基于社交主题的业务拓展与管理能力（应用于游戏、QQ与微信等），等等。

动态管理能力

在战略管理这一层面，企业的动态管理能力指的是这样一种能力：创建、获取、积累、协调、整合、配置和应用企业内多种知识、资源与能力，并能够对其进行重组、再配置，从而应对或主动利用不断转变的市场机会。它指的是一般企业资源与能力之上的一种更高层次的能力，是可以催生和运用其他资源与能力的一种超级能力。如前所述，企业的核心竞争力可以应用于不同的产品市场。而这种应用的成功，取决于适用的动态能力。总之，动态能力统领和调配其他三种能力。对这些能力的有选择的部署和应用最终需要企业高层管理者的良好判断。

综上所述，企业的动态优势的存在和大小从根本上取决于企业对上述四种能力的有机结合、互相促进和综合应用。

位置优势和动态优势：特点比较与关系模式

一般而言，位置优势比较拘泥于环境特点，而动态优势的应用面则相对广泛。一个企业与某个特定对手的比较，决定了它的位置优势所属的特定环境和适用范围。比如，一个企业在某个市场中的高市场份额并不一定意味着它在其他市场中也享有领袖地位。动态优势则有所不同。以核心竞争力为基础的动态优势可以比较容易地应用到多种产品市场。比如，IBM在大型计算机市场的绝对领先地位并没有使它在PC市场中获得霸主地位。相反，正是IBM的综合技术实力、组织实力及动态管理能力，才使得它在系统集成和大公司咨询服务方面别开洞天，以及在当下的智能系统和智慧城市等领域独树一帜，保持了这家百年老店持续稳定的增长和发展。

第三章
坚厚的内核：竞争优势的实质要素

而且，动态优势主要在于过程，而位置优势主要在于地位。动态优势能使企业的运作过程保持高效率和高效力。位置优势，在任何一个时间点上，都表明一个企业相对于对手的实力。从这个意义上说，位置优势代表了企业在现有竞争中的地位，动态优势则保证企业在日常运行中有竞争力。也就是说，位置优势表现的是企业与其经营环境从过去到现在的契合；动态优势表现的是企业与其经营环境从现在到将来的契合。

虽然近期的战略管理文献越来越多地强调动态优势的重要性，但这并不意味着位置优势在现实竞争中已不再重要。通过对位置优势和动态优势的详细考察和比较，我们就会发现两种不同的竞争优势对企业的超常经营绩效来说都是非常重要和不可或缺的。位置优势和动态优势常常互相助长。一方面，位置优势是动态优势的基础，引发动态优势并使其成为可能；另一方面，动态优势可以导致和加强企业的位置优势。由此可见，位置优势可以被理解为固化了的动态优势，因为企业现在的位置是企业过去能力和行动的结晶。但是，如果没有动态优势，一个企业的未来位置优势也会丧失。同样，如果没有位置优势，企业的动态优势也难以完全实现和发挥它的潜力。

位置优势与动态优势的互相支持与正向激发

首先，位置优势通常是动态优势的基础。一个企业在市场中能够作何表现，在很大程度上取决于它拥有什么和它能获取什么。比如，丰田的动态优势——高效率、灵活和高质量的制造能力与诀窍——是建立在它的位置优势基础上的：拥有先进的技术设备、与供应商的良好关系以及训练有素的员工队伍。其次，位置优势可以进一步催生动态优势。比如，拥有强势地位和卓著声誉的企业往往更容易吸引优秀的资源和能力加盟。

同样，动态优势也可以促成位置优势。位置优势通常可以被看做企业因为拥有动态优势而获得的奖赏。一个善于创新、灵活、高效、重质量和反应迅速的企业，一般来说，会与顾客有更好的接触，对资源提供者有更优先的获取机会，会与合作伙伴和互补者保持更为良好的关系，会比竞争者和替代者取得更强势的市场地位。比如，耐克的市场强权和美誉乃是其多年经营的各种动态优势的结果。耐克的设计能力、营销能力以及管理其研发、制造和销售王国中多方实体的能力，都为其强势市场地位的取得做出了贡献。动态优势不仅可以帮助企业获取位置优势，而且可以帮助其增强和巩固位置优势。比如，迪士尼的动态优势表现在它的艺术想象力和创造力，不断开发出受人喜爱的卡通形象，进而应用到玩具、图书、服装和主题公园的多种业务线上。这种动态优势无疑在增强迪士尼的品牌影响力和提高其市场地位方面贡献良多。

动态优势和位置优势的关系错配与潜在误区

一个企业可能享有某些动态优势，但无法进一步以之为契机建立其位置优势。这可能是因为企业缺乏与之相关的配套资源或者是采用了不当的经营战略。比如，在VCR（盒式磁带录像机）市场上，索尼作为首先进入市场者，依靠其动态优势推出了一个质量优良的产品——beta-max型录像机，但是由于该产品过于孤芳自赏，缺乏合作者和互补者的"捧场"，索尼在该产品市场上所热切期待的位置优势终成"画饼"。

一个企业的位置优势通常是昔日辉煌的有力见证。没有现行的动态优势来增强其原有的位置优势和造就新的位置优势，该企业极有可能经历滑坡，进入恶性循环，因为现有的位置优势会由于竞争模仿、创新替代和环境变化等多方面因素而逐渐衰亡、消失。躺在位置优势上故步自封的企业终将位置不保。柯达在数码成像业务上以及诺基亚在智能手机业务上的落败仍历历在目。

同质优势和异质优势

企业的竞争优势可以是同质的，也可以是异质的。异质优势和同质优

第三章
坚厚的内核：竞争优势的实质要素

势的区别主要在于竞争对手间进行的游戏是否相同，或者同一游戏内不同对手运用的手段是否相同。当一个企业和它的对手采用基本相同的竞争手段，或用相同或相似的资源与技术组合在同一产品市场上进行竞争，而该企业比其他企业享有竞争优势时，这种优势通常是同质的，来源于做同样的事但做得相对更好、更为领先一些。异质优势则体现在优势企业所采取的与对手不同的资源组合或者技术手段乃至完全不同的商业模式，比如产品租赁相对于销售、共享相对于购买。

波特（1996）断言，如果所有企业都必须玩同一个游戏而没有任何机会展现与对手的不同，那么运作的有效性将会成为竞争优势的唯一决定因素。并且，他进一步声称，这种同质化的竞争优势并不是战略性的，因为他认为战略的核心和实质在于与对手不同，而不在于玩同样的游戏只不过表现相对优异。另一方面，也有学者认为，对于一个企业而言，通常战略选择的余地很小。战略选择只对于广泛的市场交易活动中的一个部分（甚至一个很小的部分）而言是相关的和可能的。而在大多数情况下，更有效率地比对手做同一样事是势在必争的，而且效率本身已经是求之不得了。战略选择是一种奢侈。如此，同质优势对企业超常经营绩效的贡献是不可被贸然低估的。

如果一个企业能够玩对手不能参与的游戏，或用不同于对手的方法去玩同样的游戏，它便可以享有所谓的异质优势：用不同的资源和技术组合或不同的产品组合去更好地服务客户。比如，亚马逊网站以书籍和CD（激光唱片）等标准化产品起家，几乎挫败了所有的实体书店和唱片店。它所提供的快速检索能力、与出版商的谈判能力、超级强大的集中仓储能力以及高效的配送能力都使得实体书店望尘莫及并在效率、速度与灵活性上难以匹敌。

在战略管理文献中，资源本位企业观最为强调企业异质优势的重要性。企业资源的异质性是资源本位企业观的核心论断：有价值的、稀缺的、独特的、难以模仿和不可替代的资源与能力才是可持续竞争优势的源泉。相对于较为容易模仿的同质性优势而言，异质性优势显然更加容易持久。

从竞争优势到卓越价值：
赢得持久超常经营绩效

本 章 结 语

　　就竞争优势的实质要素而言，位置优势和动态优势是两种最根本的类别。位置优势主要是基于企业自身所拥有的以及可以获取的要素，具体体现为企业的市场地位和资源禀赋及其与生态系统中多方主体的关系。动态优势主要是基于企业独特的知识体系和运营能力，具体体现为市场开创能力、技术操作能力、组织运行能力和企业的总体动态管理能力。企业需要打造其动态优势并力图将其所带来的胜利果实转化为位置优势。企业也需要位置优势（比如强势市场地位）来收获其动态优势所带来的创新与效率。但更重要的是，企业需要利用它的位置优势来进一步催生新的动态优势。

　　总而言之，同时创造和利用位置优势和动态优势并及时对其进行增强与更新，是以寻求超常经营绩效为己任的战略管理者的基本要务。本章阐述的各种位置优势和动态优势的特点以及它们之间的关系，将会对战略管理实践者更好地完成这项任务有所助益。同时，战略的精髓在于最大限度地独特。企业应当力求甩脱对手和拒绝模仿，避免陷入同质化竞争的窠臼。因此，对于异质优势的追求当是比仅仅满足于同质优势更加严苛的挑战。

第四章 多姿的容颜:竞争优势的表现形式

  本章考察竞争优势多姿多彩的表现形态。从其可观察性来看,竞争优势可以是有形的,也可以是无形的。有形优势主要体现在可以观察到的维度和层面,通常公开明显。而无形优势则相对难以直接地观察与捕捉,往往内在隐匿。就其构成而言,竞争优势可以是单体的,也可以是复合的。单体优势乃是可以界定和观察到的竞争优势最小的独立单元。而复合优势则由多种单体优势构成。更高层面的复合优势也可以由不同的单体优势以及较低一级的复合优势共同构成。依据其形态与构成这两个维度,我们可以通过一个系统的 SHOW 分类框架将竞争优势归类为"亮剑明处""飞镖暗藏""重器扬威""武库隐秘"。对于竞争优势形态的通晓,可以帮助管理者更好地比较自己与对手的优劣高下,并且依据不同的竞争情境而相应地调配使用。

  竞争优势的结构形式有哪些?竞争优势如何自我表现?竞争优势的存在和出现有哪些可以观察到的维度和层面?简而言之,竞争优势的表现形式可以用两个分类法来概括。首先,竞争优势可能是有形的或无形的。其次,竞争优势可能是单体的或复合的。

从竞争优势到卓越价值：
赢得持久超常经营绩效

有形优势和无形优势

有形优势（Tangible Advantage）指的是这样一种优势：它表现为某种具体的可观察到的形式，可以被企业自身以及对手清楚地界定和识别，而且通常可以对企业的经营绩效（收入与利润）产生最直接的贡献。显然，有形优势在很多情况下属于位置优势，比如星巴克店铺在大城市繁华地段的地点优势。有形优势的获取和保持往往取决于一个企业在某个领域采取的不可逆转的大规模资源投入与承诺。这种承诺昭示了企业战略趋于固恒持久的倾向性，可以成为持久竞争优势的充分和必要条件。一方面，承诺带来的有形优势可以使企业在经营方面优于对手。另一方面，其高昂的投入能够恐吓、劝阻和遏制潜在对手的进入，并由此使其优势得以持久。比如，一个企业可以由于自己超前的判断而斥巨资购买最先进的生产设备。

无形优势（Intangible Advantage）指的是这样一种优势：它不表现为某种具体的可观察到的形式，或者隐匿于某些现象之后，从而不易被发现、识别和把握。无形优势可以来自企业的商业机密、商标品牌、企业声誉、技术诀窍和企业文化，甚至可以来自某种程度的"组织裕度"（Organizational Slack）——基于组织平时给予的优厚待遇，员工对组织的好感和忠诚的储备（使其在某种极端情况下愿意为组织做出一定牺牲和提供超额奉献）。比如，3M和谷歌等公司的政策允许技术员工用10%至15%的工作时间去做自己喜欢的个人项目。这种组织文化使创新精神和行为制度化、深入人心，为组织的不断创新做出了有益的贡献。

在很多情况下，企业的动态优势往往也是无形的，因为动态优势背后的贡献要素通常比较难以被准确地甄别和界定。这种动态优势往往依靠人的智慧和不可量化分析的因素，这就使得对优势形态追根溯源的工作格外艰难。不仅如此，在某些情况下，一个企业的动态优势可能如此隐蔽无形，以至于并不为对手所发觉。比如，相对于优良地理位置的优势而言，

第四章
多姿的容颜：竞争优势的表现形式

一个企业识别新市场的能力就不太容易被对手发现和识别。

应该说，无形优势往往比有形优势更加难以模仿和复制。无形优势通常来自某种具有较强"社会复杂性"和"因果模糊性"的特点、属性、形象、资源和能力。这样一来，在很多情况下，无形优势通常会持续相当长的时期。比如，卡地亚（Cartier）的品牌优势以及塑造和保持品牌形象的能力。卡地亚代表着奢华、地位、身份和荣耀。这种"高尚感"带来的无形优势在产品本身带来的有形优势（比如经典设计和精良做工等）消失多年之后，依然魅力不减。

很多情况下，无形优势不仅难以被对手模仿，而且难以被自身复制。这是因为，拥有某种无形优势的企业可能连自己也不知道自己的优势在哪里，或者说到底是哪种优势在发挥作用。领导者以为企业的优势是高薪聘请的人才，但实际上可能是大家对企业文化的认同并因而有更强烈的归属感和凝聚力。竞争对手可以开出同样的薪酬来雇用同样的人才，但也许由于企业文化不够吸引人，从而未能充分调动大家的积极性来最大限度地发挥潜力。

单体优势和复合优势

竞争优势可以表现为独立存在的单体优势（Discrete Advantage），也可以表现为多种单体优势构成的一种整体复合优势（Compound Advantage）。我们可以把单体优势理解为能够独立作为一种竞争优势的最小基本单元。复合优势可以被认为是比单体优势更高一个层次的某类综合竞争优势。通常情况下，单体优势多是位置优势，以占有权或获取权为基础。这种优势本身通常直接为企业经营绩效做贡献。典型的单体优势包括独特的实物资产、专利、独家合约、特许经营权或现金储备。复合优势则既可以是位置优势，也可以是动态优势。

可口可乐曾在很长一段时间内都是世界上最知名的品牌，直至被数字

从竞争优势到卓越价值：
赢得持久超常经营绩效

经济时代的翘楚——苹果和谷歌超越。它在饮料业多年的优良经营绩效主要依靠它的品牌知名度。粗看起来，这种品牌优势似乎像一项具体的资产、一种单体优势。其实，品牌优势是一种更高层次的复合优势。也就是说，它包括了可口可乐公司在多种竞争维度和层面上的优势，比如它的机密配方和特殊口味、几乎无处不在的广告宣传，以及一个世纪的广告促销带来的经久不衰的顾客熟悉度与好感度等。

典型的复合优势通常也表现为以知识和能力为基础的动态优势。这种复合优势可以表现为调动、协调和整合多种资源的超级管理能力，如企业的核心竞争力与动态能力。比如，佳能在图像处理方面的核心竞争力使它能够成功驾驭多种技术体系，并将其复合动态优势广泛应用于照相机、复印机、打字机、扫描仪和医疗设备等不同的产品终端市场上。

与品牌优势相似，另外一个最为常见的复合优势就是成本优势，它由多种位置优势和动态优势复合而成：高效率的生产设备和运输装备、训练有素的员工、优化的生产流程与顺畅的组织沟通，等等。美国西南航空公司作为全球航空业成本领先的典范，其成本优势来自二线机场定位、统一的波音737机型、航油合同套期保值、员工敬业等多种单体优势与复合优势。当然，也有一种可能性，那就是复合优势虽然是由多种因素构成，但并不一定每一个构成因素本身都可以被认为是一种单体竞争优势。但是，即便如此，这些本身并不一定就是竞争优势的因素，也可以通过它们之间的独特组合来构成一种总体上的复合优势。

依据上述两个维度——有形与无形、单体与复合，我们可以构建一个关于竞争优势表现形式的SHOW简单分类框架，并进一步详细考察竞争优势的具体形态："亮剑明处"（Straight Arrow）、"飞镖暗藏"（Hidden Dagger）、"重器扬威"（Open Arsenal）、"武库隐秘"（Wonder Armament），如表4.1所示。

第四章
多姿的容颜：竞争优势的表现形式

表 4.1　竞争优势的表现形式：一个 SHOW 简单分类框架

	有形优势	无形优势
单体优势	"亮剑明处" **Straight Arrow** 优质地点、货架摆放 技术专利、现金储备 专项资产、专项合同 独家供给、独家渠道 经营资质、政府授权 税收减免、优惠政策	"飞镖暗藏" **Hidden Daggar** 知识产权（机密配方） 商业诀窍（关键步骤） 独家数据（私有信息） 独家关系（私密隐匿） 情报高手（"谍战"人员）
复合优势	"重器扬威" **Open Arsenal** 规模经济、范围经济 主导地位、综合排名 反应速度、灵活机动 危机管理、组织韧性 品牌优势、成本优势	"武库隐秘" **Wonder Armament** 关系网络、企业文化 组织学习、组织变革 人力资源、知识体系 市场能力、技术实力 核心竞争力、动态能力 资源储备、综合实力

亮 剑 明 处

"亮剑明处"，指的是单体有形优势——关键时刻，"一剑封喉"。设想如下情形：紧急状态下，政府征用恒温恒湿仓库储存重要战备物资。只有那些拥有通过某种认证才能获得的相关资质的企业方可中标。如果在政府需要征用的那个地区只有一家企业具有所需的资质认证，则该企业将会击败所有竞争对手从而中标并获得利润颇丰的政府合同。竞争对手即使实际资质更强，但由于各种原因没有申请或者尚未得到认证，同样也不能中标。关键时刻的一个单项因素就可成为决定成败的优势或劣势。

"亮剑明处"优势通常体现为明显的位置优势，可以清晰界定与观察。它通常包括企业的规模本身以及各类特殊的以所有权或者获取权为基础的单体要素：优质地点、显眼的货架摆放位置、技术专利、现金储备、

从竞争优势到卓越价值：
赢得持久超常经营绩效

专项资产、专项合同、独家供给、独家渠道、经营资质、政府授权、税收减免、特殊优惠政策等。显然，除了少数"亮剑明处"可以"一剑封喉"的情境，大多数情况下的"亮剑"基本上都只是对经营绩效有所贡献，但不一定能够决定最终的结果与胜负。

飞 镖 暗 藏

"飞镖暗藏"，指的是单体无形优势——"一招鲜，吃遍天"。某些关键时刻，高手的"独门暗器"可以置人于死地并使自己成功脱身。大多数情况下，"暗器"的适用会重挫对手，至少会为自己赢得喘息的机会。企业间的竞争同样包括在"暗器"层面的较量，比如秘密的知识产权（机密配方）、商业诀窍（关键步骤）、独家数据（私有信息）、独家关系（私密隐匿）、情报高手（"谍战"人员）。

与配方、设计、技术和工艺等相关的环节和领域通常是"暗器"优势的主要构成要素。由于其私密性和隐蔽性，这些要素通常都是以所有权为基础的，必须由所有者亲自掌控，难以从公开市场直接获取或者从别处借得。但以所有权为基础并不意味着这些"暗器"优势一定是某种位置优势。恰恰相反，属于"飞镖暗藏"的无形单体优势通常大多是基于知识和能力的，不像"亮剑明处"那样显露张扬，而是属于行动中所展现出来的动态优势。

"飞镖暗藏"的魅力在于单靠这一项单体优势就能左右时局、决定胜负。比如，情报战不仅在军事上屡建奇功，在商业上亦是作用非凡。有时，一个关键情报人员的一己之力便可帮助企业力挽狂澜、扭转乾坤。再比如，企业中的有些人和事会令人感到纳闷儿。有些人平时基本不来上班，但每每遇到重大事件之际，他们注定"鬼使神差"地出现，要么捎话带来重要信息，要么亲自联络斡旋，出面解决外部争端。"飞镖"平时隐匿私藏，关键时刻方才出场。

第四章
多姿的容颜：竞争优势的表现形式

重器扬威

"重器扬威"，指的是有形的复合优势，往往多维多层但又浑然如一。如前所述，最为显著的复合优势便是品牌优势。虽然打造品牌的能力和过程本身也许是无形的，甚至就连品牌本身也经常被划归为无形资产，但就竞争优势的形态而言，品牌当是趋近于有形优势的：商标形象随处可见；品牌名声耳熟能详；在消费者心目中占据一席之地；在需要时自动提取。同样，企业的总体成本优势也是明暗相间，但终归可以测算，所以也一并列在这里。

大家经常爱说要做大做强。所谓的做大做强，要让人们看得见、摸得着。与此相关的是可以让利益相关者感受到的明显的复合优势，比如规模经济、范围经济、（生态圈中的）主导地位和各类综合排名榜单上的领先地位，等等。尤其是在经历危难和动荡的时候，"重器扬威"显得尤为重要，要证明自己总体实力雄厚、军威雄壮，不会因为风吹草动而轻易受挫抑或"翻船"。这就要求企业大力比拼反应速度与灵活机动能力，要大张旗鼓地展示自己危机管理的综合能力以及快速复原的组织韧性。

武库隐秘

"武库隐秘"，指的是无形的复合优势。其存在不仅神秘而且真实。企业与外部环境中利益相关者的各种复杂的关系网络，以及上一章阐释的组织内部的动态优势等，都可归于无形的复合优势，比如组织学习与组织变革、卓越的企业文化、优秀的人力资源与其知识体系，以及市场洞察与培养能力、技术与生产实力、核心竞争力和动态能力，等等。

不仅如此，与"武库隐秘"密切相关的是财库充实。如果说"重器扬威"体现的主要是已经实现了的优势和具体的存在,那么"武库隐秘",广义而言,也包括能够迅速将潜能变成现实的能力,包括隐匿但充实的资源储备(Warchest)以及强大的动员能力与转化能力,可以迅速便捷地将综合实力与预备潜力转换成为另外三种形态的竞争优势。

本 章 结 语

本章考察了竞争优势的表现形式。我们首先区分了有形优势与无形优势,然后比较了单体优势与复合优势。单体优势乃是竞争优势的最为基本的单元。复合优势由不同的单体优势汇聚而成。更高级别的复合优势可以由单体优势以及其他低一级的复合优势组合而成。根据上述的竞争优势的构成与形态两个维度,我们将竞争优势的表现形式做一个简单系统地分类,分别阐释"亮剑明处""飞镖暗藏""重器扬威"和"武库隐秘"这四种形态。俗话说:"明枪易挡,暗箭难防。"其实,"明枪"与"暗箭"都极具伤害性,只是"暗箭"更加难以预知而已。系统地甄别竞争优势的表现形态可以帮助管理者增强对不同形态竞争优势的感知,丰富相关的想象力。否则,管理者便难以做到真正的知己知彼。

第五章　神秘的地点：竞争优势的存在方位

　　竞争优势的存在方位复杂多样，并在很大程度上影响着究竟谁会从竞争优势中获益。基于两个具有代表意义的分类体系——企业经营战略的层级以及竞争优势所基于的资源与能力的所有权结构，本章力图构建一个整合的分析框架，系统地阐释竞争优势的存在方位以及相应的可收益性问题。具体而言，竞争优势可以存在于制度战略、公司战略、业务战略和职能战略层面。竞争优势既可以是以个人为依托的，也可以是以企业组织为依托的，还可以是虚拟性的。在全面考察竞争优势的一般性和常见的存在方位的基础上，本章对企业如何从不同存在方位的竞争优势中获益进行探究与思索，并对研究竞争优势的可收益性所面临的各种挑战以及可能的应对措施进行总结与建议。

　　无论是在商战还是在日常生活中，狐假虎威的故事可谓尽人皆知，借力打力的说法也是广为流传。一个企业不仅要善于利用自身的优势，也要学会创造性地调动和借用别人手中的优势。正像第三章所说的，竞争优势可以基于一个企业自身所拥有的资产，也可以基于一个企业所知道或者可以学会的东西以及自身的本事，还可以基于一个企业可以获取的外在的资源与能力。总之，竞争优势的存在方位，或者具体地说，竞争优势所基于的地位和资源与能力的存在方位，不一定是在一个企业内部，也可以体现

从竞争优势到卓越价值：
赢得持久超常经营绩效

在一个企业的某种外在属性与关系上，比如，企业的合作伙伴、战略联盟和生态系统等，还可以体现在企业家与管理者个人层面的血缘地缘关系上，如亲情关系、朋友情谊等。

可收益性：谁从竞争优势中获益？

竞争优势所基于的资源与能力，尤其是其存在方位与所有权结构，在很大程度上决定了竞争优势的可收益性（Appropriability）。可收益性问题的实质在于：谁最终从竞争优势中获益？是资源的拥有和提供方还是资源的雇用和使用方获得由该资源带来的竞争优势以及相应的（超额）收益（亦即经济租金）？如果双方共享，收益如何在二者之间分配？显然，一个企业对于自己所拥有的资源与能力所提供的竞争优势通常有较强的控制权，因而具有较强的收益能力。这种资源与能力例如当年中国移动的网络资源与高端客户资源和如今腾讯的黏性超强的用户资源。相反，企业对于所借用或者从外面获取的优势则在收益谈判时相对缺乏议价能力，比如，联想 PC 对于操作系统和芯片企业的高度依赖。显然，以所有权和能力为依托的竞争优势，其可收益性通常大于以获取权为依托的竞争优势。

另一方面，资源在企业内部的存在方位以及镶嵌程度也决定着可收益性究竟是向企业还是向资源的提供者倾斜。比如，一个手工作坊，如果大师傅手艺精良，会为该作坊带来技术方面的竞争优势。此时的竞争优势可以清晰地被归结为大师傅的能力。而且大师傅可以相对容易地将手艺带走。此时的大师傅之于作坊的老板就会有较强的议价能力。相反，一个百年老店，其卓越的企业文化会为企业带来组织上和品牌上的竞争优势。但由于企业文化广泛地渗透于企业，不可能被少数人抽走剥离，因而此时主要是企业从中获益。

本章主要探究两个根本问题。第一，竞争优势的存在方位到底是在哪里？如何对竞争优势的存在方位进行系统的把握与分析？第二，如何理解

第五章
神秘的地点：竞争优势的存在方位

和判断竞争优势存在方位的可收益性问题？企业在可收益性问题上面临哪些具体挑战？我们首先介绍两个具有代表意义的分类体系：企业内的战略阶层体系以及资源的所有权结构体系。基于这两个维度，我们构建一个整合的分析框架，系统地描述企业竞争优势一般性的和常规性的存在方位，阐释相应的可收益性问题。最后，我们讨论如何应对可收益性问题的各种挑战。

企业战略的层级与竞争优势的存在方位

在战略管理文献中，对企业战略的层级关系之描述，最早起源于小钱德勒（Chandler, Jr.）等对于多元化战略的研究。他明显地区分了公司战略与业务战略（或曰竞争战略）两个层级，强调了两个层级一般管理者的战略分工与侧重不同。后来，文献中进一步系统地阐述了企业内的战略层级：制度战略、公司战略、业务战略以及职能战略。显然，在上述四个层级中，竞争优势都可能出现和存在。

制度战略层面

制度战略是在竞争领域之上的战略层面，主旨在于应对企业的价值趋向、经营理念、公共形象、社会责任等涉及所谓社会合法性（Legitimacy）的问题。这就意味着一个企业要善于应对其所有利益相关者，具有良好的社会形象和公众认知，能够妥当地处理与各级政府和监管部门之间的关系，拥有社会合法性方面的优势，从而能够优惠地获取资源，从容地进行经营活动，轻松地赢得公众与顾客的好感。对于组织内部而言，一个历史传统悠久、制度传承有序、价值观鲜明、具有高度责任感和使命感的企业，也会比较容易调动员工积极性，为其工作赋予意义。

公司战略层面

随着多元化企业的不断涌现，企业的高管团队日益受到管理多种业务日常运行的困扰。为了更好地应对多元化带来的挑战，企业逐渐将战略管理分为两个层面：公司层面的战略管理与具体业务层面的战略管理。公司总部的战略管理不再直接介入业务层面的具体管理与操作，而是专注于把握公司的总体经营方向、业务范围与资产组合、主导管理逻辑的确立与应用、资源配置以及核心竞争力的培育和共享、对不同业务单元之间的整合与协调，以及对本企业与其他企业间关系的掌控与指导，比如，管理战略联盟、合资企业以及并购与兼并等。如何在公司总部层面构建和应用动态能力以及公司监管能力，也是构建和应用公司战略层面竞争优势上的重大挑战。

业务战略层面

业务战略主要解决的问题是，给定具体的业务，如何应对竞争并获取和保持竞争优势。相关文献中涉及最多的应该是对业务层面的竞争优势的探讨。这个层面的战略，通常被称为竞争战略。企业间的竞争直接发生在这个层面。从波特的基本战略分类法到蓝海战略的价值创造再到商业模式创新，诸多重要的理论贡献与分析框架都聚焦在这个层面。其分析的焦点可谓变化多端，从产业定位到资源禀赋与能力组合，从时间、效率到韧性与灵活性，从组织学习到产品创新。大家对业务战略的关注一如既往，有增无减。

职能战略层面

在职能战略层面，研究的重点在于不同职能领域的具体活动与操作细

第五章
神秘的地点：竞争优势的存在方位

节，以及这些活动与细节如何支持某个业务战略。比如，丰田公司如何在生产制造方面引领潮流，苹果公司如何在设计研发领域标新立异。说到底，职能战略使得企业在经营活动的某一方面强于对手，备受顾客关注与青睐、欣赏与追捧，从而导致企业在整个业务层面的优胜地位，比如产品差异化优势或者成本领先优势，可以在品质和性能上见长，也可以在速度、效率、灵活性、创造性等方面引人入胜。作为最低一级层面的战略，职能战略其实是最具有战术色彩和行动导向的，关注的是一线操作，实在而具体。

资源与能力的所有权结构与竞争优势的存在方位

如前所述，竞争优势的存在方位也可以通过提供竞争优势的资源与能力的所有权结构来考察。具体而言，这种所有权结构包括三个层次：个体、企业与虚拟。个体指的是资源提供者；企业指的是资源的使用者；虚拟指的是企业边界以外的其他实体。

以个体为依托的竞争优势

实质而言，以个体为依托的竞争优势，主要依赖于个人或一群个体所拥有和掌控的资源与能力，而不是依赖于使用这些资源与能力的企业本身。虽然企业在名义上和表面上拥有这些竞争优势，但企业毕竟受制于提供这些优势的个体的要挟。通常情况下，如果这种以个体为依托的资源与能力可以相对清晰地界定，个体相对于企业的议价能力就会较高。如此，这种以个体为依托的竞争优势之收益主要是由个体资源与能力的提供者所享有。比如，典型的职业服务公司（如经纪人公司和咨询公司）便是属于此类情形。

这类公司的核心竞争力与主要竞争优势可能就是企业内几个关键人物

在各方面的个人关系网络、知识与经验以及重要的客户资源。如果这些人员由于任何原因离开该企业，那么该企业建立在他们之上的竞争优势就会在顷刻间荡然无存，该企业也往往会因此失去存在的理由。如果它所依托的个体（人或资产）的流动性非常强，那么这种以个体为依托的竞争优势很难长久存在于某个企业。进而言之，很可能是这些个体（客户资源的直接实际拥有者），而不是企业（客户资源的间接名义拥有者）在分利的时候拿了大头。也就是说，这种竞争优势虽然名义上是企业的竞争优势，而实际上是个体的主要贡献，因为在这种特定的行业中，客户跟具体的人打交道，而不是跟企业打交道。

以企业为依托的竞争优势

当企业的强势与霸权高于任何个体的资源与能力的提供者时，竞争优势主要是依托于企业而不是依托于任何个体，从竞争优势中获益的也理所当然地主要是企业。也就是说，以企业为依托的竞争优势依赖于企业自身所拥有的资源与能力。这些资源与能力镶嵌于企业的各种流程与规章，渗透于企业的各种行为与运作中。几乎不可能有任何人对此类资源和能力声称所有权。而这些竞争优势也不可能由于某些个体的"出走"或者偷窃与破坏而轻易地丧失或损蚀。

进而言之，这些竞争优势，尤其是可持续竞争优势，通常具有社会复杂性与因果关系模糊性，因而难以模仿、难以替代。比如，华为公司鼓励疯狂敬业、锐意进取的企业文化，"让听得到炮声的人来决策"，企业高于任何个体。20世纪末，迪士尼公司兼并美国广播公司。作为美国广播公司大股东的巴菲特很快将自己的股份置换成了迪士尼的股票。别人问巴菲特为何对迪士尼这么有信心。巴菲特的回答一语中的："因为米老鼠没有经纪人！"

第五章
神秘的地点：竞争优势的存在方位

以虚拟为依托的竞争优势

以虚拟为依托的竞争优势，意指这样一种情形：一个企业所享有的竞争优势所基于的资源与能力实际上由其他企业或实体所拥有，因此并不在该企业的边界之内。耐克公司在制造成本上的竞争优势在很大程度上属于虚拟优势。耐克不生产鞋，其生产主要靠外包给劳动力成本低廉的国家的代工企业。IBM当年在PC上的优势也不在自己企业内，而是在于微软和英特尔的Wintel产业标准。IBM只不过是比其他PC制造商在前期拥有获取权方面的优势而已。同样，很多网络服务和电商企业可以借助腾讯的微信和游戏等大平台的优势，但它们并不真正拥有这种优势。

综上所述，以资源与能力的所有权结构为线索，企业的竞争优势可以是以个体为依托、以企业为依托和以虚拟为依托。就可收益性而言，以企业为依托的竞争优势使得企业从中获取最多的收益。以个体为依托的竞争优势在合伙人制的企业里将会比在其他类型的企业中更容易使企业获益。合伙人，作为资源提供者个体（雇员），同时也是企业的老板（所有者），会有更多的激励再投资于企业的长期发展，而不是时时刻刻想着把自己的贡献最大限度地变现，将企业的资财"分光吃净"。而虚拟优势可以使企业巧用外力，在竞争中处于上风。关键在于，企业要善于与实际拥有和提供虚拟优势的企业或其他实体保持良好关系，并同时争取较强的议价能力。

竞争优势的存在方位与可收益性

基于上述两个有关企业竞争优势存在方位的分类体系，我们可以构建一个整体的分析框架，系统地梳理和考量存在于不同阶层与领域的一般性的和常见的竞争优势项目，参见表5.1。为了便于具体而又简要地说明表中的 12 种可能性，在每一种可能性区间里，我们选取 3 个有代表性的项目进行讨论。

表 5.1 竞争优势的存在方位：一个系统的分析框架

战略层级	所有权结构		
	个体	企业	虚拟
制度层	**友好使者** 模范人物 发言人 慈善家	**企业形象** 关注民众 关注社会 关注环境	**社会贡献** 慈善机构 社会机构 公益研究
公司层	**领军统帅** 远见领袖 拿总通才 投资高手	**公司实力** 核心竞争力 动态能力 母合技能	**关系资本** 竞合伙伴 资本市场 政府关系
业务层	**明星将领** 专业技能 客户网络 人脉关系	**业务定位** 市场地位 品牌形象 运作效率	**业务伙伴** 研发协作 战略联盟 合作网络
职能层	**精英骨干** 资源笼络者 技术天才 超级营销员	**操作流程** 供应链管理 制造能力 销售能力	**有利获取** 供应商关系 外包伙伴 分销渠道关系

制度层面的竞争优势

"友好使者" 拥有"友好使者"的企业，可以正面地增进企业的社会形象与亲和力。这里讲的"友好使者"一般应该是比较著名的某个管理者或者企业员工，或者一组这样的人员。"友好使者"既可为自己的企业出场，也可为别的企业代言。比如，当年 Wendy's 快餐店的老板 Dave Thomas，自己由一个孤儿奋斗成名的历史以及和蔼可亲的形象，使其"友好使者"的角色为 Wendy's 服务了一辈子。北京城外诚家居市场的形

第五章
神秘的地点：竞争优势的存在方位

象代言人，曾经请的是公交战线的全国劳模李素丽，要的形象就是勤奋工作、踏实服务。英国美体小屋（Body Shop）的老板，积极关注环境问题，尽量采用全天然原料，坚持不做动物试验等做法，为其企业和事业创造了良好的品牌形象。同样，Ben&Jerry's 冰激凌的创始人，通过对社会公平以及环境等问题的关注与努力，成为其企业最好的形象大使。

这些"友好使者"通常扮演的角色是公众视线中的全社会范围内的模范人物，而不仅仅是商界翘楚与行业精英。他们在某种程度上超越了商人逐利的本能，以天下为己任，悲天悯人，希望通过自己的努力使我们的生存环境变得更加清洁宜居，社会环境变得更加和谐公正。在这个过程中，他们有时是慈善家，对某些公益事业倾囊相助、尽力而为；有时是发言人，对某些社会理念与运动激情宣传、推波助澜。虽然这些"友好使者"可以为企业带来某种竞争优势，但其实质仍然是以个体为依托的。

企业形象　良好的企业形象是以企业为依托的、制度战略层面的竞争优势。它代表着企业在经济活动之外对其社会责任的承诺与贡献。许多企业都力求在其所在的社会与社区营造一种良好的企业形象。这种追求通常是通过制度化的规则与程序来实现的，而不是偶尔的个体行为与意愿。因此，由卓越的企业形象带来的竞争优势是以企业为依托的。广而言之，良好的企业形象可以体现在企业行为的三个层面上：对人的关注、对社会的关注以及对环境的关注。

首先，商业以人为本。企业的存在与成功最终取决于如何调动和利用人的积极性。人的力量是无穷的。人，人民大众，是所有权力的正当源泉。企业应倡导尊严，鼓励创新，呈现精彩。其次，关注社会问题，积极致力于社会问题的解决，富于强烈的社会责任感，也是企业形象的重要方面。再次，随着与日俱增的人口压力、日益严重的能源和污染问题，我们的生活水准正在不断地以牺牲我们生存的环境为代价来维持。国民经济的可持续发展问题以及各类行业与企业的可持续发展问题日益受到大家的重视。那些关注环境问题并为改善环境积极努力的企业会得到政府、社区与民众的理解、承认、欣赏和嘉许。在环境保护方面以高标准严格要求自己的企业，将会具有越来越优良的社会形象。

社会贡献　许多企业直接参与社会事业与公益活动。比如，Ben&Jerry's设有保护巴西热带雨林的专项基金，雇用低收入家庭成员，鼓励采购本地自产原材料等。其他企业则通过向那些直接参与社会事业的机构做贡献而构建其制度层面的虚拟优势。这些机构主要包括慈善机构、社会机构和公益研究机构。比如，扶贫基金或孤儿抚育机构是典型的慈善机构，教育单位和艺术团体是典型的社会机构，医疗卫生和危害预防机构等则是重要的公益研究机构。通过这些机构的致谢与宣扬，企业的社会贡献会通过一种更加自然低调的方式被大家知道和赞赏。

公司层面的竞争优势

领军统帅　在公司战略层面，以个体为依托的竞争优势来自掌管企业的领军统帅，他们的远见卓识、超凡技能、丰富经验、果敢决断对企业的生死存亡、胜败荣辱产生重大影响。可以带来这种竞争优势的领军统帅及能力主要包括三大类型：企业家以及他们富于远见的领导力；通才管理者及其营造企业帝国的能力；金融家及其在企业监管权市场上呼风唤雨的能力。

华特·迪士尼（Walt Disney）一生传奇，印证了他作为企业家和企业精神领袖的远见与笃诚。他相信迪士尼之奇迹会发生并感染他人共同去创造梦想。乔布斯二次入主苹果公司，再次向世人证明自己的技术"嗅觉"与管理实力。如果没有这些伟大的创业者，他们的企业将会显得灵魂无驻、索然寡味。在某种意义上说，这些企业的创业者和所有者就是企业本身，人与组织密不可分。当迪士尼与乔布斯离开企业后，他们的企业都随之一蹶不振甚久。再看金融天才、投资高手巴菲特等，他们掌管的企业并非实业机构，而是投资控股公司。通过在企业监管权市场上对企业股份的买卖，他们不仅迫使企业家不断以最佳状态为股东创造价值，而且为自己的投资控股公司指引航程、获利颇丰。

第五章
神秘的地点：竞争优势的存在方位

公司实力 众多企业在创建者故去或者强势领军人物离开之后，都会出现混乱、停滞甚至倒退的情况。而沃尔玛则并未遭此厄运。不仅如此，沃尔玛在全球市场上更是长驱直入、阔步前进。其创始人山姆·沃尔顿（Sam Walton）的伟大之处在于他对以企业为依托的竞争优势的重视并在生前致力于对此类竞争优势的培育与保持，使得这些优势在他本人故去之后多年仍然持久地为企业效力。沃尔玛的竞争优势牢固地根植于一系列独特的企业资源与能力组合，比如排他性的店铺地点以及全面信息化的物流管理，非任何明星个体之功可比拟。在公司层面，这种以企业为依托的竞争优势，主要是基于公司实力，具体说来，包括公司的核心竞争力、母合能力与动态能力。

相关多元化的企业可以通过共享资源与能力而实现协同作用。核心竞争力可以被企业的多种业务共享，从而带来并放大企业的竞争优势。具有核心竞争力的企业通常善于协调与整合不同业务间的关系。然而，核心竞争力也可能会变成核心包袱，导致企业观念陈旧、反应僵硬、行动保守和故步自封。因此，企业在享有核心竞争力的同时，要保持清醒的头脑，有意识地构建所谓的动态能力，从而可以不断根据环境的变化来重新组合、配置、获取资源，以期达到企业内部运作与外部环境要求的动态契合与平衡。

同时，公司总部也要关注所谓的母合能力（Parenting Advantage），亦即总部作为母公司如何培植子公司业务的能力，比如经营目标设定、战略计划指导、经营绩效评估等。比如，ABB公司总部精干的团队管理全球多元化运作的超强能力，令业界同行钦羡赞叹。概而言之，核心竞争力、动态能力与母合能力通常都存在并渗透于企业的制度与流程中，归整个企业所有。它们所带来的竞争优势显然是以企业为依托的，因而通常是企业从竞争优势中获益最大。

关系资本 在公司战略层面，虚拟优势通常产生于企业与外部机构和实体之间的关系或信用，可以使得企业在需要的时候比较从容地获取外部资源与能力。这种关系与信用可以被简单地称为关系资本。关系资本的主

从竞争优势到卓越价值：
赢得持久超常经营绩效

要特性就是共享与互惠。企业可以适时支取，但并不单方面拥有。这种关系资本可以存在于合作者与互补者之间，也可以存在于竞争者与替代者之间，还可以存在于企业与客户群体、利益集团、公众社区，抑或各级政府机构之间。具体而言，三类关系资本尤为重要：与竞争对手或者合作伙伴间的关系资本、与资本市场中金融机构间的关系资本，以及与政府机构间的关系资本。

首先，重要的对手之间可能存在所谓的"互相忍让"行为：你让我活，我也让你活。你在我的主市场尊重我的利益，我也会在你的"家门口"给你以礼遇。大企业间通常互为供给商或者购买商，在一个业务上合作，在另外一个业务上竞争，在研发中合作，在产品市场上竞争，关系复杂。如果企业与对手或者伙伴间可以形成某种理解和默契，进而促成某种固定的关系与承诺，则可能会给企业带来其他企业所不具备的竞争优势，使企业受益于某种长期共生的平台与公认的行规，免于陷入过分激烈的竞争、恶性的挑衅、无序的"追杀"。

其次，与金融机构的良好关系以及企业在资本市场上的信用是公司层面另外一种重要的虚拟优势。这种优势可以使企业在需要的时候获得外部资金的支持。重要的金融机构，狭义而言，包括各类银行、投资机构、信用评级以及鉴定机构等；广义而言，包括任何可能为企业带来资金注入的个人、实体与机构。这种信用往往是公司层面的，而不是某个具体业务层面的。这种信用与关系的作用大小，取决于企业时下的经营业绩。然而，企业以往给人留下的好感与友善仍然具有很大的影响。因此，这种关系和信用更像是资本而不是现金。

最后，保持良好的政府关系是公司层面必须直接重视和参与的任务。政府关系很可能是一个企业在经营活动中所能拥有的最重要的竞争优势。政府关系可以直接影响企业的从业资格、产品的销售和资源的获取，可以使企业平步青云，亦可使企业跌入谷底。全球性的跨国公司，从可口可乐到通用电气，从飞利浦到西门子，多是打理政府关系的典范，皆深谙其道、乐此不疲。靠自己实力发家的微软与英特尔曾经突兀生涩、狂狷自

第五章
神秘的地点：竞争优势的存在方位

讳，不把政府放在眼里；被政府告了几次后，马上变得聪明伶俐、乖巧逢迎。再看长江集团、和记黄埔，从码头、基建、楼盘、零售，到电信、能源、投资，其业务都离不开良好的政府关系。需要指出的是，政府没有责任与义务对任何企业施恩示好，而企业必须时时刻刻认真对待政府关系。这种资本及其优势，是不折不扣和完全地道的虚拟优势。

业务层面的竞争优势

"明星将领" 在业务层面，竞争优势显得尤为重要，因为竞争通常是在一个具体的业务上进行的。如何获取、利用和保持竞争优势，从而在竞争中取胜，是业务战略的主要任务。具有良好职业声誉、优良业绩成就和卓越职业技能的"明星将领"是以个体为依托的竞争优势的主要来源。具体说来，"明星将领"的才能可以体现在三个方面：专业技能、客户网络、人脉关系。

其一，这些业务上的"明星将领"，不仅是高高在上的管理者，而且也是"技术尖兵"，具有该业务所需要的特殊技能与天分，是懂得业务而且可以直接上阵操作的行家里手。比如，耐克的老板菲尔·奈特（Phil Knight）自己就曾经是运动员，懂得如何为运动员服务。虽然这些"明星将领"后来将自己的商业帝国扩展到多个领域并成为"领军统帅"，但在经营自己的初始主业之时，他们的专业技能对于企业的生存和强盛却是不可或缺的。他们的专长、经验和见地使他们成为本行业的佼佼者、翘楚精英，为其企业带来以个体为依托的竞争优势。

其二，在很多职业性和专业性非常强的业务，比如会计、律师、经纪、广告等业务上，许多"明星将领"本身就基本上代表了整个企业。在这种业务中，由于高强度、坚持不懈的"人盯人"销售以及频繁的交往，客户与企业的关系实际上是客户与企业中某个主管经理个人层面的关系。如果该经理跳槽出走，客户及其业务通常也会随之转入另外一个企业。因此，企业的业务主管经理的客户网络在此类业务中非常重要，可以

从竞争优势到卓越价值：
赢得持久超常经营绩效

为企业带来以个体为依托的竞争优势。由于精英干将的可流动性，此时他们的议价能力相对较强，甚至可以要挟企业。所以，笼络此类精英干将的最佳"诱饵"往往是合伙人地位和权益。

其三，"明星将领"在企业外的联络范围和人脉关系也可以为企业带来以个体为依托的竞争优势。这类联络与关系包括同政客、监管者、利益相关者、社区领袖、行业协会以及情报与消息人士等的关系与来往，可以使企业比较有利地获取所需的资源与信息。

业务定位　在业务层面，我们可以清晰地观察到最为显著的竞争优势：一个企业在竞争图景中的地位，以及企业经营活动和运作能力的高下。我们把讨论聚焦在如下三个方面：市场地位、品牌形象和运作效率。

市场地位可以体现在市场份额、与最大竞争对手之间的市场份额差别、定价权和维持价格的能力，以及长期增长潜力等。企业的市场地位可以昭示或证明其行动或者威胁的可信性，可以遏制对手的挑衅企图。强势的市场地位通常也会使企业比较便捷地获取各类资源与销售渠道。波特所总结归纳的差异化与成本领先优势指的恰恰就是企业在竞争中可以坚守的某种特定的市场地位。

品牌形象是企业总体形象在顾客脑海中的结晶。良好的品牌形象会激发顾客不可抑制的好感、冲动、迷恋和忠诚。具有良好品牌形象的企业，其品牌自身便可直接为其销售额和利润率做出贡献。人们愿意为品牌形象优良的物品支付溢价已是尽人皆知的事实。

无论企业采取的是成本领先战略还是差异化战略，企业经营运作过程的效率通常都可以成为企业竞争优势的利器与法宝。比如，即使在豪华汽车品牌，比如奔驰与雷克萨斯之间，我们仍然可以比较它们的设计、制造与营销方面的效率差异。毕竟成本控制可以帮助企业增大利润空间，即便奢侈品行业亦是如此。

业务伙伴　在业务层面，竞争图景日新月异。传统形式的一对一的双边竞争在许多行业已经销声匿迹，代之而起的则是一组企业与另外一组企业的对垒、一个联盟与另外一个联盟的交锋。如今的挑战在于如何寻找和

第五章
神秘的地点：竞争优势的存在方位

发现有益的合作伙伴与群体。有选择地参与各类联盟、集团与协会可以帮助企业取长补短、互通有无，并利用合作关系创造业务层面的虚拟竞争优势。一般而言，合作机制主要包括研发协作、战略联盟与合作网络。

研发协作是企业借用合作伙伴的长处来共同解决某些技术难题与创新挑战的常用手段。它可以帮助企业分担风险，增进研发的规模经济与范围经济。一个企业不需要什么都自己做，而是需要知道什么时候在哪些方面需要什么样的合作伙伴。战略联盟不仅出于解决技术方面问题的需要，也可以出于其他方面的考量。比如，两个竞争对手可以结盟，共同去应对来自第三方的竞争威胁。小企业可以通过与其他小企业缔结联盟来扩大自己的实力与影响，也可以狐假虎威，通过与大企业为伍而提升自己的地位与名声。另外，一个企业也可以寻求更加广泛的合作网络，去解决企业所面临的各种经济与社会问题，比如，与相对独立的第三方质量鉴定机构合作，与供应商或者销售渠道合作，等等。

职能层面的竞争优势

精英骨干　在企业的日常运行与操作中，不同职能领域直接地影响企业的价值创造（价值链上的各类活动），从采购投入和生产制造到产出销售和服务保障。在职能层面，具有特殊专长、才能、经验和关系的精英骨干，可以像"领军统帅"和"明星将领"一样为企业带来以个体为依托的竞争优势。这些精英骨干主要包括资源笼络者、技术天才和超级营销员等。

资源笼络者指的是那些能够有效地为企业吸引所需资源的骨干人士。比如，采购与物流部门经验丰富、联络广泛、业界声誉良好的骨干人员，可以帮助企业低价优质地获取原材料供给。再比如，懂得企业需要、富有人格魅力的人力资源主管可以在人员遴选、雇用、培训、评估、奖赏和挽留等方面为企业做出积极的贡献。

在生产制造过程中，技术天才可以在产品设计、制造工艺或者质量控

从竞争优势到卓越价值：
赢得持久超常经营绩效

制方面为企业带来竞争优势，比如降低成本、提高效率、改善性能与不断创新。在高技术领域，技术天才尤其显得重要，他们昭示着企业的实力和潜力以及在业界与客户中的可信性。

在企业价值链的终端，营销与服务亦是价值创造的重要一环。精明强干的营销队伍可以帮助企业迅速高效地将自己的产品与服务传送给目标客户群体。超级营销员，其主要价值在于其发现、挖掘、培育、保持优质客户的能力。这种能力的应用，通常需要依靠企业提供的平台与空间。因此，需要强调的是，精英骨干虽然可以像"明星将领"一样，为企业带来某种程度的以个体为依托的竞争优势，但他们才能的施展与发挥毕竟更加依靠所在企业的地位与名声，以及企业与骨干之间的互相依赖。而且，精英骨干的级别（比如部门主管）远远低于"明星将领"（比如业务单元的一把手）。所以，精英骨干之于企业的议价能力也就相对较弱。

操作流程 虽然"明星将领"和精英骨干的作用在职能层面至关重要，但企业的业务操作流程和技术与组织常规等是企业日常运行的必备基础和制度保障。这些企业所拥有的资源与能力，通常会比个体明星的才干更加可靠，也更利于企业从竞争优势中最大限度地受益。这种操作流程所带来的优势，主要表现为供应链管理、制造能力和销售能力。

良好的供应链管理可以使供应商的价值链与企业的价值链无缝对接。比如，丰田生产线的看板系统清楚有效地界定生产厂家与供应商之间的关系与供货约定，保证供货时间、数量、质量与可靠性。另外，丰田的产品设计工艺与制造工艺，加上生产线员工的技术训练与制造经验，进一步提高了其制造体系的速度、效率、质量和灵活性。再比如，路易威登管理品牌和营销渠道的能力大大增加了其产品的知名度，并同时扩展了其销售网点与终端在高端受众群体中的覆盖与渗透。

有利获取 在职能层面，企业的虚拟优势反映在它对资源与能力的有利获取上，比如良好的供应商关系以及外包伙伴和分销渠道关系。一个企业可以通过有利地获取其他企业和机构的资源与能力而赢得竞争优势，尽管它自己并不拥有这种能力，比如制造实力。

第五章
神秘的地点：竞争优势的存在方位

首先，一个企业需要一些长期可靠的供应商组合。供应商关系需要长期培育与磨合。拥有合作顺畅、互惠互利的供应商可以为企业带来效率、速度与灵活性等多种优势。在沃尔玛与宝洁公司的合作中，双方可以即时互享信息，使得沃尔玛成为宝洁的"虚拟销售部"，宝洁成为沃尔玛的"后院生产车间"。这种合作甚至比同一个企业内的生产部门与营销部门之间的合作还要紧密可靠，同时为供求双方带来竞争优势。

其次，在很多产业，业务外包，尤其是某些非核心职能的外包，可以为企业带来成本节约等优势。比如，诸多欧美消费品生产者将自己的全球英文客户服务总部建立在劳动力低廉但英文为官方语言的菲律宾。在全球范围内，开发和保持廉价可靠的外包合作伙伴系统从而利用别人的自然资源和人力资源，为许多跨国公司带来虚拟的竞争优势。

最后，与营销渠道的良好关系也是职能层面虚拟优势中极为重要的一环。有利的渠道获取甚至可以决定企业的生死存亡。它可以为现有企业提供进入壁垒等保护，也可以为新兴企业提供潜在的进入桥梁。大家可以关注生产企业与超市间的关系。现在的超市和卖场，不仅要对企业的产品收取进场费，而且要收取货架摆放费、过道码堆摆放费等。能够通过各种招数使超市和卖场将自己的产品摆放在显著位置，无疑可以为企业带来直接的销售优势。

竞争优势的存在方位与相应的管理挑战

上述对竞争优势存在方位的系统描述，旨在增进大家对竞争优势各种可能的存在方位的了解。下面的讨论将聚焦在战略管理者解决竞争优势的可收益性问题时所面临的挑战以及相应的思考。

衷心诉求、口头承诺，还是随时应景？

并非所有企业都愿意或者都能够创建制度层面的竞争优势。某些企业，由于自身或者环境的原因，更好的选择大概是在商言商、就事论事，将主要精力放在对公司层面和业务层面竞争优势的搜寻与追求上，从而避免口是心非、弄巧成拙。当年，万宝路（Marlboro）曾经的母公司菲利普·莫里斯（Philip Morris）集团，在遭到大家对其烟草产品业务的批评、抵制甚至控告时，为了扭转其负面形象，曾经大肆发放广告，宣扬该公司在其他业务上为人们提供的经济价值和社会贡献，比如品质良好、值得信赖的卡夫食品业务。不幸的是，此举不仅没有增进大家对菲利普·莫里斯集团的好感，还无意间使很多不知道卡夫与万宝路之间关系的人群了解了真相，造成了对卡夫品牌的负面影响。

许多企业在宣传文案和标语口号里倾情宣称自己的社会责任感，但并无任何实际举措来兑现承诺。有些企业衷心信奉社会责任，甚至不惜牺牲企业增长与利润来保证其社会贡献。另外一些企业则认为，长期而言，在制度层面和社会领域里表现好最终是有经济回报的，因此积极地做出实质性的社会贡献。还有一些企业，并不以制度层面的优势为主要目标，更倾向于随行就市、即时应景，既不领先张罗，也不极度落后，需要就做，能不做就不做。

是否要或者在多大程度上构建制度层面的竞争优势，是战略管理者需要做出的一个重要考量。一个企业需要维护起码的社会合法性，但也无须以牺牲经济利益为代价。企业毕竟首先是经济实体。一切行动的根本出发点应该是自身长期的生存与发展。只有在这个基本准则下，企业的社会贡献和制度层面的竞争优势才真正有实际意义。

"一个统一品牌的业务组合"还是"多个良好品牌业务的组合"？

如何保持公司层面竞争优势与业务层面竞争优势之间的关系和平衡是企业面临的一个重要问题。到底是把最佳实力置放在公司总部还是把"杀手锏"存放于业务单元之间？波特认为公司之间不存在竞争（至少这

第五章
神秘的地点：竞争优势的存在方位

种竞争不那么直接），而业务之间存在竞争。因此，企业的竞争优势要么是成本领先要么是差异化，二者皆是业务层面的竞争优势。也有学者认为公司之间仍然是存在竞争的，尤其是在资源组合极其相似、业务范围比较重合的公司之间。公司层面的核心竞争力可以为其在具体业务线上的竞争提供坚实的基础和支持。

其实，决定如何在公司层面与业务层面的竞争优势间寻求平衡点，主要是一个实际操作层面的问题，取决于企业的任务环境、管理团队、技术水准与人员素质等多种因素。然而，殊途同归，不同的平衡点都可以使企业获得超常的经营绩效。一个比较具体的问题是：选择建造"一个品牌良好的房子（公司）"（A Branded House）——房子里面所有的业务都统一使用房子的品牌，还是选择在一个（可以不太知名的）房子里装进"一组各自具有不同的优良品牌的多种业务"（A House of Brands）。前者的代表比如通用电气和耐克公司，所有的业务都统一使用公司的品牌。后者的典范是宝洁公司（兼并吉列公司后有近二十个家喻户晓的品牌的年销售额在 10 亿美元以上，比如帮宝适、汰渍、潘婷等）以及 Textron 集团（拥有 Bell 直升机和 Cessna 私人飞机等品牌），此时的个体业务品牌往往比总公司的品牌更为著名。

脚踏实地、扎根固守还是流动虚拟、灵活投机？

在战略管理中，承诺与灵活性永远是一对矛盾。没有一定的承诺，企业不可能长期地在某项业务中生存与发展。没有一定的灵活性，企业不可能与时俱进，主动地调整自己，保持自身与外部环境的动态契合。表现在具体业务定位上，一个脚踏实地、扎根固守的企业可能会采用大规模不可逆转的投资来构建其支持未来竞争的平台与基础设施以及必要的资源与能力储备。比如，全球范围内，可口可乐一旦决定进入某个市场，便不遗余力地倾力打造分销渠道。

与之相反，另外一些企业则更多地采用项目管理的心态和近乎虚拟的组织形态。比如，某些专业性强的石油、煤矿或者其他矿业企业，其专长在于寻找和开采小型矿藏和贫瘠储备，一来可以避开与大企业直接竞争，二来可以灵活机动。它们大多利用租赁器具和临时人员，"打一枪换一个地方"，避免任何长期的资本投入以及对某一个项目或者某一个地区的依赖。在某种程度上，电影制作企业也具有此类虚拟组织和项目管理的特点。一部电影，就是一个临时企业。

企业应该在什么情况下在某个阵地上沉下来专注练内功，脚踏实地、精耕细作？应该在多大程度上灵活机动地游走于不同的项目之间，见缝插针、"吃完就走"？这取决于管理决策者个人的偏好、具体业务的技术特点、所需人员与劳动力的供应，以及各地政府与社区对"游击队"企业的容忍与默许。企业成功的关键在于在给定的环境下选择和实施相对适合的战略。有些时候，投机钻营没有长期奏效的可能；另外一些场合下，无端承诺和埋头固守既无益处亦无必要。

外边买还是自己做？

与上述的承诺与灵活之间的矛盾相似，企业在具体的战略管理过程中同样面临所谓"外边买还是自己做"（Make or Buy）的抉择。"外边买"，指的是通过市场机制获取某种必需的生产要素与原材料投入以及服务外包。而"自己做"则指的是通过企业内部的管理体系与阶层，自己从事某种生产要素或者原材料投入的研发与生产以及相关服务的提供。显然，影响企业对"外边买"和"自己做"之间选择的因素多种多样，比如，两种途径本身的成本、相应的交易费用、企业被赋予的控制程度，以及质量是否有保证或者是否存在道德风险，等等。

在底特律的通用汽车公司周边，各类中小企业应运而生。其存在的唯一理由就是"短路"通用：从通用汽车的一个部门买材料转卖给通用汽车的另外一个部门而从中获取利润。显然，通用汽车"自己做"已不划算，其官僚组织的协调成本和部门间的交易成本已经过于高昂。再有，前

第五章
神秘的地点：竞争优势的存在方位

些年美国的一些航空公司将自己的电话预定和客户服务系统外包给印度的一些公司以后，发现效果较差、出错很多，最终不得不重新起用美国本土员工。这些航空公司意识到，预定与客户服务并不是"非核心业务"，而是会直接影响它们在顾客中的形象与声誉。如果"外边买"的质量不能保证，则企业必须"自己做"。

另外一种考虑是所谓的"道德风险"，比如无端要挟或者"拿一手"。可口可乐公司对待装瓶商的做法值得大家借鉴。比如，可口可乐公司通常亲自投资并拥有自己的装瓶商，数量约占其装瓶商总数的10%左右。一来可以作为质量示范，二来可以通过这样的后向一体化来警示和约束其他装瓶商：我们也可以干你能干的活，但宁愿让你干；如果你不听话，我们可以随时替代你。这在某种程度上也反映了企业大多强烈地希望保有较强的控制权，无论是"外边买"还是"自己做"。

精英个体还是组织实力？

一般情况下，一个企业，尤其是基业长青的百年老店，应该大于和强于它的所有构成部件以及资源的提供者。集体大于个体，组织大于个人。人员总是会流动的，个体资源与能力也会销蚀与枯竭。而具有悠久历史传承和良好制度记忆的企业则可以经时历久、与时俱进，可以通过自己有条不紊、行之有效的技术与组织流程从容地应对不同业务、不同环境、不同时期的挑战。

另外一些情况下，企业可能会选择在非常专业的利基中经营，尤其是选择那些手艺性较强和个人才能极为重要的领域作为其利基。这时个体人才的特殊训练、专业技能以及从业经验等则会产生决定性的作用。专业性和职业化越强，精英人才的重要性就越突出，其与企业的议价能力就越强。竞争优势也从以企业为依托逐渐转向以个体为依托。比如，前面提到的采用合伙人制度的各类职业服务企业，通常依赖骨干职员与明星主管的个人才能和经验以及强大的客户网络在竞争中取胜。

值得一提的是，即使是在个体议价能力非常强的企业里，企业的组织体系以及以企业为依托的竞争优势仍然非常重要。毕竟，企业作为一个组织，作为"总承包商"或"大包工头"，要为各类"英雄"打造施展才能的平台，提供发挥创造性的契机，引领和促成不同专长去形成更强大的合力。长期而言，无论业务性质如何，任何饱受"个体明星"要挟的企业终将难以持久地立足成事。

本 章 结 语

讨论竞争优势的存在方位与竞争优势的可收益性之间的关系时，关键的要点在于企业如何最大限度地从存在于不同方位的竞争优势中获益。通行的战略管理文献大多聚焦在公司战略和业务战略两个层面，而且重点考察以企业为依托的竞争优势。本章的整合性的分析框架将我们的视野拓展到更为广泛的空间，不仅囊括公司战略与业务战略，而且涉及制度层面和职能层面，不仅探讨以企业为依托的竞争优势，而且考察以个体为依托和以虚拟为依托的竞争优势。对于不同存在方位的竞争优势的系统性描述与分析，也为我们对可收益性问题的解答提供了有益的思路和启示。

虽然本章的分析框架所描述的竞争优势存在方位复杂多样，但这只是在分析层面表明各种存在的可能。一般情况下，一个企业不可能拥有所有这些竞争优势。然而，本章的分析与描述应该可以帮助企业更好地了解上述可能性，从而更好地理解和利用不同存在方位的竞争优势及其可收益性潜能。当然，出于分析的必要，上面的描述力求做到精准细致。其实，在实际竞争中，许多竞争优势可能是多方位的、跨越不同层次的、相互重叠和渗透的，或者互为依托和映衬的，比如企业的品牌形象。因此，在使用此分析框架时，需要在具体分析探微之时保持系统整合之总体视角。

第六章 实际的功效:竞争优势的作用影响

  竞争优势在战略管理文献中的定义繁杂纷乱,可操作性和可测量性较低,不利于实证研究。本章对竞争优势的概念做三个基本观察和把握,并从理论上探讨竞争优势和企业经营绩效的各种可能的关系模式。首先,竞争优势不自动等同于超常经营绩效。其次,竞争优势是一种相对的关系性的表述。最后,竞争优势的存在和作用是取决于具体竞争环境的。对竞争优势和企业经营绩效间关系的考察可按照至少三种思路进行。第一,竞争优势和超常经营绩效并存。针对竞争优势对经营绩效的影响,我们可以区分绝对优势与相对优势以及直接优势与间接优势。第二,有竞争优势但无超常经营绩效;竞争优势并不一定导致超常经营绩效。第三,有超常经营绩效但无竞争优势;超常经营绩效的获取有时并不取决于竞争优势的出现。本章的探讨将有助于战略管理研究者和实践者对竞争优势的概念及其与企业经营绩效的关系做深入了解和认真反思。

  众所周知,持久的超常经营绩效乃是战略管理者关心和向往的终极目标。然而,无论是在研究中还是在实践中,很多人都很可能会自动地假设竞争优势导致超常经营绩效,甚至把竞争优势直接等同于超常经营绩效。其实,二者的关系是不确定的。由于竞争优势在很多情况下确实可以导致

从竞争优势到卓越价值：
赢得持久超常经营绩效

超常经营绩效，大家也就可能以偏概全、由表及里，并因此把手段当成目的。也就是说，竞争优势可能是实现超常经营绩效的手段和工具。习以为常之后，大家可能就把获取和维持竞争优势本身当成战略管理的终极目标了。这不能说毫无道理，但终究是不全面的。毕竟，我们的终极目标是超常经营绩效。

竞争优势乃战略管理领域的基本概念。对竞争优势的研究理所当然地在战略管理文献中占有中心地位。然而，作为一个理论概念，竞争优势虽然被广泛应用，却很少被系统地考察。其定义纷繁杂乱、难以统一，而且不易操作与测量。竞争优势是参与竞争所需要的竞争力，是企业在竞争中展示出的某种特质，还是竞争的结果？竞争优势是因竞争环境变化而变化，还是特指企业的某些一般属性和要素？换言之，竞争优势与能力、企业强项等概念有什么不同？竞争优势与超常经营绩效有什么不同？

本章力图对上述问题进行解答，并就竞争优势提出三个基本论点。第一，竞争优势不等于超常经营绩效。竞争优势和超常经营绩效是两个独立、不同但又极为相关的概念和现象。第二，竞争优势是一个关系型的概念，存在于不同对手间的比较中。第三，竞争优势是对于某个特定的竞争环境而言的，通常不是放诸四海而皆准的。在对上述三个论点的陈述中，本章首先对竞争优势概念的操作和测量提出一些有益的建议。其次，本章系统地探讨竞争优势和超常经营绩效的三种可能的关系模式：竞争优势与超常经营绩效共存；有竞争优势但无超常经营绩效；有超常经营绩效但无竞争优势。最后是结语。

竞争优势不等于超常经营绩效

产业结构分析法和资源本位企业观堪称战略管理文献中解释竞争优势（尤其是可持续竞争优势）的两个主要理论视角。然而，这两种视角似乎都没有对竞争优势和超常经营绩效进行明确精准的区分。不仅如此，这两

第六章
实际的功效：竞争优势的作用影响

个概念通常被互换应用。

竞争优势：产业结构分析法

产业结构分析法的理论基础来自产业组织经济学。这种方法和视角认为在一个具有吸引力的产业中建立可防御的市场定位和强权可以为企业带来可持续竞争优势。这里，企业的产业定位选择对决定其竞争优势具有重要的影响。运用产业结构分析法，波特（1980）提出了产业分析五力模型。这一模型的"终极功能就是要解释，相对于各类讨价还价者和直接与间接的竞争者，企业利润的**可持续性**"（波特，1991：100）。要获得持久利润，一个企业需要可持续竞争优势，要么是成本优势，要么是差异化优势。

从这种意义上讲，波特对竞争优势的定义是非常具体和特定的，暗含着竞争优势与利润率的等同以及持久竞争优势与持久利润率的等同。也就是说，竞争优势是被当做产业定位的结果来看待的，而竞争优势本身应该成为企业追求的目标。这里便出现一个重要问题：对于实现企业超常经营绩效来说，成本优势或者差异化优势二者中的任何一个可以是充分且必要条件吗？如果对上述问题的回答是否定的，那么我们可以得出初步结论：至少在波特的产业分析框架之内，竞争优势和超常经营绩效（在此以利润率为代表）是不能相互等同的。

比如，在某些行业，一个政府扶持的企业可能既没有成本优势又没有差异化优势，但仍然能够长期获取超额利润。同样，一个全行业成本最低的企业并不一定比竞争对手享有更高的利润率，如果竞争对手在控制分销渠道方面（由于某种特定原因）占有绝对优势的话。虽然在成本和差异化方面的竞争优势可以增加获得超常经营绩效的可能性，但竞争优势本身并不一定就是或者就意味着超常经营绩效。至少可以说，波特推崇的基本竞争优势——成本优势和差异化优势——不一定是经营绩效的终极决定因素。超常经营绩效也可以来自其他类型的竞争优势，比如速度或灵活性；

或者更实际一点，来自多种竞争优势的组合。

如此，也许我们不应该笼统地用竞争优势来代替超常经营绩效，也不应该想当然地认为竞争优势，不管任何类型，都会自动地导致超常经营绩效。竞争优势与超常经营绩效是两个不同的概念，它们之间的关系比表面看上去的要复杂，值得进一步探讨和考察。

竞争优势：资源本位企业观

资源本位企业观提供了考察竞争优势（尤其是可持续竞争优势）的另外一个重要视角。资源本位企业观的基本论点在于独特的资源与能力乃持久竞争优势之根本源泉。要获得持久竞争优势，企业的资源与能力必须具有重要价值并且罕见稀缺、不可模仿、不可买卖、难以替代，牢固地镶嵌于企业复杂的技术和组织系统中，专属于该企业而缺乏流动性。

彼得瑞夫（Peteraf, 1993）对资源本位企业观做了比较全面的整合，并详细分析了持久竞争优势的四大基石。首先，竞争伊始，企业间资源分配的异质性（Heterogeneity）为某些企业提供了竞争优势，表现为垄断租金（可以简单地理解为由于垄断地位所攫取的超额报酬）或李嘉图租金（可以简单地理解为稀缺资源带来的超额报酬）。其次，事后对竞争的限制（*Ex Post* Limitation）使上述租金得以持久。再次，资源的不完全流动性（Imperfect Mobility）将持久竞争优势锁定在已经拥有它的企业之内。最后，追溯到企业独特资源获取之时，对资源竞争的事前限制（*Ex Ante* Limition）保证企业获取该资源的费用不会完全冲抵未来的经济租金。

显而易见，根据定义，资源本位企业观将企业的独特资源本能地与超常经营绩效联系在一起，颇有循环定义和循环论证之嫌。那些独特的、难以模仿的、流动性低的资源之所以有价值，正是因为它们能够产生经济租金。这里，竞争优势（独特资源）和经营绩效（经济租金）的联系比波特的处理来得更加直接：它甚至根本不需要具体地指出成本领先、差异化或其他种类的竞争优势。如果一个企业拥有高价值的、罕见稀缺的和难以

第六章
实际的功效：竞争优势的作用影响

模仿的资源与能力，则超常经营绩效（高利润率或经济租金）不请自到。换言之，这些资源与能力（作为竞争优势的实质和精髓）的定义已经与经营绩效有了不可分割的、先天的关系。

这里也出现了一些重要问题。资源本位企业观是否假设，在某个特定竞争环境中，只有一种特定类型的有价值的独特资源（从而只有一种可持续竞争优势）？资源本位企业观是否排除多家企业同时拥有符合这种标准的独特资源的可能？如果企业甲的资源 X 符合资源本位企业观对独特资源的定义，而企业乙的资源 Y 同样也符合资源本位企业观对独特资源的定义，而 X 和 Y 又属于不同的资源类别，那么什么来决定哪个企业更有竞争优势呢？这个问题是否无关痛痒？再有，如果我们能够用资源本位企业观的理论指导来识别出那些独特资源并用它们直接预测经营绩效或利润率，我们为什么还要诉诸竞争优势或持久竞争优势的概念？

上述关于竞争优势的两种主要思路的讨论，可以初步印证如下一些基本结论。这些结论将在本章稍后做进一步的解释。首先，竞争优势和经营绩效是两个不同的概念。其次，如果竞争优势（不管是基于产业定位还是基于企业资源）被随便地用作超常经营绩效的替代语的话，似有重复和循环论证之嫌。再次，竞争优势的存在，不管任何类型，都不能够必然保证超常经营绩效的产生。最后，若想使竞争优势真正成为一个有用的理论概念，必须对其实质和定义进行更深入的探讨，并有利于它的实际测量和操作化。

当然，对于实践者而言，这些思考和细究可能都是无谓之举。也许大家对循环论证习以为常、不以为然。比如，大家对营养素（Nutrient）的定义和理解。营养素自然是有营养的东西，有营养自然是对身体有益处的东西。但任何营养素吃多了都可能成为负担，或者产生负面影响甚至有毒性。我们并不是在任何时候都需要某种营养或者多种营养。其实，仔细想想，即使我们不把竞争优势与经营绩效直接等同起来，而是把竞争优势定义为企业间在价值创造潜力上存在的差异，同样也有循环论证之嫌。也许，这是管理学研究乃至整个社会科学研究的无奈之处。

竞争优势的关系属性

本小节试图从最基本的分析层次和分析单元来考察竞争优势。笔者认为，竞争优势应该是一个关系性的术语。实质而言，竞争优势不过是一个企业和另外一个企业（或者一组企业）之间，在某种竞争层面或维度上的比较。下面，我首先讨论并强调特定的参照点对于考察竞争优势的重要性，然后讨论如何分析竞争优势的大小和构成，最后探讨竞争优势概念的可操作性。

竞争优势的参照点

竞争优势作为一个关系类术语，是由具体的参照点（Reference Point）决定的。换言之，谈到竞争优势，我们必须回答"相对于谁"和"在哪方面"这些相关问题。竞争优势是否意味着一个企业必须比所有对手都强（无论在某个具体的竞争维度上还是在所有方面）？竞争优势是否仅仅限于两个竞争对手之间的捉对比较而已？波特对于成本领先优势的描述——成本领先者相对于所有竞争对手而言的成本都是最低的——似乎更接近于"比所有对手都强"的定义方法。这样，他将成本优势和高利润率等同对待的做法也就显得不足为奇了，颇能自圆其说。

然而，在现实中，竞争优势很可能是某两个特定企业之间在某个特定竞争领域内的较量，并不牵扯其他对手或整个产业与市场。也就是说，比某个具体的（可作为参照点的）对手领先，是竞争优势的一般状态；比所有对手都领先，则是一种特例。比如说，三个连锁店 A、B、C 在某个零售业竞争，该产业中每个连锁店的店铺总数（亦即地域覆盖率）是一个关键的竞争维度。A 的店铺总数最多，B 居中，C 最少。如果假设店铺总数对竞争的影响是线性的，那么我们可以做如下推断：（1）A 比 B 有

第六章
实际的功效：竞争优势的作用影响

竞争优势，A比C有竞争优势，B比C有竞争优势。（2）A比B和C都有竞争优势。在这个例子中，我们可以把一个企业和其他两个企业同时进行比较，也可以把一个企业和另外两个企业中的一个分别做比较。或者说，我们可以挑出三个企业中的任何两个做比较。恰恰是任何两个企业之间在某个具体的、特定的、单一的竞争维度的比较，代表了竞争优势的最基本的分析单元、层次和形式。

值得注意的是，对竞争优势的这种理解将竞争优势和企业经营绩效视为不同的概念。在上述例子中，A的店铺总数比B多这个事实，应该说是A的一种竞争优势；但由于在其他方面的竞争优势（比如灵活有效的货品选择与摆放或者服务优异等），B的单店平均销售额可能高于A。这样，如果单店平均销售额比店铺总数对竞争的影响更大，则不难想象，B的经营绩效（利润率）完全有可能高于A。

反之，我们不能只是因为B的经营绩效（利润率）高于A，就否认在店铺总数这个竞争层面上A比B更具有竞争优势。我们只能说，这个特定的竞争层面对整个竞争游戏的结果并不是起最决定性作用的。或者说，A在店铺总数上的优势可能远远小于B在单店平均销售额上的优势。即使如此，我们也只简单地考察了两个竞争维度。事实上，在商业竞争中，企业的经营绩效通常是由企业在多种竞争层面和维度上的表现共同决定的。一个企业要想获得持久超常经营绩效，最可靠的办法就是拥有多种竞争优势，这也是本书第二部分关于竞争优势集合的探究的初衷与焦点。

如此而言，竞争优势并不是某种混沌不分、浑然一体、对经营绩效起决定作用的终极势力。在其最基本的形式下，它只不过是一个企业在某个竞争维度或层面上相对于某个对手的比较分值。虽然它能够为企业经营绩效做贡献，但在通常情况下，某一个竞争优势本身并不能完全决定企业的经营绩效。但是，不可否认，在某种特定的竞争环境中，某个具体竞争维度或层面确实可以完全决定或基本上决定竞争的结果。而企业在这方面的竞争优势的存在与否和它的大小则完全或基本上决定了其经营绩效的高低。但这种现象只是一般竞争情况中的一个特例。

从竞争优势到卓越价值：
赢得持久超常经营绩效

竞争优势的大小

在第二章中，我将竞争优势定义为企业间的不对称性或差异，这种差异导致不同企业对顾客提供的价值的不同，从而影响它们相应的经营绩效。从力度和大小（Magnitude）而言，这种不对称性或差异可能有两种类型：不同等级和类别（Categorical）的区分，也就是质的不同，属于异质化的差异；在同一个线性连续指标上的差异（Differential），也就是量的不同，属于同质化的差异。资源本位企业观的核心锁定在资源的异质化差异上。不仅如此，巴尼（Barney，1991）更是将持久竞争优势定义为一个均衡状态的概念：如果对某个企业所拥有的独特资源进行的所有模仿尝试都注定失败或不再存在，则此时拥有独特资源的企业可以被认为是享有持久竞争优势。

从这个意义上说，某些独特资源在企业间的异质化分配得以持久，所以某些企业的竞争优势得以持久。由此可见，根据资源本位企业观的定义，独特的资源对于某个企业而言，似乎是要么全有、要么全无、非此即彼式的占有状态。在理想（亦即均衡）状态下，拥有独特资源的企业和其他企业间的差距，从理论上讲，趋近于无限。拥有独特资源的企业享有持久竞争优势；没有独特资源的企业没有持久竞争优势。类似于波特对成本领先优势的解释（所有"选手"间最低），资源本位企业观此时的解释同样聚焦于"所有企业中最好"的状态，而不是任何两个企业间简单的比较。

这种独特的资产和它所支持的持久竞争优势使拥有它们的企业成为在它们各自行业中既定类别的（One of a Kind）、无以匹敌的（Matchless）和独一无二（Exclusive）的企业。在现实生活的实例中，如果将某个拥有这种持久竞争优势的企业与它的对手相比，我们也可能会发现，这个企业与它的竞争对手（甚至是在所谓独特资源的拥有上）并不一定存在天壤之别。然而，可能恰恰是那些足够细微的差距决定了质的变化和根本区

第六章
实际的功效：竞争优势的作用影响

别，决定了企业最终能不能成事，决定了冠军和其他选手的差别、常胜将军和偶胜将军的差别。戴比尔斯（DeBeers）公司在世界原产钻石市场供应上的垄断地位、可口可乐公司在全世界深入人心的品牌等都符合上述对持久竞争优势的定义和解释。同样符合这一定义的也许还有以独特性著称的苹果公司和早年的索尼公司。

然而，在很多行业中存在广袤的竞争空间，模仿战略被广泛采用而且能够奏效。先动企业所创建的短期竞争优势很快就会被竞争性模仿消耗殆尽。如果企业或多或少能够模仿对手的资源与能力组合抑或产品组合，那么，根据定义，这些企业采取的是同质化的竞争手段。在这种情况下，竞争优势的大小便很容易比较和测量。至少在共同的竞争维度和层面上，我们可以比较企业间的差别，从而判断某个企业相对于其他企业或者另外某个具体企业，在这些竞争维度和层面上竞争优势的大小。这种同质优势恐怕是可以观察到的最常见的竞争优势状态，比如，不同企业在生产一种完全相同的产品时表现出的不同产出效率。

竞争优势的构成

当我们分析竞争优势的定义和可操作性时，竞争优势的构成（Composition or Compounding）也是一个值得探讨的重要问题。我们曾在第四章提到单体优势与复合优势的区别和联系。竞争优势可以是单体的，基于企业与对手在某个具体的竞争维度或者层面上的差异，比如产品在零售店货架上的摆放位置的优劣。竞争优势也可以是复合的，由多种不同的竞争优势共同构成某种整合的竞争优势。在这种意义上，复合优势可以被看做比单体优势更高层次的竞争优势，比如沃尔玛的低成本（从而低价格）优势便是由店铺地点、信息技术、库存管理和企业文化等多方面的单体竞争优势或低一级的复合优势加总复合而成的。

虽然很多单体竞争优势可以直接对企业的经营绩效做贡献，比如，上述货架摆放上的优势，但单体优势往往也通过对复合优势的构成而更进一

从竞争优势到卓越价值：
赢得持久超常经营绩效

步地为企业经营绩效做贡献。典型的复合竞争优势包括组织和技术过程的有效性（成本优势）、产品的质量与创新（差异化优势），以及市场反应的速度和灵活性。一般而言，竞争优势的复合程度越高（需要非常多种单体优势），它对企业的经营绩效的贡献和影响就越大和越直接，而且越难以被对手模仿，因为对手在某个方面模仿强势企业较容易，而在多个方面同时模仿和赶超强势企业则相对较难。

竞争优势概念的可操作性

在理论构建中，理论术语的概念性定义和理解非常关键。在实证研究中，理论术语的可操作性则更显得重要非凡。因此，对于更深层次的理论和实证研究而言，需要慎重对待竞争优势概念的可操作性和测量问题。虽然我们将竞争优势定义为对手间的差异，但在对竞争优势的实际操作和测量中，差异的方向性本身也起着至关重要的作用。尤其是在"捉对对比"的前提被违背的时候，对差异的方向性的忽视会导致对竞争优势概念测量和理解的根本错误。比如，在做大样本统计分析的时候，我们用一个企业在某个竞争维度上的分值（与对手的分值相比较）来测量它的竞争优势。让我们还以早先提到的连锁店为例子。店铺总数对竞争的结果和对顾客的价值提供的影响并不一定是线性的。当店铺总数超过理想数目时，再增加店铺数目则会导致在很小的相对集中的竞争空间中自相残杀。或者，过分扩张到客源稀疏的地域，也会造成公司总部对每个店铺的关心和指导不足。这样一来，店铺总数的增多就从开始时的竞争优势变成后来的竞争劣势。

比如 A 有 160 家店铺，B 有 100 家店铺，C 有 40 家店铺。因为货物配送方面的规模经济和群聚效应等，B 比 C 有竞争优势。假设 B 处于最佳规模，那么 A 则已经超过最佳规模。虽然 A 的店铺总数超过 B，A 反倒没有比 B 更有竞争优势。相反，B 却比 A 更有竞争优势。因此，虽然 A 与 B 之间以及 B 与 C 之间的差异都是 60（家），但前两者之间的 60 代表 A 相对于 B 的竞争劣势，而后两者之间的 60 则代表 B 相对于 C 的竞争优势。

第六章
实际的功效：竞争优势的作用影响

所以，同样的差异并不一定代表同等的竞争优势。因此，不加分析地盲目依靠企业间在某个竞争维度上的线性分值来测量竞争优势的大小是不可靠的。如上所述，当企业在某个竞争维度的分值对竞争结果的影响是非线性的时候，这种测量方式更是极其不可靠的，也是非常危险的，容易南辕北辙。

更值得注意的是，复合竞争优势的测量会带来更多的难题和挑战。这正是因为构成要素的繁多而且复合竞争优势并不只是多个单体优势的简单相加。因此，现有文献中常见的通过将企业在多种维度上的分值进行简单加总来测量复合优势的做法是难以令人信服的。同样，只考虑某种单体竞争优势本身的作用而不考虑它在复合优势中作用的测量方法也是不准确的。

由此看来，那些对某种竞争优势和经营绩效做简单的双边关系考察（相关分析或回归分析）的做法也是值得商榷的。更加复杂和先进的分析手段，比如数据包络分析（Data Envelopment Analysis），则有可能更有效地帮助战略管理研究者全面准确地把握和分析一个企业相对于对手在多个维度上的竞争优势，以及这些优势对企业经营绩效的单独和总体影响。

竞争优势的环境特定性

竞争优势是对一个企业与对手在某种具体竞争环境中关系的一种表述。竞争优势不是一个万能的和普遍适用的概念，也不一定是对整个企业或企业某些方面的总体特征本身的描述。大家经常使用的，并且认为和竞争优势非常接近的甚至相同的术语包括企业实力、强项或竞争力。这些术语更倾向于特指企业本身的某种独立存在的特质。即使如此，实际上，这些表述仍然是有参照点的，只不过参照点可能是某种公认的和外在的指标，而不一定是某个（或某组）具体竞争对手。那么，作为一个比较性和关系性的术语，竞争优势就更具有环境特定性（Context-Specificity）了。

普拉哈拉德和哈默尔（Prahalad & Hamel, 1990）将核心竞争力的实

从竞争优势到卓越价值：
赢得持久超常经营绩效

质定义在企业的独特资源与能力组合上，主要包括技术方面的和组织方面的资源与能力以及它们之间的融合。核心竞争力使企业在一系列广阔的终端产品市场上具有竞争优势。然而，核心竞争力也可以变成核心束缚力、核心僵硬性或者核心包袱。同样，所谓企业的实力（或强项），也常常被隐含地用来代替竞争优势。这一术语的含义其实也是因环境和视角而改变的。格兰特（Grant，1998：13）曾做如下评论：

> 对于迪士尼公司而言，它的总裁迈克尔·艾斯纳（Michael Esiner）究竟是属于它的强项还是弱项呢？就他上任14年间设计并实现的迪士尼的复兴而言，他属于一种优秀的强项。他的心脏搭桥手术以及他不能成功地实施他的接班人计划则表明他同时也是企业的一个薄弱环节。

事实上，在原汁原味的SWOT分析框架中，所谓的实力和弱项是与企业外部环境中的机会与威胁紧密连在一起的，而不是孤立存在的。道理很简单，企业的经营战略应该建立和保持企业自身与环境的契合。如此说来，对实力（以及它代表的背后的资源与能力）的理解也是取决于具体的环境状况的。同样，对于核心竞争力而言，并不是说企业的核心竞争力是独立于环境之外的灵丹妙药；更不能说核心竞争力或实力本身就自然带来竞争优势和超常经营绩效。应该说是实力与竞争环境的契合——核心竞争力在适当的竞争空间得到充分的发挥和利用——造就了企业在具体产品市场上的竞争优势，从而为企业的总体经营绩效做出积极贡献。

在过去40多年的战略管理研究中，这种"契合"（Fit）的神韵和主旨不幸地遭到稀释和淡化。以波特为首的产业分析学派使环境分析更加系统和严谨。资源本位企业观在很大程度上作为与产业分析独步一时现象相对立的学说，使得对企业内部资源与能力的分析更加系统和严谨。竞争优势要么被理解成主要是优越市场定位，要么被理解成主要是独特资源组合。也许，现在是新一轮理论整合的最好契机，我们需要重新回到战略管理创始之初，再次欣赏和强调SWOT框架背后的契合神韵并相应地审视竞争优势这个既基本而又核心的概念，因为市场定位和资源本身并不能够完

第六章
实际的功效：竞争优势的作用影响

全揭示竞争优势的最终源泉。梯斯（Teece）的动态能力视角也许能够于此有所贡献。但其理论主要专注于动态能力的过程特点而较少关注竞争优势现象本身。

我们可以将中国古代田忌和齐王赛马的故事程式化，来说明竞争优势的环境特定性。A 和 B 两个队决定赛马。每个队有三匹马，按速度分快、中、慢三种来对阵。请看图 6.1 中的速度分布。比赛采用三局两胜制。根据两个队马匹资源的现有状况，不同的对阵战略和方案由于在每一轮比赛中产生的竞争优势有所不同，将会产生截然不同的总体比赛结果。很显然，具体某匹马是否享有竞争优势，很大程度上取决于具体的竞争环境（与谁对阵）。

马匹资源	对阵战略1		对阵战略2	
	A	B	A	B
快马	10 →	9	10 ↘	9
中马	8 →	7	8 ↗↘	7
慢马	6 →	5	6 ↗	5

图 6.1 竞争环境与竞争优势

注：图中数字代表马匹的速度值。

在对阵战略 1 中，B 队处于竞争劣势。在每一个比赛类别中，B 队的马都比 A 队的马慢，没有任何取胜机会。在对阵战略 2 中，B 队可以选择集中优势资源制造局部优势，从而取胜全局。虽然这个例子很简单和直观，但它确实能够帮助勾勒出竞争优势的如下特点：竞争优势不仅是关系性的比较属性，而且因环境变化而变化，具有环境特定性。

在战略管理文献中，除了前面提到的概念性讨论，也存在实证研究得出的证据，有力地证明竞争优势以及它的作用是根据具体的竞争环境而变化的。沃纳菲尔特和蒙哥马利（Wernerfelt & Montgomery, 1986）曾提出"什么是具有吸引力的产业"这样一个问题。他们的研究结果表明，对于具有不同成本结构和效率的企业来说，对这个问题的回答是不一样的。具有高增长率而发展迅猛的产业很容易庇护那些低效率、高成本的企业，而

从竞争优势到卓越价值：
赢得持久超常经营绩效

具有低增长率而发展平稳的产业则很容易暴露低效率、高成本企业的弱点。因此，对于那些低成本、高效率的企业而言，与在高速增长产业相比，它们在低速发展产业相对于对手在成本上的竞争优势要大得多而且重要得多。

竞争优势导致超常经营绩效

　　竞争优势导致超常经营绩效，持久竞争优势导致持久超常经营绩效。如上所述，以产业分析法和资源本位企业观为代表的战略管理的主流文献主要推崇和相信这种关系模式。这也是战略管理者所愿意相信的常态。否则，战略管理者对自身的效用和贡献便会不由自主地产生怀疑。我们可以这样推断：竞争优势帮助企业更好地创造顾客价值，因此为企业的经营绩效做出积极正面的贡献。某些单体竞争优势，比如，沃尔玛的店址选择，一方面可以直接为企业的经营绩效做出贡献，另一方面可以为复合竞争优势（比如沃尔玛的成本优势）的形成做出贡献，从而进一步为企业经营绩效做出贡献。到底竞争优势如何影响经营绩效？我们可以分别考察绝对优势和相对优势以及直接优势与间接优势。

绝对优势和相对优势

　　在可比的尺度上，如果一个企业的竞争优势对于对手呈压倒之势，而且不可逾越，那么这种优势可以称为绝对优势。如果一个企业的竞争优势非常微小，领先对手不多，那么这种优势可以称为相对优势。比如，IBM在大型计算机市场上的优势曾是绝对优势，它的市场份额和积累的经验与专长无人匹敌。而IBM在PC市场上的优势，即使在最好的年景，也只不过是边际的和相对的。这主要是由于对手众多并且强大。

第六章
实际的功效：竞争优势的作用影响

直接优势和间接优势

直接优势对企业的价值创造和经营绩效具有直接的贡献。间接优势对价值创造的贡献是间接的，通过支持、放大直接优势或导致直接优势之产生的方式来发生作用。通常，直接优势比较有形。比如，本田公司的发动机，为其质量和声誉，尤其是为本田的销售和利润做出了直接贡献。再比如，房地产行业中楼盘的地点和配套设施直接影响其售价和升值空间。

企业的间接优势通常来自价值链中的支持活动或者其他定义更广泛的实力，比如研发能力和企业文化。这种宽泛的优势虽然间接影响经营绩效，但必须转化成某种具体的直接优势，比如低价格或差异化。美国西南航空公司的竞争优势来自其注重效率和节俭的公司文化。而这种文化（间接优势）通过对它的低成本优势（直接优势）之贡献而影响企业的经营绩效。

有竞争优势而没有超常经营绩效

至少在四种情况下，我们可以观察到企业拥有竞争优势但并未享有超常经营绩效的现象：（1）一个企业可能只拥有某种单体竞争优势，而未能形成更强大的复合优势；（2）一个企业可能拥有某种特定的竞争优势（在某个方面比所有对手都强）但未能发挥它的潜力；（3）一个企业可能拥有多种竞争优势，但没有合适的组合或者在某个关键竞争层面缺乏竞争优势；（4）管理者故意牺牲某种竞争优势。参见图6.2。

第一，除了少数能够对企业经营绩效做直接贡献的单体竞争优势（比如店铺地点），一般而言，某种单体优势通过与其他单体优势组合，而构成复合竞争优势（比如价格低廉）。这样一来，单体优势在通向企业经营绩效的链条上通常属于相对比较遥远的环节。它在竞争优势与超常经营绩效这条因果链条上的位置离经营绩效越遥远，就越可能被噪声冲淡和削

从竞争优势到卓越价值：
赢得持久超常经营绩效

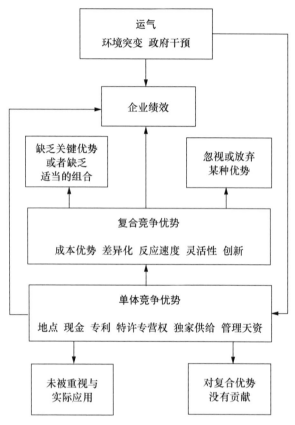

图 6.2　竞争优势与企业经营绩效的关系

弱，从而减低对经营绩效的贡献。

比如，一个企业可能拥有当代最先进的硬件设施，因此拥有一种潜在的单体优势，可以用来提高它的运作效率。然而，如果企业缺乏训练有素、技术高超和忠诚可靠的员工队伍，则这个硬件方面的单体竞争优势便不可能引出更强大的复合优势，不能转化成可为企业经营绩效做出更直接贡献的市场反应速度、灵活性和低成本等。如此，这个企业可能并不能享有超常经营绩效。相反，一个在硬件上处于劣势的对手很可能通过员工的技术创新和勤俭奋斗而获得其他更关键的竞争优势，从而获得更好的经营绩效。同样，在前面提到的连锁店实例中，一个连锁店可能有最好的地点

第六章
实际的功效：竞争优势的作用影响

组合，但是管理不善可以迅速瓦解该优势，并且使它不能够建立任何高层次的复合优势（比如产品差异化），从而不能获得超常经营绩效。

第二，那些对企业的经营绩效具有强大的潜在影响的竞争优势，可能并不能够完全清楚地被企业战略管理者所理解和欣赏并有效地加以利用。虽然资源本位企业观清楚地勾勒出了能够导致持久竞争优势的资源的属性和特征，但对于企业战略管理者是否能够在事前系统地发现和识别这些资源在某个企业内部的具体表现，结论是不确定的。由于企业在资源获得时的"因果模糊性"和该资源在企业特定资源组合中的"社会复杂性"，企业本身也可能难以认清自己的竞争优势。这种可能性是完全存在的。不仅如此，这些能够为企业带来竞争优势的独特资源，还可能遭到战略管理者的有意忽视，或者由于不能在合适的环境中正常发挥作用而被视为浪费和扰乱因素。这也从侧面表明和佐证了竞争优势的环境特定性。

第三，一个企业可能在多个竞争层面或维度上拥有竞争优势，但在某个关键竞争领域缺乏优势，或者整个企业缺乏一个适当的竞争优势组合。根据竞争环境的不同，企业的经营绩效可能完全由某个具体的竞争层面上的交锋来决定，也可能由多种竞争因素的组合来决定。比如，在"赢者通吃"的产业，成功地推出并控制产业技术标准往往可以使胜利者扫荡一切阴霾，从而"一俊遮百丑"。作为录像机行业的先动优势者的索尼，却败阵于 JVC 公司的脚下，失去产业标准的制定权。此案例对所有战略管理者来说应该都是一个经典教训：只有技术先进是远远不够的。

第四，一个企业在某个领域的竞争优势可能会由于管理者的取舍决定而遭受故意牺牲或削减。因此，这些竞争优势对企业经营绩效的贡献逐渐衰减，使得企业不能在该业务中享有超常经营绩效。

有超常经营绩效而没有竞争优势

一个企业可以没有竞争优势而享有超常经营绩效吗？对这个问题的回

从竞争优势到卓越价值：
赢得持久超常经营绩效

答取决于我们对竞争优势的定义和我们分析的时间跨度。像政府管制、环境突变和各类运气等都可能改变竞争优势与企业经营绩效之间的关系。

首先，政府法规和管制可以人为地提高某些企业的经营绩效（比如利润率），这通常是通过限制竞争对手和给企业某种垄断地位或类似的地位来实现。这种政府造成的人为垄断地位是否可以被认为是竞争优势，抑或是"反竞争"优势呢？如果我们把政府法规和管制看做影响竞争环境的一个外部因素，那么这种垄断优势，严格地讲，不能算是竞争优势，尤其是在这个企业除政府青睐外没有任何值得称道的竞争优势的情形下。更有优势的企业，由于人为壁垒的阻挠而不能参与竞争，与现有企业一比高下。如果是这样，那么这种情况可以被视为一个企业享有超常经营绩效但没有竞争优势的一种情况。然而，如果我们将企业竞争优势宽泛地定义为包括市场（经济方面）的和非市场（政治方面）的优势，那么我们也可以认为企业得到政府的青睐本身就是一种竞争优势。这种优势来自企业的政治智慧和技巧，比如游说政府的能力。

政府通常对某些行业的企业给予补贴，从而使它们在成本方面更有竞争优势，产品更容易出口。假如政府只对成本高于某个水准的企业进行补贴，那么至少在短期内会造成如下的局面：成本刚刚超过补贴水准的企业可能由于补贴而获得超常经营绩效（高利润率）；而成本在补贴水准之下的企业则没有得到任何政府补贴，尽管这些企业比受补贴者有成本优势，从而可能会享有更超常的经营绩效。长期而言，得到补贴的企业也可能由于补贴的帮助而建立新的竞争优势，从而使超常经营绩效名副其实。当然，另外一种可能是企业越来越懒，一旦补贴停止，便立刻失去竞争优势或者变成"僵尸企业"。

其次，运气和环境突变也可以用上述逻辑来解释。一个企业的经营绩效可以立刻高于更具有竞争优势的对手，只因为该企业由于运气而获得了对经营绩效的某种一次性的正面刺激。就长期影响而言，这种运气也可能影响企业的资源组合并导致可持续竞争优势。同样，某种环境突变也会改变一个企业的竞争优势。比如医院 A 可能比同在一个地区的医院 B 更享

第六章
实际的功效：竞争优势的作用影响

有竞争优势和超常经营绩效。但是，医院 A 的罢工可能导致该医院运作暂停，严重影响它的经营绩效。可以想见，在短期内，医院 B 的经营绩效可能会高于医院 A，虽然医院 A 相对于 B 的竞争优势仍然存在。长期而言，如果医院 A 在组织方面没有足够的韧性，它可能会出现员工士气低落、主要人员出走、服务质量下降、声誉受损、患者减少的情况，从而丧失其初始优势和超常经营绩效。

最后，时间滞后也可以造成虽然实际竞争优势在丧失，但企业仍然享有超常经营绩效的短暂情况。比如，一个企业的产品质量优势已经近乎消失，但此前积累的顾客忠诚度仍然能够在短期内为企业带来超常经营绩效。这种情况也应该给我们一个警示：战略管理者在分析竞争优势与经营绩效的关系时，需要注意时滞现象。也就是说，在大多数情况下，在研究它们之间的关系时，在同一个时段内测量和把握竞争优势与经营绩效并非准确的做法。比如，某年的研发投资力度并不能够精确地代表企业在创造性上和当年技术创新方面的竞争优势。所以，较大的研发投资力度并不必然意味着较大的竞争优势，也不一定在当年就会影响企业的经营绩效。由此看来，对于流量（每年投资力度）和存量（研发实力）之间关系以及它们对企业经营绩效的不同作用模式之全面了解，会有助于战略管理者更好地理解竞争优势和企业经营绩效之间的关系。

本 章 结 语

本章详细探究了企业的竞争优势与企业经营绩效之间的复杂关系。我们首先考察了竞争优势的概念特点，并对它的关系属性和环境特定性做了深入的探讨，然后对竞争优势与经营绩效之间关系的各种可能模式进行具体阐述。竞争优势对经营绩效的贡献可能是绝对的和相对的，也可能是直接的和间接的。当然，竞争优势也可能对经营绩效没有明显的影响。

战略管理面临的一个最重要的任务便是决定什么是我们这一领域研究

从竞争优势到卓越价值：
赢得持久超常经营绩效

的终极问题，或者最终的"因变量"。如果竞争优势和经营绩效在实质上是完全一样和等同的，那么我们用二者之中的哪个概念都行，因为二者是可以互换的。而事实并非如此。竞争优势和经营绩效是两个相互独立的概念和现象。如果我们的终极因变量是经营绩效，我们的终极问题是"为什么企业的经营绩效有差异？"，那么我们必须清楚地解释并说明为什么我们还需要竞争优势作为一个中间变量。如果我们的终极因变量就是竞争优势，而不去进一步探究其影响和作用（不关心它是否导致超常经营绩效），那么我们应该用什么准则来衡量竞争优势？换言之，当你看到某个所谓的竞争优势时，你怎么知道它是竞争优势？靠什么准则来判定？

总之，本章所进行的基于文献和实践证据的评述与探讨至少得出一个基本结论。那就是：竞争优势要想成为战略管理研究中的一个有用的概念，它的定义必须更清楚严谨，它的测量必须进一步准确和可操作化。否则，竞争优势就只能作为一个内涵复杂而又因人而异的宽泛用语，它的使用只是因为它既模糊又方便，而不是因为理论层面上的精准和明晰。显然，本章提出的问题也许比它所能回答的要多。

第七章　奇妙的钥匙：竞争优势的起因缘由

　　竞争优势的起因缘由纷繁复杂、扑朔迷离。本章首先呈示一个有关竞争优势各种起因缘由的综合框架，从内因与外因以及主动谋求和自然涌现两个维度来系统地对其进行剖析考察。除了有效的战略定位、良好的内部管理、笃实的拼搏奋斗以及锐意的求索创新，运气也是决定企业竞争优势和经营绩效的一个不可忽视的重要因素。运气可以被分解为主要来自企业外部的"纯粹的运气"、内外互动的"有准备的运气"，以及主要来自企业内部的并与企业之主动运作产生交互作用的所谓"有用的杂草"和"地下工作者"。运作则包括企业的管理举措、战略管理和拉拢第三方等比较有意识地寻求和创造竞争优势的企业行为。在运作方面，本章聚焦于创建、竞争、合作、竞合与拉拢。

　　竞争优势从何而来？这也许是与竞争优势相关的问题中大家最为关注的一个话题。也许我们非常愿意相信努力与回报之间的因果关系，以为通过睿智巧妙的战略管理和切实笃行的自身努力可以构建竞争优势，顺理成章、水到渠成。而事实是，影响和导致竞争优势产生的因素多种多样，甚至可能在大多数情况下并不在我们的掌控之中和意料之内。管理者在积极主动地谋求竞争优势的同时，也必须尽量有意识地监测和洞悉各种外在的以及凸显的优势来源，要善于广开视野、捕捉机会、临机发挥、顺势而为。笔者经常强调，从某种意义上讲，战略就是有目的地不断折腾，从而增加歪打正着的可能性。基于决策者有限理性的假设，这种理解和作为或许是战略管理者在面对注定的复杂性和不确定性情景下所应该采取的务实的思路和对策。

有鉴于此，我们可以从内部原因和外部原因（Endogenous vs. Exogenous）以及主动谋求与自然涌现（Purposeful vs. Serendipitous）两个维度来系统地考察竞争优势的起因缘由。简而言之，我们可以把竞争优势的来源大致地分成运气和运作两个类别。管理者需要通过企业的内外运作来增进外部走运的概率和挖掘内部运气的契机。参见图7.1。

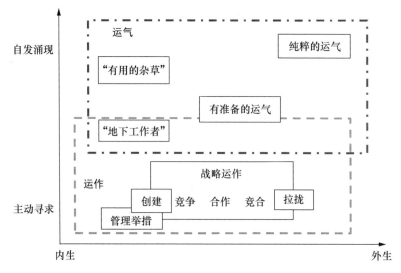

图 7.1 竞争优势起因缘由纵览

战略连接企业与环境。战略包括对企业外部环境和内部运作的同时考量。如此，管理举措和战略运作都可以被认为是有意的战略行为和寻求。但是，基于讨论的需要，我们用战略运作来特指一个企业针对外部环境（或业务生态系统）中其他实体采取的明确、公开和具体的战略行动，它

第七章
奇妙的钥匙：竞争优势的起因缘由

的主要目的在于改善企业的外部定位。我们用管理举措来特指企业内部的针对组织结构、过程、人员和行为的管理措施，它的主要目的在于提高企业内部的管理水平。当然，管理举措乃是战略实施所必需的组织基础。拉拢则特指针对第三方的影响，可以被认为是广义的战略运作的一部分，但主要是针对第三方，尤其是非经济领域内的，而不是市场上直接的竞争对手或者合作伙伴。因此，也可以把拉拢划入所谓的"非市场战略"（Non-market Strategy）的范畴。广义的运气，包括来自外在的"纯粹的运气"、内外互动的"有准备的运气"，以及主要是源自内部修为的运气——"有用的杂草"。介于运气与运作之间的则是所谓的"地下工作者"。下面我们首先考察企业的运作，然后考察企业的运气。

战略运作与竞争优势

战略运作乃是企业有意构建和应用竞争优势的主动行为。如前所述，我们将竞争优势定义为对手间的差异性和不对称性。如此，任何可能导致、保持和扩大这种差异性或不对称性的因素与作为皆可被认为是竞争优势的诱因或曰决定因素。具体而言，要造就和增强对手与自己的差距，企业无外乎诉诸两种良方：一个是通过内功与创新以及与人合作来提高自己（Self-Enhancement），一个是在竞争中遏制和打击对手（Pre-emption and Containment）。基于这种思路，笔者在此提出关于战略运作与竞争优势的"5C"框架：Creation（创建）、Competition（竞争）、合作（Cooperation）、竞合（Co-Opetition）与拉拢（Co-Option）。参见图7.2。

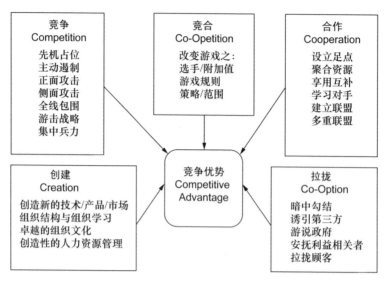

图 7.2　战略运作与竞争优势：5C 框架

创建活动与竞争优势

所谓的创建（Creation），客观而言，指的是根据某种意图和目标而去创造和构建一种新的存在。创建本身既可以是大家公认的完全的创新（Innovation），也可能只是一种对于创建者主体而言的全新的举措和作为，但在其生存和作用的系统环境中并不具有创新意义。但通常情况下，如果只从自身的角度出发看问题而不是从系统和外在的角度观察的话，管理者很容易天真自然地把对于自己而言的新兴举措看成一种实际上的创新。当然，这也不是完全没有道理。至少对于他们而言抑或对于他们的企业而言，这就是新的举措，也算是创新的一种。企业的创建与创新行为，可以是对自身管理内功的修炼与提升，也可以是面向外部的市场定位以及与各种势力的不断交锋。因此，我们对创建的考察既包括竞争优势起因缘由中所列举的各类管理举措，比如组织与人员方面的作为，也包括相关的战略运作，比如产品与市场方面的创新。

第七章
奇妙的钥匙：竞争优势的起因缘由

创造新的技术/产品/市场　《孙子兵法》有云："不战而屈人之兵，善之善者也。"一个企业可以在某些情况下，通过强势定位来抢占先机从而形成竞争优势，使后来者无法攻击或攻击代价高到足以令后来者望而却步。也就是说，企业的竞争优势可以来自市场定位的创新。这种创新并不仅仅是技术意义上的，它同时也具有战略意义。与其跟随现有产业主导企业所创路径并企图赶超，不如改变游戏规则或改变游戏本身。

如此说来，企业应该尽量避免硬碰硬的恶战，而是应该创造性地开发新的资源（比如原材料和元技术）、能力（比如组织能力和供应链管理能力）、产品和市场以及新的商业模式，从而使企业从根本上与对手不同并且争取优于对手。一方面，这种创新旨在避免强势对手。另一方面，它更注重企业自身的行动，而不过于理会和在意竞争与合作等针对其他外部实体的战略运作。也就是说，企业的创建活动本身可能在其初始并没有明确地考虑其作为竞争战略的含义，而主要是自动自发的行为。

比如，CNN（美国有线电视新闻网）当初对自己的定位就是全球性的全天候（24小时）新闻提供者。这种独特的、当时唯一的全球全天候即时新闻服务，并没有直接挑战当时注重黄金时段效果的主要电视新闻网的强势市场。但CNN的这种服务最终为它赢得了观众的信任和忠诚。严格地说，CNN并没有和任何其他媒体竞争，它只和自己竞争。通过创建一个全新的市场，CNN重塑了新闻报道的游戏规则并积累了在该市场服务和取胜的宝贵经验。相对于CNN在全球的知名度和观众忠诚度而言，后来的挑战者往往望而却步。

创建合适的组织结构　组织结构是企业关于工作设计、部门界定、权力链条、信息渠道、管理跨度、协调机制等组织要素的基本架构和具体组合。它决定了企业的工作流程、信息传递、人员交往与互动的模式；使组织结构与经营战略相匹配，亦即保持战略与结构之间的契合，可以为企业带来竞争优势。比如，从信息处理的视角来看，跨国公司的组织结构的设计应该能够使公司最大限度地实现协调与整合，从而有效地保证人财物和技术在不同国家和地区分部间的顺畅流动。

从竞争优势到卓越价值：
赢得持久超常经营绩效

组织学习 组织结构只不过为不同部门间的交流和信息流动打下了渠道等方面的硬件基础。各类组织过程与程序（尤其是标准操作流程）等组织软件在实际中引导企业的活动和运转。良好的组织程序可以通过对组织运转的效力和效率以及对组织学习的贡献为企业带来竞争优势。组织学习是一个包括自下而上和自上而下活动的，为提高组织有效性和创造性而发现、积累和应用知识的集体过程。某些跨国公司总部有意识地鼓励总部和整个公司向更富于创新精神和成果的国外子公司学习。而有些公司则坚持"大公司沙文主义"，认为国外的子公司必须听从总部的安排。事实证明，崇尚和促进组织学习的企业将从其创新中获得竞争优势。

卓越的组织文化 组织文化是组织内共享的一套信仰与价值体系，它界定组织特有的规范和习俗，指导和调控组织成员的行为。组织文化往往深入人心，在组织成员心灵深处打下烙印。一个卓越的组织文化可以赋予组织某种价值，增强组织凝聚力，调动成员的积极性并使大家为组织的大目标而忘我牺牲、无私奉献，从而提高组织的效率和创造性。组织文化形形色色，而每一种具体的组织文化往往是独特且难以模仿的。因此，由于不可能被轻易模仿，卓越的组织文化往往可以为企业带来可持续的竞争优势。比如，沃尔玛的以勤俭作风和为客户服务并创造价值为主旨的公司文化为其长期的超常经营绩效做出巨大贡献。

创造性的人力资源管理 在讨论竞争优势时，常常被遗忘的就是人。训练有素、技术高超、认真敬业并忠于企业的员工队伍乃企业可持续竞争优势之重要源泉之一。他们的价值体现在他们所拥有的智力资本和较高的生产率上。比如，一个善于保持员工队伍和管理团队稳定的跨国公司，尤其是在国外的分部或子公司，相对于一个不能稳定军心从而不能留住人才的对手，将会具有人才优势。企业商学院的兴起以及对员工培养的重视在一定程度上提高了员工的素质和技术水平，也增进了大家对组织运作规程的了解和组织文化的认同，从而提高了效率和生产率。与幸福企业的组织文化相关，对于员工幸福给予极大关注的人力资源管理措施也会提升其归属感和积极性。

第七章
奇妙的钥匙：竞争优势的起因缘由

竞争战略与竞争优势

竞争可以被定义为市场上对手之间的实际交锋，表现为一系列的行动和反应，比如先机遏制、攻击和报复等。竞争的主要目的往往在于抢占有利定位、遏制和限制对手行动、获取重要资源以及保持与市场中各类实体的接触并从中获利。通过竞争战略获得的竞争优势通常是以占有为基础的，比如赢得一个强势位置；或者是以获取为基础的，比如在一个共同争抢的某国市场上比对手更快、更廉价地赢得一个强势的分销渠道。当然，一个企业在竞争中也会提高其技术合作组织能力，以及应对市场和反击对手的能力。因此，竞争和竞争的升级也会带来以能力为基础的竞争优势。

> 我们通过我们刀剑的锋利而不是脑子的锋利赢得我们的地位。
> ——冯·德·戈尔茨（von der Goltz），德国元帅

先机占位　通过占领某个市场或细分市场并获得后来者根本不能得到或不能轻易得到的市场定位、资源组合、能力水准等各类由先动而派生的获取权，企业可以获得所谓的先动者优势（First Mover Advantage）。先动者可以享受技术领先和经验曲线效应、独霸与业务相关的资产和位置、提高客户替代和转换成本、增进客户忠诚度等典型的先动者优势。先动者也会有较大的资金裕度，有利于进一步投资反馈到该市场，巩固和增强先动者的竞争优势。比如，先动者可以通过技术领先而影响甚至决定产业标准。微信之于在线社交网络便是明证。先动者也可以与主要供应商或资源提供者签订优惠的甚至排他性的协议，从而大大降低或完全排除后来者获取该资源供给的可能。

主动遏制　与先动者优势相关的通常是先动企业的行为对后来者在以

从竞争优势到卓越价值：
赢得持久超常经营绩效

后的竞争中造成的遏制作用。先动者可以选择比较具有吸引力的、易于防御的和持久的定位，并强迫对手就范，使其不得不去开垦那些相对不具有吸引力的区段，比如耐克对高端和职业运动员所需运动鞋市场的占领。先动者也可以限制和打压对手挑战和扩张的能力。比如，宝洁公司的 Pampers Phase（帮宝适的一种）在一年内同时在世界上 90 个国家推出。由此可见，企业可以通过遏制和打压对手来缩小对手的选择空间，并限制、降低或抵消对手为顾客创造价值的能力，从而为自己赢得竞争优势。

正面攻击 商业游戏的全球化提高了竞争的强度和广度，引出了各种类型的竞争者，加速了市场的变化，使得对手间的直面交锋在某些市场上无以回避、在所难免。谋求强势定位的巧计无从施展，企图改变游戏的难度近乎登天。无处躲闪，无处逃窜。在这种不可能逃脱的"死胡同"里，企业唯一的生路就是拔剑出击、正面交战。正面攻击，指的正是对竞争对手实行面对面的直接攻击。根据军事常规，这种攻击通常应该全面快速、坚决果断。

在战争中，唯一可靠的防守就是进攻，而进攻的效率取决于进攻者的战争灵魂。

——小乔治·S. 巴顿（George S. Patton Jr.），
第二次世界大战时期的美国将军

谈到竞争力，就不能不说到竞争；而说到竞争，就不能不说到竞争对手。对于我们的竞争对手，我们的态度是这样的：问题的关键不是我们不喜欢我们的竞争对手，而是我们力求将它们斩尽杀绝！

——阿尔弗雷德·M. 泽恩（Alfred M. Zeien），吉列公司前 CEO

在 CEO 泽恩任内，吉列公司的目标是争取在它所参与的主要产品市场上占有 50% 以上的份额，取得绝对的领先地位。值得一提的是，价格战也属于正面攻击。若是"艺高人胆大"，实力深厚强大，那么"该出手

第七章
奇妙的钥匙：竞争优势的起因缘由

时就出手"。但是，一个企业在与对手相比没有绝对的成本优势时，最好不要打价格战，因为此时打价格战的结果往往是两败俱伤，双方均得不偿失。

侧面攻击 与正面攻击的面对面交锋不同，侧面攻击往往可以避开对手的实力面，旁敲侧击，攻击对手的弱点，尤其是那些对手不易察觉、不甚重视、疏于防守、懒得报复或难以应对之处。

> 侧面攻击是整个战争史的精髓。
> ——阿尔弗雷德·冯·施里芬（Alfred von Schlieffen），
> 德国陆军元帅

美国著名的西尔斯百货（Sears）曾是零售业的老大。但是，随着零售业态的不断创新，它遭到来自各类新兴零售商的侧面攻击。首先，折扣连锁店在许多商品类别上为顾客提供了更低的价格。其次，各类以单一产品类别为经营范围的"超级类别杀手"，比如建材行业的 Home Depot 和家电行业的 Best Buy 连锁店等，用优惠的价格和更多的商品选择吸引客户。再次，各类新潮的专业零售店如服装业的 A&F（Abercrombie & Fitch）等大受注重时尚的顾客，尤其是年轻顾客的青睐。最后，更高档的百货商店也使得西尔斯的商品从品位到档次显得非常一般。虽然这些各类零售店都没有旗帜鲜明地与西尔斯为敌，但它们的行为效果却是使西尔斯实际上腹背受敌。西尔斯的商品既不高档，又不便宜，也不专精，更不时髦。波特（1980）曾将企图同时采用差异化战略和成本领先战略但一无所成的尴尬困境形象地称为"堵在中间"。西尔斯简直就是这一状况的标准注解。

全线包围 全线包围这种进攻战略将侧面进攻推向极端，形成对竞争对手的全线串联合围。全线包围的战略并不蛮干地强攻对手的强势阵地，而是引导企业在对手强势阵地的周边市场（无论是产品意义上的市场还是地理位置意义上的市场）集结力量、伺机串联并最终形成包围之势。

沃尔玛在美国由农村市场向当时凯马特占先的城市市场迈进的时候采用的就是全线包围战略。

游击战略 小企业和新兴企业通常采取游击战的手法，"打一枪换一个地方"，企求小规模的胜利和成就，而又不至于引发那些强势企业大规模的报复和惩罚。游击战也可以用来骚扰、困惑并惹恼强大的主流企业，降低它们的士气并最终打败它们。

游击队只要不输就算赢了；正规军只要不赢就算输了。

——亨利·基辛格，美国前国务卿

游击战的特点是短平快、突然、小规模、零星不断。从事游击战的企业往往是隐藏在暗处的相对较弱的企业。它们的攻击对象则是身在明处而且往往是强光照耀之下的大企业。对于游击战者而言，到处都是前线，任何阻力最小的地点都可以是前线。它们在移动中生存，不断寻求机会。2020年疫情期间对地摊经济的鼓励便是对"游击队"的动员。

敌进我退，敌驻我扰，敌疲我打，敌退我追。

——毛泽东

在迅速发展的中国市场，"游击队"如鱼得水、翻花打浪，甚至很快发展壮大并转成"正规军团"，比如当年日新月异的房地产行业中从无到有、由小到大发展起来的群雄翘楚。再比如，曾经屡禁不止的地方私营钢铁制造企业和地方小煤窑等，都反映出"游击队"的强大生命力。

集中兵力 同军事战略相似，在商业竞争中，一个主要的原则就是集中兵力：在企业间的某个交锋点上集中自己的资源与实力来建立在该点上

第七章
奇妙的钥匙：竞争优势的起因缘由

的优势而取胜。这也包括在某个局部市场上建立相对于比自己强大许多的对手的优势。这个基本原则，与军事战略家李德·哈特（Liddell Hart）和克劳塞韦茨（Clausewitz）等倡导的在交锋中倾注绝对力量的忠告，以及毛泽东的"集中优势兵力，各个歼灭敌人"的理论渊源相通、如出一辙。这种基本原则可以应用到上述多种竞争战略当中，比如正面攻击时必须达到的强度。

同样，它也照应了波特（1980）所描述的专注或集中（Focus）战略的精髓。

世界传媒大亨鲁珀特·默多克（Rupert Murdoch）便是善于集中兵力的高手。从在澳大利亚子承父业起家，默多克在欧洲、亚洲和美洲攻城略地，建立起自己的传媒王国。他惯用的"伎俩"就是花重资拿下某个报纸或电视网，然后以此为赌注高额举债，再用得到的现金在另外一个地区或国家市场收购下一个目标——那些在本地市场上往往位置相对较弱的传媒企业和机构。面对默多克的现金和强大的攻势，收购对象往往乐于"投诚"。而当地市场上的其他竞争者不是手足无措、摸不着头脑，便是囿于自己眼前利益不动声色而又无可奈何地接纳默多克这匹"黑马"，并在随后的日子里任其扩张。

合作战略与竞争优势

企业间合作的目的通常是以"关系租金"为主的，通过与合作对象的关系来更好地接近顾客、获取互补资源、学习合作者的专长，以及从规模经济和范围经济效应中获益等。不仅如此，企业还可以通过以下合作战略获取竞争优势：与对手合力进行某个项目来增强实力、减少风险；与合作者结盟而共同攻击第三方对手；参与多种联盟以保持将来行动的灵活性等。值得一提的是，虽然合作战略可以帮助企业获得以占有为基础的或者以能力为基础的竞争优势，但大多数情况下，合作战略导致的最直接的结果往往是以获取为基础的竞争优势，因为根据定义，这种优势来自"关系"——与企业外部某些实体的关系,而不是来自企业内部。

设立足点 通过与某国本土市场上企业或其他实体的合作,一个跨国公司可以在该国目标市场上构建立足点(Foothold)。这样,在全面正式向该市场做出承诺之前,该公司可以做内部准备和培育市场的努力,为获取未来的竞争优势打下良好的基础。这种立足点非常有助于尝试摸索本地市场、广交朋友、建立关系网络,从而增进客户的了解和社区的信任。该跨国公司在时机成熟并全面进入该国市场时,这些先于对手的努力和铺垫会为它带来作为先动者的竞争优势,并使它容易为该国本地市场所接受。

20世纪80年代初,惠普初入中国市场时,与中国政府合作,建立合资企业。惠普当年在北京中关村的门店可谓浮华不足、平实有加,与蓝波洗衣店和某朝鲜冷面馆为邻,堪称入乡随俗之典范。不知道的人,看到惠普门口悬挂的书法幽雅的汉字匾额,还以为是个传统久远的中国丝绸铺。这种与中国市场一起成长的魄力与远见为惠普在中国立足和发展奠定了坚实的信誉基础和后来者难以企及的人脉关系。

聚合资源 合作者之间的资源共享使那些单个企业无力承担的项目成为可能,降低了风险和阻碍,增强了势力和成功的可能。有能力并善于与其他企业合作的企业,相对于那些孤军奋战的对手而言,将会享有速度、效率、顾客认知度和信任度等多方面的竞争优势。这种共享资源的合作一般都是旨在集中和放大同类合作者的力量,从而在某些产品市场上占据主导地位。比如,在全球原油采炼业,即使那些全球最大的跨国公司也往往与其他公司合作,共同开发某些重大项目,实现全球内的规模经济和最适当的技术与服务支持并同时降低风险。

同样,无论是在个体层面还是在企业之间,团购也是类似的逻辑。美国很多非常大的公司,在为其员工购买医疗保险或其他保险业务时,也会结成联盟,集中它们的客户总量,从而在与保险公司谈判的时候,可以增强自己的议价能力。这种做法带来的成本优势,是每个雇员单独购买和每个企业自己与保险公司谈判所远远无法实现的。显然,最先捕捉到这些商机并抢先行动的那些支持和促成团购的代理商与平台,也将会比传统的业

第七章
奇妙的钥匙：竞争优势的起因缘由

务对手享有竞争优势。

享用互补 企业间合作战略的另外一大诱因是促进企业间资源与能力的互补与共享。这种享用互补的战略可以采取多种模式，比如，不同企业间研发能力的互补、研发与制造的互补、制造与营销的互补、OEM（原始设备制造商）制造实力与强势品牌的互补、软件与硬件的互补、跨国公司与本地企业的互补、营利性企业与非经济实体的互补，等等。广而言之，任何同一产业链或不同产业链上的不同企业间的关系安排，不管是纵向供给还是横向联合，如果最终能够提高为客户提供的价值，都可以看做互补优势的存在和应用。比如，可口可乐公司与雀巢公司合作经营的罐装咖啡饮料既利用了雀巢在咖啡产品上的工艺和品牌，也应用了可口可乐的罐装网络和营销渠道，可谓强强联手、相得益彰。腾讯与京东在电商上的合作则使得两者的流量优势与理货优势相得益彰。

学习对手 从根本上说，所有的合作项目和安排都是一个比赛学习的过程，比的是合作对象（或更准确地说，对手）之间互相学习与快速提高的意识和能力。合作战略的核心在于向对手学习以及与对手一起学习：学习那些有助于创造顾客价值的操作过程、运行机制和知识与能力。索尼与松下都从与飞利浦的合作中学习和掌握了收音机与录音机的技术，也都从早期与美国公司的合作中学习和掌握了录像机的关键技术。向合作者的学习使它们在后来的产品市场上成了其强大的竞争对手。

在高科技领域，学习对手亦是相当重要。在快速多变的计算机市场，没有任何企业能够完全用自己的技术和产品来独霸市场。这个市场（或称业务生态系统）是一个由多种企业共同构成、交相影响和互动发展的一个既竞争亦合作的动态系统。在这种环境中，合作是必需的，学习能力迟缓的企业不可能长期生存下去。硅谷的企业对于企业间互相指责"偷窃发明""盗用技术"的游戏已经习以为常。它们一边打官司，一边竞争，同时还照样合作，包括原告、被告之间的合作。在这种类似丛林游戏的情况下，快速学习的企业往往是在某一阶段的游戏中最先到达目的地的企业。

从竞争优势到卓越价值：
赢得持久超常经营绩效

建立联盟 企业也可以通过与另外一个企业结盟而打击共同的对手或其他第三方企业。由于企业间兴趣的多变，这种联盟一般都是比较短暂的。比如，美国公司卡特彼勒公司在进军日本挖掘机市场的时候，曾与三菱重工合作，对付它们共同的对手小松制作所（Komatsu）。虽然小松制作所如今在国际市场上日益扩张，但当时它的现金流的80%来自日本国内市场。卡特彼勒公司与三菱重工合作的实际目的是要在小松制作所的本土市场（也是它最大的市场），利用它当地的对手来牵制它的行动，从而降低小松制作所在国际市场上对卡特彼勒公司地盘逐渐形成的攻击压力和威胁。小松制作所在全球市场上的口号极为清楚和富有挑战性："围攻卡特彼勒公司！"（Encircle Caterpillar!）而卡特彼勒公司与三菱重工的合作不过是应一时之需而为之。

您看，合约就像少女和玫瑰花，她们在她们风光的时候确实风光。

——夏尔·戴高乐（Charles de Gaulle），法国将军、前总统

多重联盟 在外交战略上，冷战时期中、美、苏的三角关系可以说是多重联盟战略的经典应用。尤其是当中苏关系恶化之际，美国同时积极与苏联和中国维持正常交往关系。美国从自身国家利益出发，目的很明显：斡旋于中苏之间，随时联手一方打压遏制另一方，从而在三方关系中抢占优势和主动地位。

我们没有永恒的盟友，我们没有永恒的敌人。我们的利益是永恒历久的，我们的利益是我们要尽职恪守的。

——亨利·约翰·坦普尔（Henry John Temple），19世纪英国首相

第七章
奇妙的钥匙：竞争优势的起因缘由

在商业竞争中，一个企业通常也会同时与多个企业分别进行双边合作或者同时参与多个合作联盟，以期在产业未来的发展中求得立足点、占有一席之地。比如，美国休闲服装连锁店 Limited 和 Liz Claiborne 等都拥有 20 家以上散布于多个国家的原材料加工和制衣企业联盟，以保证供货及时和质量标准，并减少对任何单个合作者的依赖性。在时尚快速多变的时装市场上，拥有多家合作联盟的企业相对于供货来源单一的企业，至少在市场反应速度上拥有极为重要的竞争优势。

在技术变化突飞猛进的高科技产业，一个企业往往会同时参与多个相互争斗的企业联盟，甚至直接参与主要对手的阵营，来保证自己不会被锁在将来主流市场的门外。不管是哪家企业或企业联盟的技术成了产业标准，"脚踩多只船"的企业都将会在市场上获得一个立足点。

竞合战略与竞争优势

博弈论通常视企业为单一决策者，并且假设一个富于理性（或超级理性）的企业，依据给定既知的信息以及对手可能的行动空间，会企图实现企业自身利益的最大化。博弈论是一种处世哲学和世界观。它帮助决策者将相关的问题整理、表述成对手间互动的选择序列。博弈论是一种关于冲突和竞争的具体分析方法，主要依靠数学模型和一些基本准则来解决问题。它将复杂的决策情况通过一些典型的博弈游戏进行简化并求证每个游戏的均衡状态。著名的竞合分析框架便是来自博弈论的经典而实用的贡献。它将竞争与合作并存的事实以及应对战略渲染得淋漓尽致。它鼓励企业按自身的需求去主动改变所面临的游戏，从而提升自己的竞争优势，增加取胜的机会。

竞合意指一个企业与对手同时展开竞争与合作，强调互补者和竞争性替代者在游戏中共同的重要角色。竞合学说认为，常规分析中经常被遗忘的就是对互补者的考虑。这与传统分析对竞争的过分强调不无关系。竞合学说是对上述以超级竞争学说为代表的强调竞争不可避免性阵营的一种强烈对立。把互补者的角色放回到分析图景中，能够帮助企业思考和寻求合作的机会以及双赢的可能。竞合学说的核心主题是，企业可以通过改变游戏而获取竞争优势。

具体而言，一个企业可以改变游戏的构成要素（PARTS），即参赛的企业选手（Players）、每个选手所能增加的价值（Added-Value）、各种游戏规则（Rules）、游戏中的策略（Tactics）和游戏的范围（Scope）。企业可以通过改变游戏的上述五个构成部分来提升自己的优势。有兴趣的读者请直接阅读关于竞合学说的原著。笔者也将在本书第三部分讨论价值共创时进一步探究竞合学说在当下的战略含义。

需要强调的是，在以竞争优势为主导的思维范式下，竞合乃是一种特定形式的竞争。合作亦然，不过是另外一种形式的竞争。竞争与合作都是获取优势的重要手段。

拉拢战略和竞争优势

企业的拉拢行为试图将它的业务生态系统中其他实体的利益与自己的利益对应结合，从而打开机会之门、扫清沿途障碍、抵消不利威胁、赢得竞争优势。它通常是通过第三方来影响企业与其对手的较量。当然，它也可以特指两个竞争对手间隐蔽地暗中勾结来对付其他企业或对付顾客的伎俩。比如，世界上最大的食品处理和相关原料厂家ADM曾经与日本的一家企业联手操纵世界市场上赖氨酸的价格。该公司内部管理高层曾经流行的说法是"我们的对手是我们的朋友，我们的客户是我们共同的敌人"。经过美国联邦调查局多次深入调查取证，该企业被判罚1亿美元，成为20世纪美国反托拉斯法执行历史上金额最高的惩罚。

拉拢战略与合作战略的根本区别在于拉拢往往更加非正式、含蓄、微妙，有时甚至违法，但大多数时候似乎不具有明确的规定，也不具有强大的约束力。当然，一个企业也可以直接拉拢它的顾客。通过拉拢企业外部实体而获得的竞争优势通常是主要以获取为基础的，比如，通过拉拢当地

第七章
奇妙的钥匙：竞争优势的起因缘由

政府而得以进入其他跨国公司不能进入的产品和地区领域。有时拉拢所带来的竞争优势也可以是以占有为基础的，比如，通过游说获得某种特殊的地位。

暗中勾结 在国际市场上，企业间通常通过某种微妙隐含的信号实行勾结，以便稳定它们在多重市场中的总体关系，寻求相对于其他企业的竞争优势。比如，跨国公司之间潜在的互相忍让，"你容我一遭，我放你一马"，可以软化它们之间的竞争，共同打击不守规矩的对手。它们也可以一方面在游戏的某个部分打得你死我活，而另一方面又保持暗中勾结，维持对竞争的基本框架和游戏规则的认同，更维持一个良好的利润空间。比如可口可乐与百事可乐在定价上的默契。

诱引第三方 两强相争，难分伯仲。尤其是产业标准之争，往往很激烈。两强之外的第三方企业或其他实体，虽然其地位相对独立，但对两强的成败往往起着意想不到的决定作用。第三方的支持可能是独家的资源供给、互补产品和服务的提供，也可能是道义上的支持。对第三方的拉拢符合企业利益并可以为企业带来竞争优势。比如，在智能手机业务上，第三方在安卓与iOS上的选择与承诺具有极为重要的影响，在很大程度上决定着大家对不同系统的购买选择。

需要指出的是，与前述合作战略稍有不同的是，这里的拉拢往往是非正式的，不一定具有约束性；往往是隐蔽的和私下进行的；通常是非经济性和间接的。比如，早年在PC时代，微软对应用软件商的拉拢可以采取举办软件比赛、赠送微软最新开发的操作系统软件，或帮助提高第三方在业界的知名度等手段或其他幕后行动来实现。

游说政府 众所周知，企业可以通过游说政府而获得竞争优势。企业可以通过政治战略来有效地游说政府从而获取优惠的贸易政策和待遇抑或税收方面的优惠和减免，获取某些特定市场的进入许可或专营特权，请求本国政府向外国政府和企业进行威胁，或者拉拢外国政府对母国政府施加压力等。比如，美国的军火制造企业通常选择在主要国会议员选区落脚并与该区国会议员保持良好的关系。这样，在整个行业遭受国防开支骤减的

从竞争优势到卓越价值：
赢得持久超常经营绩效

压力时，这些势力相对较大的选区的国会议员能为该区的军火企业开脱和助威，从而保住它们的生存权利和优厚待遇。有些时候，这种对政府的拉拢设置近乎威胁。比如，2020年全球新冠疫情期间，马斯克就以搬出加利福尼亚州为威胁要求加州政府准许其特斯拉工厂提前开工。

安抚利益相关者 除政府外，许多其他正规的和非正式的组织和机构，无论是政治的、社会的、文化的、宗教的抑或其他类别的，都会对跨国公司的生存和成功有不可忽视的影响。举例而言，在环保组织势力强大的国家和地区，一个善于与社会利益集团（比如绿色和平组织）打交道的跨国公司就会比一个环境意识相对薄弱的企业享有竞争优势，而且更容易被当地社区接受。与当地官方和民间的各类具有影响的利益集团保持良好的关系和沟通渠道，可以在市场之外的领域里为跨国公司在市场领域内的成功做出意想不到的贡献。

20世纪80年代，索尼前董事长盛田昭夫曾经与日本政客石原慎太郎合作为其国人写过一本名为《日本可以说不》的书，号召日本在对美关系上采取独立强硬的姿态。这本显然不是写给美国读者的书，很快被美国五角大楼翻译成英文，其主题使美国朝野震怒，知识界与企业界亦反应强烈，反日之声甚嚣尘上。为了安抚美国公众和政、商、学界精英，更为了维持日本企业界在美国市场的利益，老辣的盛田昭夫后来在《哈佛商业评论》上撰文，大肆宣扬日美合作的重要性和实际意义。

拉拢顾客 一个企业可以通过非传统的营销手段和并非完全经济性的措施拉拢客户和公众，以此来获得竞争优势。比如，经营护肤保健用品的英国企业美体小铺（Body Shop）从产品开发、包装设计和经营理念上都给顾客以"环保""天然"的良好印象。它们对环境保护的重视和社会责任感大大增强了全世界范围内顾客的同情、好感和支持。有时，企业也会用经济方面的激励手段拉拢顾客进入长期关系。比如，各种厂家为鼓励顾客忠诚度而设立的积分奖励制度，实际上也是一种拉拢信号，旨在与客户建立长期关系。

美国零售业盛行的一个促销措施就是保证"全城最低价"。例如，顾

第七章
奇妙的钥匙：竞争优势的起因缘由

客只要在购买某种产品 30 天之内在本地（比如方圆 60 英里以内）的别家商铺发现同一产品以更低价出售，就可要求原购货店退还价差。但通常消费者需要提供低价的证据，比如其他商铺的广告。新英格兰地区曾经有一家精品电器连锁店 Tweeters etc.，在这方面做得更加到位。它们专门雇人检索当地的报纸和其他刊登广告的媒体，如果发现同一产品比自己卖的价钱低，它们会主动给 30 天内在本店购买了该产品的顾客邮寄一张支票，退还价差，并再加返价差的 10%。懂行知情的顾客都会被这种拉拢所吸引。也就是说，其他所有的店铺都不过是这家店的展示柜和尝试点。在其他店铺看完和详细了解产品之后，很多顾客会专门到 Tweeters etc. 来进行实际的购买，从而保证其支付的是本地的最低价。说到底，价值是为顾客提供的。一个能够成功地拉拢顾客进入长期关系的企业终将享有竞争优势。

运气与竞争优势

战略管理研究者和实践者大多倾向于相信这样一个基本假设或者论断，那就是，在企业寻求和保持竞争优势来争取获得长期超常经营绩效时，战略管理者的作用是举足轻重的。这种倾向长期笼罩着战略管理领域，认为管理者的行动和决策在很大程度上决定企业的生存兴衰。然而，与此同时，偶尔间断地，也会出现另外一种声音，提醒大家关注经营绩效的随机性和偶然性，也就是我们通常所说的运气，某种似乎不可预测、琢磨、极其难以名状、捕捉、而又确实发生、存在的意外事件和机遇。不管你愿不愿意承认，或喜不喜欢，运气都是竞争优势不可忽视的决定因素之一，因此需要我们详细了解，既不能在统计分析中随便把它扔在"偏差"一栏了事，也不能以缺乏理论依据为由来搪塞而拒绝对它进行认真的考察。迄今为止，很少有正式的研究去系统地分析运气的来龙去脉：我们通常说的运气到底指的是什么？有多少不同种类的运气？运气如何影响企业的竞争优势？企业能够增进它走运的机会吗？

其实，运气也可以被认为是双向势力的交汇。一方面，运气所代表的势力在寻找合适的代理人；另一方面，各种人和机构努力去寻求幸运机会。二者相撞，运气产生。具体到商业竞争，某些企业坐等"天上掉馅饼"，而另外一些企业则积极主动地去寻求走运。对于战略管理实践者来说，最有意义的问题，应该说是他们如何能够通过自己的努力和求索去提高企业走运的概率，而不是仅仅知道运气在很多情况下完全不可预期和控制这样一个可怜的事实。如图7.1（见第112页）所示，能够为企业带来竞争优势的各类运气可以包括如下四种基本类型：纯粹的运气、有准备的运气、"有用的杂草"和"地下工作者"。首先，我们简单地介绍这四种类别的运气。然后，我们重点探讨战略管理者如何主动地去寻求运气，不论是通过更好地了解复杂多变的外部经营环境，还是通过更好地设计企业内部组织过程和运行机制。显然，在讨论运气作为竞争优势的决定因素时，我们所采取的是不折不扣的积极主动、努力寻求的态度。

纯粹的运气

纯粹的运气完全不以人的意志为转移，它指的是企业外部的因素在企业没有任何意识、控制和操纵的情况下完全自发地使企业拥有竞争优势。比如，在尊重私有产权的国度，一个农夫的幸运可以表现在他的土地比别人的更肥沃，因此更有生产率，更具有竞争优势。甚至更好的情况是，他可能发现它的土地上有丰富的自然资源储藏，比如原油或稀有金属。

这种纯粹的运气可以为个人或企业带来以稀缺或供给有限的资源为基础的"李嘉图式的经济租金"，它不可能被企业主动地创造出来。基于资源本位企业观，巴尼（Barney，1986）认为运气（或用更正规的术语，"路径依赖"）可以为企业带来独特的资源禀赋，并使企业以之为基础来制定和实施对手不可能模仿的竞争战略，创造可持续的竞争优势。

第七章
奇妙的钥匙：竞争优势的起因缘由

> 运气并非商业模式！
> ——安东尼·波登（Anthony Bourdain），美国名厨、作家
>
> 事实是，商业模式的创新大多也是靠运气。
> ——加里·哈默尔（Gary Hamel），商业畅销书作家

有准备的运气

运气往往造访企业于某种独特的历史事件、社会文化趋势变化、技术创新、政府政策变迁和顾客喜好的变化中。这些事件和因素对不同企业产生有区别的影响，造成企业间在某些关键竞争层面上的差距和不对称性，影响它们的行动和创造价值的能力。除了不可控制的纯粹运气，上述各种事件和因素通常也会以某种具体的机会或威胁的形式呈现在企业面前，而对于这些机会或威胁，企业是可以在某种程度上做出预见和应对的。而某个特定的企业是否走运则取决于它当时的特定位置、资源、能力和行为。

微软将以区区 5 万美元从西雅图电脑产品公司购得的 Q-DOS 操作系统有幸倒卖给 IBM 后迅速发迹腾飞的故事已是尽人皆知。如此看来，运气（至少是所谓"有准备的运气"）不过是机会有选择地出现在那些寻求机会、识别机会和能够利用机会者的面前。运气青睐有准备者，俗语如是说。在这个意义上，运气是被及时捕捉并利用和实现的独特机会。对于战略管理者而言，不断练兵准备、改善自我、时刻留心观察并善于发现和捕捉机会，乃是提高走运概率的关键要着。

> 命运洗牌，我们玩耍。
>
> ——叔本华

"有用的杂草"

一个企业也可以从企业内部的运气——类似偶然事故的创新和发明——中获得竞争优势。创造性的一个基本成分是自发性（意指自然即兴和不事雕琢）。为鼓励和保证自发性，企业必须保持某种水平的"组织裕度"，容忍员工或群组的自发行为、实验和即兴发挥。而这些活动有时可以为企业带来意想不到的收获，表现在具有商业价值的创造发明、过程革新或产品创新上。毋庸讳言，这些活动通常也不可避免地造成浪费、重复、混乱或常规意义上的失败。对于组织的正规目标和任务而言，这些活动是闲散的、无关的或分散精力的。

> 什么是杂草？一种美德尚待发现的植物。
>
> ——拉尔夫·沃尔多·爱默生（Ralph Waldo Emerson），
> 美国哲学家

借用爱默生的妙语，我将企业内部个人、小组或部门不管出于何种原因采取的自发行动所导致的创新比喻为"有用的杂草"。这种杂草可以通过新产品、新过程、新知识和新能力的形式为企业带来竞争优势。由这些自发的行动和进取产生的创新和发明，可能和企业现有的经营范围与经营战略不一致。战略管理者需要注意到它们并主动适时伺机地开发和利用它们的商业潜力。著名的阿斯巴甜（NutraSweet）甜味剂便是在研制一种治疗胃溃疡药物的实验中偶然发现的"有用的杂草"。

第七章
奇妙的钥匙：竞争优势的起因缘由

"地下工作者"

"地下工作者"指的是某些个人或临时性的非正式小组或部门自发而相对秘密地进行的创新。他们依靠自己的主动性来解决企业或组织面临的某些技术、市场或管理组织方面的难题与挑战。这种自发行动可能导致某些实践创新和对企业或组织整体比较有益的结果和影响。"地下工作者"现象和正式管理举措的根本不同在于后者通常是贯穿整个企业组织的，是高层管理认可的、公开开展和提倡的。"地下工作者"则通常是囿于组织一隅，或在某个特殊部门中进行的。虽然大多数情况下也需要上级的认可或默许，但也可以是完全自发的，独立于组织的正规目标和既定规程之外，有时甚至反其道而行之。如此，"地下工作者"可以被看做半官方的或非官方的、旨在创新的"基层群众运动"，属于那种成则容光、败则灾难之举。第二次世界大战后期，洛克希德公司开发新型喷气式战斗机的"臭鼬行动"（Skunk Work）乃此类创新之典范。

准备走运：外部源头与内部机制

战略管理者对竞争优势和在竞争中胜出总是梦寐以求。然而，运气应该被期待为对内功优良的嘉赏，而不是理所当然的定分。守株待兔、坐盼运气，无异于黄粱美梦、画饼充饥。我们如何预测运气呢？没有办法。但是，我们可以系统地考察一些企业内外的因素和层面，从而分析什么时候和在哪些方面一个企业因运气而获得竞争优势的概率会相对比较高。扫描环境和分析未来趋势可以帮助企业更好地自我准备。保持开放、创新并激发员工热情和想象力的企业文化亦会有所助益。表7.1列举了可能导致运气出现的外部环境源头和企业内部机制。

从竞争优势到卓越价值：
赢得持久超常经营绩效

表 7.1 运气与竞争优势：外部环境源头和企业内部机制

准备改善走运的概率	鼓励"有用的杂草"和"地下工作者"
考察运气的外部环境源头： 伺机捕捉利用	了解走运的企业内部机制： 诱引组织精英与鼓励自发行动
独家的或不对称的信息 独特的历史事件 社会文化趋势变迁 技术变化或技术革命 顾客喜好和需求的改变 政府管制与松管 倒下的竞争者 圆梦者	发现和鼓励自发实验者 造就基层实验的代言人 建造创新的组织温床

依靠外部环境源头走运

独家的或不对称的信息 信息可以成就或毁灭一个企业。竞争对手间信息的不对称性能够为某些企业带来竞争优势，使它们能够获得其他对手不可知晓、不可获得的机会。诸葛亮弄险用空城计击退司马懿大军靠的亦是信息不对称。显然，一个企业可以通过操纵竞争情报来制造信息不对称性，并从中获得竞争优势。美国最大的自助式建材连锁超市家得宝（Home Depot），在早期从来不轻易抛弃用过的包装箱，而是把空箱摆在最高层的货架上，从而给顾客和对手造成一种货物储备非常充足的印象。此时，对手的轻信便会为家得宝带来打击对手信心、增强自己在对手眼中实力的优势。

独特的历史事件 某些特定的历史事件可能为企业带来运气，尤其是政治、经济和军事等国际事件。20世纪90年代初，CNN初试锋芒，业绩堪忧。当时，有谁会认为有24小时不间断报道新闻的必要？然而，一场海湾战争使CNN声名大振。CNN对战争的实时实地播报，使得全球的观众能像观看奥运会实况转播一样，耳闻目睹现代战争的真实进行。

对于驰骋于国际市场的企业，它们必须时常问自己如下问题：某个具体的国际大事对我们业务的长期影响是什么？机警地对宏观环境进行扫描

第七章
奇妙的钥匙：竞争优势的起因缘由

和分析能够帮助企业从似乎混杂的信号中发现规律、抓住机会。大型跨国企业通常也与各类专家保持积极的联系，利用他们的专长来帮助捕捉和解析全球动态和产业趋势。通过咨询专家，企业不仅能更好地预测和防范潜在的威胁，也能更好地增加自己走运的机会。

社会文化趋势变迁　　人乃社会动物。人们的行为方式与消费习惯将会受到他们所处环境下社会文化趋势及其变迁的重大影响。对于服务于这些消费者的各类企业而言，社会文化趋势的流行与变迁，既可以导致某些企业天时、地利、人和的优势，从而使之蒸蒸日上，亦可以造成其他企业的灰头土脸、不合时宜，并因此一蹶不振、奄奄一息。比如，耐克和阿迪达斯等知名运动品牌企业在全球健康风尚流行之际广受追捧。而以炸鸡出名的肯德基却被迫易名"KFC"，以免时刻提醒大家自己的深度油炸烹饪方法以及被归入所谓的"垃圾食品"之列。

显然，识别和预测社会文化趋势可以帮助企业为未来的走运做好准备。一些面向未来的消费者产品制造商持续地关注当代高中生的消费习惯和规律。这些即将步入成年的消费群体将是未来消费品市场的主力军。诚如俗语所说的那样，搞清楚大家都往哪儿去，在大家没到之前，提前在那儿等着，这可能是对"积极准备走运"的比较精彩的描绘了。这样的运气可以说是远见遇到机遇而变成现实。在不知情的旁观者眼里，赢者之取胜看似是幸运；对于知晓幕后故事者来说，赢者之取胜并不是一个完全随机的过程。

技术变化或技术革命　　技术变化通常是不连续的和革命性的。它重新定义企业知识和能力在下一轮竞争中的相关性。大英百科全书在数字时代到来之初的挫折足以证明技术革命对某项企业的杀伤性。而在这个故事里走运的一方是大英百科全书的挑战者——那些内容并不如大英百科全书权威，但先行利用了在线搜索和CD-ROM技术的替代品供应者。技术革命为挑战者带来了更多的机会选择，使它们能够跳过或绕过那些保护现有强势企业的、一度不可逾越的产业进入壁垒或移动壁垒，比如，大英百科全书强大、复杂和多渠道的销售队伍。

从竞争优势到卓越价值：
赢得持久超常经营绩效

在低矮树林里的一颗高树，由于能接触到更多的阳光和空气，可能由此初始运气而越长越高。但同时，它也可能在一场电闪雷鸣（一个完全革命性的技术变化）中，首先被击倒毙命。因此，可以说，运气是一把双刃剑。

顾客喜好和需求的改变 顾客喜好和需求会改变，企业的运气也会随之改变。20世纪初，美国汽车巨头福特公司的创始人老福特极端强调汽车研发与制造的总体效率与成本控制，因而福特公司只生产黑色轿车（因为据称黑漆干得最快，所以黑色轿车下线最快）。老福特声称："你可以选择你喜欢的任何颜色，只要它是黑色。"此时福特公司不可能也不愿意去满足顾客的多样化需要。随着市场的逐渐发展与成熟，顾客需求日益多样化。市场初期福特公司由于强调标准化带来的成本优势已经逐渐丧失。而通用汽车的多样化产品战略恰巧适应了顾客需求的改变。通用汽车趁此机会抢占了美国汽车业霸主地位，迄今为止仍然把福特公司甩在后面。

国王的宠幸不可当遗产来继承。

——西方谚语

海尔洗衣机被四川农民用来洗土豆的故事也说明了了解顾客习俗、喜好和需求的重要性。当海尔的维修服务人员了解到农民清洗土豆的需求后，海尔公司就对其洗衣机稍做改装，以适用于农民的特殊用途。顾客帮你创新，扩大产品的用途，对企业来说，应该是一种运气，而不是麻烦和噪声。对于那些希望走运的企业来说，在某种意义上，"理解客户"这样一个简单的、显而易见的要求或许怎么强调都不过分。

政府管制与松管 政府管制与松管通常会给不同企业带来不同的运气。有些跃跃欲试者伺机而入，有些不明就里者被扫地出局。比如，政府关于增强消防措施的强制要求自然会给消防器材销售商中信息灵通、眼疾

第七章
奇妙的钥匙：竞争优势的起因缘由

手快者带来好运。环保要求的提高自然也会给那些由于各种原因提前达标的企业带来好运，而给那些忽视环保而长期进行掠夺性经营的企业带来厄运——要么合规，要么倒闭。同样，政府管制的解除或放松也会产生运气和背运。比如，作为民营企业而成立的泰康人寿，便是在保险业监管相对宽松的关键节点上进入了寿险业务并迅速扩张。面对政府管制和松管，有些企业动了起来，有些企业无动于衷。一个企业当然需要运气和机会，但也需要内生的紧迫感和冲击力。失败的企业之所以失败，也许并不在于它们没有走运之良机，而在于它们对环境变化视而不见、无动于衷。

> 一场大风在吹，它要么赋予你想象力，要么使你头疼。
> ——叶卡捷琳娜大帝二世

倒下的竞争者 运气也可能来自竞争对手无可奈何地倒下，给站立者一线生机。一个市场上的两家巨头可能剑拔弩张、殊死搏斗。一方可能由于某种偶然的因素（比如关键人物暴病、传承不稳与恶性内斗）轰然坍塌，另一方便可不战而胜，顺势接管对手之失地并收编其人才。

圆梦者 一个企业可以从圆梦者那里获得竞争优势，比如急需的某种资源供应被人送到眼前，互补产品在最需要的时候及时出现，或是在单兵作战时突然出现合作伙伴。

> 鹬蚌相争，渔翁得利。
> ——中国谚语
>
> 两只狗争夺一根骨头，骨头被第三只狗抢走。
> ——西方谚语

很多时候，在商业竞争中，一个企业的问题往往会是另外一个企业问题的解答。解答寻求问题，问题等待机遇，机遇促进解答。要知道，一个幸运的机会并不一定就能为企业带来竞争优势。更重要的是抓住机会，通过更好的位置、资源和获取来增进该企业经营业务和为顾客提供价值的潜力。

> 通达世理的人调整自己去适应世界；不通达世理的人总是试图调整世界来顺应自己。因此，所有的进步取决于不通达世理的人。
>
> ——萧伯纳

竞争优势的内部起因："有用的杂草"和"地下工作者"

竞争优势可以产生于企业内自然的发现和自发的创造，比如通过基层自发的活动、地下运作和非正式项目等。这些活动会在明确的、公开的和正式的管理行为之外为企业提供某种额外的动力。企业是否能从"有用的杂草"和"地下工作者"活动中获得竞争优势，取决于多层面不同因素的组合。

大胆的实验者　首先，要容许（至少是默许）甚至明确地鼓励大胆的实验者和基层的主动性。鼓励大胆的实验者将会有助于主动自发的创新活动在基层不断产生。这些大胆的实验者是在组织中走在潮流前面的人，他们采取某种主动的姿态和行为去不断地尝试进取。这种行为所带来的潜在的创新很有可能对整个企业产生广泛而深远的影响，但至少在当时经常是独立于企业现有主导战略和标准操作规程之外的，与之不一致或不匹配。而通常情况下，这些基层的大胆实验者对于整个组织的运作流程和政治图景并非完全通晓，甚至对其重要性缺乏足够的认识。因此，他们的行为需要一定的容忍与保护。

笃诚的代言人　要想成功，"有用的杂草"和"地下工作者"需要代言人来支持他们的自发活动，为他们提供相应的资源，并在企业内外威胁他

第七章
奇妙的钥匙：竞争优势的起因缘由

们的生存和进程时充当保护伞。这些代言人通常是介于基层和最高层管理者之间的中高层管理人士。自发的活动往往是秘密的、相对孤立的、独立于正式体系和常规之外的，并且会很自然地招致企业内其他部门或者来自外部的不必要的注意、嫉妒、愤怒甚至憎恨。这时候，代言人的支持和保护有助于扩大基层自发活动的生存空间并提高其合法性。如此，中层管理人员的见识、能力和激励亦是不可或缺的。中层管理的挑战在于不断有意识地发现和倡导有价值的自发项目，并有效地将它们包装打扮、适时呈现，从而容易被企业上层精英和更广泛的群体与势力所接受，并且力争使得这些自发性的创新举措至少在表面上不与企业的主流实务与常规日程直接冲突。

创新的温床 一个企业可以通过有利于鼓励创新的组织结构和企业文化来获取竞争优势。对于企业战略和竞争优势负最终责任的战略管理者应该积极而有意识地创造一个宽松的组织环境，促使"有用的杂草"出台，帮助"地下工作者"获得动力。任何自发的活动最终必须通过组织阶梯和程序才能真正得到认可和实施。一个组织的现有结构通常是为执行现有的战略而设计制定的，并因此以现有的战略为准则过滤各种提案和活动。而"地下工作者"的活动通常具有新的战略指向。由此看来，一个有效地倡导"有用的杂草"和推进"地下工作者"的组织结构，将会在整个企业内对二者的潜在收益起到良好的促进作用。

另外，位居高层的战略管理者，也应该经常地主动寻求、倡导和促进值得提携的自发活动，使其作为特殊项目为企业服务，从而达到某些在现有正规组织中不太现实或不可想象的组织目的，促成某种创新企图的最终实现。但是，这些项目能否为企业带来竞争优势，则要看它们的创新能否得到有效的利用，是否具有市场前景。容忍并鼓励"有用的杂草"和"地下工作者"在企业中的一席之地，使之与企业现有主导战略一起，共同获取竞争优势，为顾客提供良好的价值，应该是战略管理者必须掌握的艺术。有鉴于此，高层管理者的远见和能力至关重要。他们要有开放的心态，重视自下而上的交流，允许企业战略受基层因素和自发活动的影响，并适时在企业全局内承认和推广已经被自发活动证明行之有效的技术和组织管理方面的创新。

本 章 结 语

本章旨在全面系统地考察竞争优势的起因缘由，涵盖企业内外各种因素，兼及运作与运气。这些竞争优势的起因缘由所涵盖的广泛因素是与具体的环境条件密不可分的。其中一些因素在某些情境下会非常突出和重要，而其他因素可能在别的情境下更为显要。"5C"框架注重阐释企业的管理举措与战略运作作为竞争优势来源的特点与可能性，分别聚焦于企业的创建与创新、竞争战略、合作战略、竞合战略以主要针对第三方的拉拢。在日益全球化的国际竞争中，战略管理者不仅要全面清楚地了解竞争优势的各类起因缘由，更应该学会把握各类起因缘由之间的复杂互动关系以及保持它们之间必要的平衡，比如竞争与合作之间的平衡、公平竞争与暗中拉拢之间的平衡、自我提升与创新之间的平衡，以及先机遏制与打击对手之间的平衡。这样，企业就可能会由于多种起因缘由的作用而拥有多种不同特色的竞争优势。

同时，本章也提供了一个关于运气的基本分类方法，并探讨了不同的运气对企业竞争优势的产生所起到的作用。我们把运气理解为随机因素和人为努力两方面因素碰撞的结果，从完全不以人的意志为转移的理想状态中的纯粹运气到内外互动的"有准备的运气"，再到人为因素作用更强的"有用的杂草"和"地下工作者"。基于主动积极的视角和方法，本着帮助战略管理实践者获取竞争优势的目的，我们对各种可能影响企业运气的外部环境源头和内部过程机制的阐述，更着眼于昭示企业去提升自我准备。如果将积极主动的视角和方法推向极致的话，运气，可以说是创造出来的。

第八章 变幻的历程：竞争优势的时间跨度

　　竞争优势的时间跨度涉及优势的萌发潜力与其实际出现之间的关系与时滞，以及出现之后可以持续存在和发生作用的期限长短。潜在竞争优势未必能够实际出现，实际出现的竞争优势也未必能够持久。如何最大限度地实现和保持竞争优势是战略管理的重大挑战。本章首先探究潜在优势与实际优势的区别、短期优势与持久优势的比较，然后用一个SECRET框架来勾勒竞争优势的生命周期及其相关的管理含义。竞争优势可持续性的挑战意味着对破坏和削弱竞争优势的各种势力和因素的防范和打击。因此，本章的重点在于系统地考量这些破坏性的势力和因素，包括企业内部的和外部的、自生的或有意的。无知、忽视、傲慢、自我膨胀、过分自信和判断失误等乃主要内部因素，环境变化、竞争模仿、竞争替代、对手破坏和运气不佳等为主要外部势力。对上述因素和势力之作用影响的考察可以帮助战略管理者更好地应对竞争优势可持续性的挑战。

竞争优势的生命周期有多长？什么情况下一个潜在的竞争优势会转变成实际的竞争优势？什么决定竞争优势的可持续性？这是企业管理者通常为之痴迷并焦虑的问题。

从竞争优势到卓越价值：
赢得持久超常经营绩效

潜在优势和实际优势

实际竞争优势指的是企业现有的、正在发挥作用的竞争优势。潜在竞争优势指的是一个企业正在积聚的、倾向于培植的优势，或企业内所储备的但还没有被开发利用（不管是不是有意识）、利用不够充分的或者错误利用的某种优势潜能。这个定义听起来好像不太直观。比如，通过承包政府的多种军事合同，美国休斯卫星公司在多年内积累了世界首屈一指的卫星技术。但是，在民用产品市场上，休斯卫星公司的这种技术优势只能是一种定义比较宽泛的、潜在的、尚待开发的优势。休斯卫星公司与RCA公司和索尼联合推出的DirecTV（付费卫星电视系统）项目才将这种潜在优势在民用电子产品市场上变成了实际优势。

当然，一个潜在的竞争优势也可能会夭折和损失。比如，施乐公司的帕洛阿尔托研究中心（Palo Alto Research Center，PARC）早年开发了GUI（图形用户界面）技术，可以为施乐进入PC行业提供良好契机和竞争优势。但由于施乐高管人员缺乏远见和对自己技术的理解和信心，反而采用了当时通用的、其他企业的更落后的技术。施乐最终"横尸"PC市场、未有建树。只可惜其巨大潜在优势丧失无遗，便宜了对其倾情学习和模仿的苹果公司，更间接便宜了后来的微软公司。

再比如，发明了医用CT（计算机断层扫描）仪器的EMI公司曾经在技术优势上一骑绝尘，为其服务的科学家也曾因与之相关的研究获得诺贝尔物理学奖。然而，不幸的是，由于缺乏制造和营销实力，尤其是缺乏对医疗器械市场渗透的位置优势基础，EMI公司在技术领域的巨大潜在竞争优势无法转换成在商业市场上的产品竞争优势。通用电气和东芝等作为这一市场上的后来者，则拥有强大的营销队伍并深谙医疗器械市场的竞争诀窍，反而后来居上，占领并瓜分了该市场。

许多创业者或者成熟企业的业务创新经常面临功亏一篑的险境：可能

第八章
变幻的历程：竞争优势的时间跨度

在最关键的研发阶段缺乏足够的资金支持，可能因政府管制而暂停甚至永远搁置某项商业潜力巨大的研究，可能一项应用前景广阔的技术缺乏与之配套的技术、组织体系或者生态环境，诸如此类。毕竟，在商业竞争中，成功是小概率事件。虽然运作与运气偶尔使某些企业享有竞争优势和超常经营绩效，但将竞争优势和超常经营绩效长期保持下去则是更加小概率的事件。

短期优势和持久优势

短期优势指的是时间跨度短、暂时性的、过渡性的、不可持续的竞争优势。持久优势指的是时间跨度长、不可能被对手轻易模仿和抵消的优势。比如，当年美国航空公司（American Airlines）首先推出的 SABRE 计算机航空订票系统。在推出之初，它为美国航空公司在航班席位利用等运行方面带来了很大的优势。但是，这种系统很快就会被别人模仿，因此，它带来的优势是短期的。相反，持久竞争优势则能够经得住时间和各种模仿与替代企图的考验。比如，可口可乐公司持续达一个世纪的品牌优势常为大家羡慕。

一方面，持久优势可以是某种具体的优势历久不衰，比如戴比尔斯（De Beers）公司一个多世纪以来对世界钻石市场的垄断和操纵；另一方面，持久优势也可以是由一系列的短期优势前后继起的积累结果。比如，英特尔在 PC 时代的 CPU（中央处理器）芯片市场上 40 年左右的领先地位，便是由不断的产品更新换代来保持的：286、386、486；奔腾Ⅰ、奔腾Ⅱ、奔腾Ⅲ、奔腾Ⅳ；双核、四核、六核、八核等。每个阶段，英特尔都造就和利用了它的短期优势。在被对手赶上或追近之前，它又推出了新一代的产品，再一次把对手甩在后面，使之继续追赶。

优势持续的对立面是衰亡。对竞争优势持久性的追求，就意味着与那些导致其衰退消亡的因素进行战斗。然而，实际情况是，不管怎样努力，只有很少的优势能够持久,大多数优势转瞬即逝。如果所有的优势最后终将衰亡,那么与其孤注一掷地把"宝"押在某个具体的竞争优势上,不如大力开发多种潜在优势,以备长期之需。当然,企业也不能盲目地满地撒种、过分地分散实力。

竞争优势的生命周期:SECRET 框架

根据以上关于时间跨度的讨论,针对一个具体竞争优势的演进阶段以及企业的相关应对行为,我们可以用一个 SECRET 框架来勾勒竞争优势的生命周期:从潜在阶段到实际出现和存在,从短期存在并暂时作用到长期存在并持久作用,直到优势的终结退场、消耗殆尽,或者由于游戏本身的改变而变得不再具有实际意义。其具体的阶段包括求索(Searching)与萌发(Emerging)、捕捉(Capturing)与实现(Realizing)、增强(Enhancing)与终止(Terminating)。参见图 8.1。

在上一章我们曾经粗略地把竞争优势的起因缘由归结为运作和运气两大类,并详细探讨了二者的独立功用以及交互效应。可以想见,竞争优势的出现和存续及其作用影响在很大程度上是主动谋求与自然涌现这两种潮流的交汇,是运作和运气共同的结晶。在竞争优势的萌芽阶段,既有某些企业里富有远见和使命感的管理者有意的搜寻与求索,也有新兴潮流与势力对不同的搜寻者或者自发尝试者有选择的青睐所产生的运气。有了潜在的竞争优势,企业通常会大举行动,积极培育和促成这些优势的实际产生。有时管理者可能停停走走、伺机而行,希望顺水推舟、水到渠成。这是因为,管理者注定要面临不确定性。有些潜在优势可能意识不到,或者不符合当下的规划与预期。一旦潜在优势变成了实际优势,企业通常要着力考量其可持续性,要么增强保护、以期持久,要么终止其生命历程,或主动放弃、顾全大局,或无可奈何、流水花去。我们不妨看看全球最大零售商沃尔玛的店铺地点优势。

第八章
变幻的历程：竞争优势的时间跨度

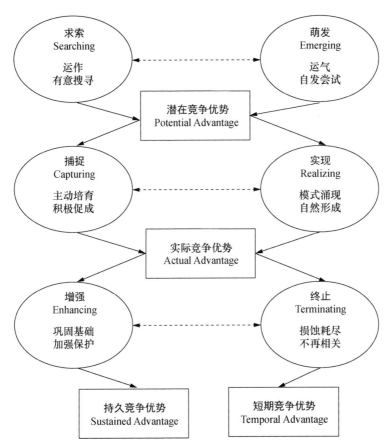

图 8.1 SECRET 框架：竞争优势的生命周期

求索与萌发

在第二次世界大战后的创业初期，沃尔玛创始人沃顿之所以选择零售业，是因为个人兴趣和经历以及对该行业前景的良好预期；之所以选择以农村为起点，只是因为其太太不愿意到大城市生活。这完全是出于个人原因的选择而不是取决于严谨的商业分析。而随着在某些中小城镇的折扣店的初步成功，沃顿则开始系统地梳理偶然在农村起家而积累的经验，从而企图系统地在美国各地大规模地复制。沃尔玛寻找那些人口数千人的城镇：消费者数量足够大，大到可以支撑一个有规模的折扣店；同时又足够小，小到难以容纳第二个有规模的折扣店有利润地生存。如果沃尔玛能够快速进入这样的市场并做得足够好，后来的进入者便很难再有立足之地，从而使得沃尔玛在该地点成为事实上的垄断经营者。这种先行抢占店铺地点的优势潜力巨大。看到的人也许不少，但真正意识到其潜力的恐怕不多，而已经成功试水并准备大举复制的可能仅此一家。

捕捉与实现

有了潜在的竞争优势，下一步便是尽力地充分捕捉或者根据潮流顺势而为，从而促成其实现，使之成为实际存在并作用明显的竞争优势。运气与求索的互动使得沃尔玛面对一个爆炸性增长的天赐良机。那些符合其开店地址选择标准的美国类似的小城镇，便成为沃尔玛大肆扩张的根据地。数十年一路走来，沃尔玛对美国小城镇市场进行了地毯式的轰炸。几千家沃尔玛折扣店可以说迅速地涵盖了目标市场，形成了不折不扣的实际竞争优势并有效地遏制了竞争对手的进入与挑衅。据一项20世纪末的测算，与那些必须近距离面对竞争对手的沃尔玛店铺相比，那些附近没有直接竞争对手出现的沃尔玛店铺的定价通常会高出7%。而沃尔玛早期占据的地点大多具有较高的垄断性，可以说是充分地享有了地点优势的益处。

增强与终止

从1962年到20世纪80年代，沃尔玛对符合自己选址定位的美国所有类似城镇进行了饱和性占领。这种大规模资源承诺不仅促进了自身运作效率的提高和经验的积累，同时也对竞争对手释放出了强烈的信号：零打碎敲的游击骚扰无法撼动沃尔玛在店铺地址上的先动优势与遏制效应；如欲全线进入注定也要面临极高的风险，因为你是要从一个已经站稳脚跟的对手嘴里夺食，必须仔细想一想自己到底有哪些方面能够做到让顾客转换

第八章
变幻的历程：竞争优势的时间跨度

到你的买卖上来。饱和性的覆盖也给沃尔玛在仓储和物流方面带来了极大便利。自建仓储与物流的优势与其地点优势动静互补、相得益彰。为了尽量维持其地点优势，沃尔玛也不断放宽其选址准则，根据人口密度和增长率来投放不同大小和特色的店铺方案。

当然，所有的优势都有消失和终止的时候，有时候是因为被竞争对手赶上，有时候是被企业自己主动放弃，还有些时候则因游戏的转变而变得不再具有相关性。当沃尔玛几乎穷尽所有农村城镇市场之后，在那一区域的进一步扩张就可能进入规模不经济的阶段。于是，在"农村包围城市"之后，为了寻求新的扩张机会，沃尔玛开始进军城市市场。原来的店铺地址优势在城市市场中便不再具有很大的相关性。网络时代，面临电商冲击，沃尔玛必须拥抱挑战。如果沃尔玛不参与电商经营，而是顽固地固守线下经营，估计无人会否认其实体店地址上的竞争优势，但至少在早期与电商竞争之际，这种优势可能也是不再相关，而对其痴迷固守或许可能会导致其倒闭关张。好在沃尔玛的电商业务亦是风生水起，好在如今全渠道零售的风潮使得线上线下的融合成为必须。如此，沃尔玛的地点优势或许再次变得令人羡慕不已。

竞争优势的衰落乃是常态

从20世纪80年代风靡一时的《追求卓越》到20世纪90年代声名鹊起的《基业长青》，直至21世纪初极为流行的《从优秀到卓越》等，商业畅销书为各个时代引领潮流、尽显风骚的企业大唱赞歌、推崇备至，帮助造就了无数成功神话和诸多的时髦术语，为企业家向竞争优势的虔诚"朝圣"之旅不断提供最新、最权威版本的必备地图和捷径指南。

然而，少则十年，多则廿载，当年那些备受景仰的企业中很多都已经在挣扎，长青者的竞争优势也可能会消耗殆尽。究竟是环境变化作祟，还是不幸厄运为怪？是否这些企业的自身行为和举措导致它们作别辉煌、风

从竞争优势到卓越价值：
赢得持久超常经营绩效

光不再？简言之，是什么力量和因素摧毁了原来强势企业的竞争优势？抑或可以追问，这些企业是如何失去它们昔日的竞争优势的？对于这些问题，商业畅销书往往三缄其口、沉默寡言。

同样，在战略管理文献中，竞争优势的获取和起因已经从多个视角被研究考察；而竞争优势的衰退消亡则鲜有问津，理论框架和实证工作相对匮乏。这种不足正是本章期望有所贡献之处。由于对于这一重要课题的研究尚为有限，本章的探讨和努力或许会具有一定的理论意义和实践价值。

战略管理者对持久竞争优势有着近乎疯狂的渴望和憧憬。而研究竞争优势的持久性，就必须研究竞争优势如何衰退消亡。竞争优势持久性的挑战就是避免和减缓竞争优势的衰退消亡。因此，研究竞争优势的衰退消亡其实就是为了更好地应对竞争优势可持续性的挑战。尤其值得一提的是，虽然竞争优势的起因在很大程度上决定了其可持续性，但影响竞争优势产生的起因缘由和导致竞争优势衰退消亡的势力与因素并不完全相同，甚至可能非常不同。比如，由自己创新获得的竞争优势可能会由于对手的迅速模仿而很快消失。因此，在应对竞争优势可持续性的挑战时，战略管理者必须对导致竞争优势衰退消亡的势力和因素做出专门的探讨和考量。

或单独作用或共同影响，多种势力和因素可以导致强势企业竞争优势的衰退和消亡。正如企业竞争优势的起因有企业内部的也有企业外部的，促使竞争优势衰退消亡的势力和因素也可以是企业外部的或者企业内部的（参见表8.1）。同样，这些势力和因素可以是随机的，也可以是有预谋的。出于分析方便的考虑，我们将首先对这些势力和因素逐类进行单独和深入的讨论。然后，我们试图探讨这些势力与因素之间可能的关系和互动模式，从而对竞争优势衰退消亡的整体现象做更全面清晰的考察和把握。

第八章
变幻的历程：竞争优势的时间跨度

表 8.1　可持续性的挑战：导致竞争优势衰退消亡的势力和因素

内部因素	外部势力
管理者的无知：概不知情	竞争者的模仿
管理者的疏忽：视而不见	竞争者的替代
管理者的傲慢：漠不关心	对手的破坏
管理者的失算：拒绝欣赏和轻易放弃	环境的变化

竞争优势可持续性的内部挑战

管理者的无知

企业往往由于对自己竞争优势的无知（Ignorance）而导致其优势的丧失。也就是说，一个企业的管理者很可能并不明白企业的竞争优势所在，故而任其自然流失衰亡。企业中的某些资源与能力之所以独特和有价值，恰恰在于它们的社会复杂性和因果模糊性，比如企业文化。如此说来，那些拥有这些支持可持续竞争优势的资源与能力的企业，可能连它们自己的管理者也很难说清楚企业的优势到底在哪里。这样，他们很可能对这些独特的资源一无所知，甚至错误地把它们带来的竞争优势和优良绩效当做管理者自己的经营之功。

比如，雇用个人素质较高但与本企业文化不相融合或与同仁关系僵化的人员会对公司的氛围产生不利影响，挫伤员工的积极性。再比如，一个精工制造企业为了减低成本，迁厂到费用较低的边远地区。这样就会造成主要技术人员的流失。后来，企业才发现，一个稳定高效敬业的技术员工队伍才是企业真正的竞争优势。著名的霍桑实验早就表明员工之间的关系和所在团队的士气有时可能比工作环境和技术因素更影响生产率。

在进行企业兼并和并购时，大多数企业只考虑兼并对象在经济上和技术上的潜在协同作用或范围经济，而往往忽略了两个企业间文化的契合与否。收购案往往由于两个企业的文化冲突导致双方最终不欢而散。管理者的无知也会导致企业对潜在滋生的外部威胁视而不见或者使企业盲目行动,招致意想不到的负面影响和后果,比如对手的强烈反击、第三方利益集团的反对、顾客的法律诉讼和社区的反目等。

"知己知彼,百战不殆。"在现代商业竞争中,企业往往容易把目光放在对手身上,去琢磨对手、学习对手,反倒不容易清醒地审视自身的实力。因此,毋庸讳言,管理者在知彼的同时也要注重知己,时常进行内部资源与能力审计,明确自己的长处与缺点。简言之,管理者要清楚地知道企业的竞争优势。无知是要付出沉重代价的。

管理者的疏忽

管理者的疏忽(Negligence)可以导致企业运行中错误和偏差的积累以及相应纠偏措施的延误和执行不力,从而造成企业竞争优势的丧失。比如,21世纪初英国著名的投资银行巴林银行的一名投资业务员采用自欺欺人的交易手段来增进自己的账面工作绩效。由于管理者的疏忽和监察督导系统的失效,该业务员的错误行径长期未被发觉,致使该投资银行发生巨额亏损、元气大伤。这种内部失误往往比竞争对手的威胁更具破坏力,因为在竞争中企业往往对竞争对手的言行比较警觉和在意,对于自身的偏差则往往估计过低。

> 上帝为我防备我的朋友;我自己能够防备我的敌人。
> ——**17 世纪西方谚语**
>
> 后院失火。家贼难防。
> ——**中国俗语**

一个企业的高层管理团队可能大概知晓企业自身的竞争优势和它背后

第八章
变幻的历程：竞争优势的时间跨度

的资源与要素。但是，他们可能并没有足够的警觉和能动意识来将这些优势资源与要素迅速准确地应用到多变的市场机会中去。最大的疏忽莫过于将这些优势背后的资源拱手让与别人。即使是那些具有较强创新能力的企业，如果它们对"有用的杂草"和"地下工作者"等基层创新行为缺乏理解、支持和奖赏，亦会导致某些企业竞争优势的丧失。

管理者的傲慢

傲慢在成功的管理者身上应该说是屡见不鲜。当某些企业家或管理者稍有成就之时，他们往往会认为成功完全靠自己的努力，将自己的成功秘诀应用到另外一个行业也会同样成功和精彩。于是，在他们的言谈中，祈使句的应用逐渐频繁，以"我"开头的句式不断增多。管理者的自满与傲慢导致企业管理的"盲区"，使管理层对环境中的某些威胁视而不见或者置若罔闻。而这些"盲区"使得企业在应对攻击之时显得极为被动和不利。君不见，从芝加哥公牛队冠军生涯出走的篮球巨星迈克尔·乔丹，在转到阿拉巴马某三流棒球队寻梦的时候，是多么名副其实的"三流"。美术学院并不会因为某个学生唱歌唱得好就给其优秀毕业生的荣誉。同样，制药厂并不一定"玩儿得转"房地产业。企业经商能赚到大钱，并不一定办得好大学或者幼儿园。

> 成功并不招致成功。成功招致失败，因为你对某种成功之道知道得越多，你就越不会去想它失败的可能。当你长期持续胜利之时，你很难预见自己的弱点。
> ——莱斯利·韦克斯纳（Leslie Wexner），Limited 服装公司前 CEO

成功的企业往往尊崇自己特定的行为范式。而这种范式所产生的"盲区"只有在危机时刻才会暴露出来并得到重视。强势企业的成功以及其

从竞争优势到卓越价值：
赢得持久超常经营绩效

管理者的傲慢常常使它们产生无往而不胜的幻觉：过去可行的将来肯定可行，它们会从胜利走向胜利。因此，它们蔑视对手，嘲笑它们的存在。这也在无形中给那些暂时弱小的对手和未来挑战者提供了从容发展和不断试验的良好空间，直到这些挑战者发展壮大到无法控制、无法抗衡、无法应对。当年本田摩托车进入美国市场时，哈利·戴维森（Harley Davidson）等一些老牌劲旅视之如玩具，根本不把它当做对手。事实证明，对挑战者的轻视通常是强势企业最大的傲慢与偏见。傲慢与偏见是要付出代价，甚至是沉重代价的——轻则引狼入室，重则被扫地出门。

管理者的失算

企业的竞争优势也可以由于自身有意的行为或深思熟虑的行动而被破坏，甚至消失。至少两种行为可以这样破坏竞争优势：企业不完全欣赏现有竞争优势或者不想要某种竞争优势，或者二者兼而有之。

一个企业可能会因为不能正确地估量和欣赏某种竞争优势而轻易放弃之。与完全的无知和疏忽不同，这种放弃通常是经过分析和考虑的。但管理判断的困难恰恰在于无法在事前获取完全的信息，从而排除所有的不确定性。比如，上海家化的美加净品牌曾是中国轻工业的一面旗帜，曾红遍中国大江南北。然而在洋品牌抢滩中国市场之初，生产美加净的企业由外资收购。外资管理层并没有意识到美加净的品牌优势，而是全面推出洋品牌，以后者为主打产品。而事实是，洋品牌并没有想象中那么具有号召力，而被转让到某个小企业的美加净商标则在中低端市场上风采不减当年。最后该外资企业不得不以重金购回美加净商标的使用权。

同样，对自身品牌的缺乏欣赏抑或定位失误也会导致企业竞争优势的丧失。比如，丽诗加邦曾经是美国职业女性所钟爱的靓丽时尚服装品牌，这一准确定位使之在该细分市场风头尽展、人气旺盛。为了快速发展，该企业采用多样化的战略，将产品延展至包括男装在内的形形色色的服装细分市场，原来的精细设计和准确定位被稀释。当人们看到加大

第八章
变幻的历程：竞争优势的时间跨度

号的丽诗加邦服装在沃尔玛等折扣店廉价出售时，该品牌的形象与"靓丽时尚"早已不再匹配。塞翁失马，焉知非福。舍精求大，此消彼长。丽诗加邦最终放弃了专营细分市场战略，而求取全面快速增长，成为一个拥有多种品牌和客户对象的大型服装企业。然而，命运多舛，好景不长。如今该品牌不过是 Kate & Spade 时装公司的一个了无生气的业务分支而已。

竞争优势可持续性的外部挑战

竞争者的模仿

来自竞争对手的模仿是削弱先锋企业竞争优势的一大杀手。模仿可以缩小先锋企业和后动模仿企业之间在技术、产品和成本等方面的差距，从而削弱先锋企业的竞争优势。虽然英特尔发明了 PC 记忆储存装置，但日本企业的快速模仿使英特尔的竞争优势消亡殆尽，不得不主动出局、另谋生路。苹果电脑的用户亲和力来自对施乐图形用户界面技术的模仿。而微软的进一步模仿使图形用户界面最终成为公认的产业标准，大大地抵消了苹果在此领域的先动优势。

当然，模仿也可能成为战略性自杀，因为模仿者通常在被模仿者的强项和主场作战。至少在某些情况下，被模仿者的资源优势和位置优势可能完全不可抵挡。然而，在大多数情况下，即使模仿者不可能赶超先锋企业，它们仍然可能在极大程度上削弱先锋企业的竞争优势，甚至可以后来居上。比如，一直以模仿著称的三星电子在很多技术和产品领域早已赶超老牌劲旅索尼和飞利浦，在电视机和智能手机等多项业务上居全球首位。

在其掌门人陈东升的"找全世界最好的葫芦，比着画瓢"的口号感召下，泰康人寿保险公司的"快速模仿"战略（比国内对手更快地学习西方成功企业的经验），正帮助泰康攻城略地、赶优超强。千万不要小看谦逊的模仿者。模仿是最好的恭维，模仿也是最具杀伤力的"糖衣炮弹"。例如，当年 IBM 纵容 IBM PC 兼容机的发展，希望这些模仿者的客户终将升级成为高端 IBM PC 的客户。结果是，模仿者如康柏和戴尔的产品大行其道，IBM 的 PC 梦想最终破灭。

竞争者的替代

竞争对手的替代行为可以发生在产品层面，也可以发生在技术层面。首先，对手可以通过提供替代产品来抵消某个企业的产品优势。这些替代产品的质量和功能足以追赶或超过现有产品，或者能够使现有产品的独特性化为泡影。其次，一个新兴企业可以通过技术替代来超越或绕过那些保护现有强势企业的技术优势和进入壁垒。而在没有革命性的技术创新出现（从而使技术替代成为可能）时，这些现有企业享有的技术优势和进入壁垒通常是新兴企业无论怎样努力都难以突破的。

网络时代使电子商务成为可能。亚马逊（Amazon）网上书城对传统的图书零售企业博德斯书店（Borders）和巴诺公司（Barnes & Noble）的替代性竞争，无论在技术支持、书目总数还是在客户界面等方面都更具有优势。通过先动为主和不断改善提高电子商务的经营和操作能力，亚马逊后来居上，在很大程度上改变了美国和英国等国家民众的购书习惯，成为他们购书的首选途径。如果没有足够的规模，传统的以店面为基础的图书零售企业将很难在现实中生存。

竞争性替代通常比直接的竞争性模仿更加难以察觉和发现。模仿一般发生在强势企业的"家门口"和主导市场。而替代则通常发生在强势企业的相邻业务和相近市场，并不在强势企业的"环境监测雷达"的正常工作范围之内。现有强势企业很难在早期就清楚地甄别出那些潜在威胁较大的竞争性替代者，因为这些替代者的初始姿态可能并不具有很大的或者直接的威胁性。在整个业务的竞争图景中，它们比较倾向于首先进入的阵地往往是那些现有强势企业的意识盲区。直接的竞争性模仿会减小现有强

第八章
变幻的历程：竞争优势的时间跨度

势企业的活动空间，侵蚀它们的竞争优势。替代性竞争则可能在不动声色中移山填海、改天换地。它们使现有强势企业喜好的游戏变得无关痛痒，使其原有的竞争优势成为明日黄花。

对手的破坏

对手的破坏指的是竞争对手为摧毁和削弱某个强势企业的竞争优势而进行的蓄意刁难、野蛮攻忓和恶意中伤。这些活动通常超出了正常公平竞争的范围，可能具有道德嫌疑，甚至游走于法律边缘。更有甚者，由对手破坏而引发的法律纠纷和公关灾难足以使那些被破坏企业之竞争优势大打折扣。

知识密集型企业，比如制药厂家和软件开发公司等，每天都面临专利侵权和其他知识产权受侵犯的威胁。"道高一尺，魔高一丈。"身在明处的强势先锋企业可以想尽办法保护其知识产权，而躲在暗处的破坏者则有更多的办法火中取栗、伺机侵犯。不难想象，一个备受欢迎的名牌产品可能在很短的时期内因恶意假冒者的破坏而迅速变得人气凋零。

同样，违反行业规范的恶性竞争，不管道德与否，都会对强势企业的竞争优势构成威胁。比如，印度制药企业西普拉（Cipla）推出了有助于治疗艾滋病的非品牌基础药物并以每位患者每年350美元的价格出售。而如果使用发明这种药物的先锋强势企业如百时美施贵宝（Bristol-Myers Squibb）和葛兰素史克（GlaxoSmithKline）的同等功效的品牌药品，则每位患者每年要花费15 000美元。对于贫穷国家的艾滋病患者而言，这种小企业的"破坏"活动无疑是一大福音；而对于那些斥巨资进行前期研发的大厂商而言，这种破坏行规的颠覆无异于釜底抽薪、杀鸡取卵。

为保护自身的竞争优势，强势企业应该对其对手的破坏采取主动防范和应对的姿态。这就要求企业准确可靠地预见对手可能采取的所有行动，包括正常的竞争手段和暗中的破坏措施。与对手的积极合作和互不侵犯约定可以降低恶意竞争和破坏的可能性。比如，为了增加在异国市场的亲和力，跨国公司在印度和中国等大市场与当地企业和对手主动合作、增进了解、加强沟通、促进本土化进程，以减少破坏，增进融合。

环境的变化

环境的变化可以在骤然间粉碎某些企业的竞争优势。具体而言，社会文化趋势的改变、技术突飞猛进的发展、政府法规与管制政策的松紧变化都会削弱甚至完全取消某些企业的竞争优势。首先，社会文化趋势的变化会改变消费者的喜好和对不同企业产品的认知和心理定位。比如，在健康风潮席卷下的中国消费品市场上，由于生活水平的提高，人们更加青睐所谓"绿色""环保""纯天然"的产品。这就给凭空制造新品牌带来了无限商机。而那些质量优异但不善于贴"新文化"标签的企业则茫然不知所措，顾客稀疏、品牌飘忽。然而，潮流之所以成为潮流，就在于它在到来之时锐不可当。一个反潮流的企业需要大勇气和大耐心。一个经历多种社会文化趋势变迁而竞争优势无损的企业，才是真正有实力的企业。

还有，政府规章的制定和改变也会对某些企业的竞争优势造成冲击。美国烟草业的巨头自20世纪60年代以来，屡屡遭受政府管制的打压。同样，自20世纪80年代以来美国对商业银行的政府管制放松导致了大规模的兼并风潮，使得原来独霸一方的地区性银行优势锐减，既缺乏全国性银行的规模和品牌，又缺乏地方性小银行的灵活性与亲和力。

再有，技术的发展与更新，比如信息技术的长足进步，对企业的影响也会是非对称性的，从而导致某些企业的优势增长，另外一些企业的优势丧失。在数字信息时代到来之前，很难想象有人能够编辑出版美国所有电话号码的总目录。因为这个目录如果用一般出版物纸张印刷的话，可能厚达若干层楼那么高。而各地的电话公司对客户号码信息则是严加看管，因为号码查询收费甚高，乃其一大利润来源。因此，电话公司也没有激励去使号码查询变得更公开、容易。

数字信息时代的到来使得高容量的信息储存和检索成为可能。美国一

第八章
变幻的历程：竞争优势的时间跨度

位企业家创建了 Pro CD，到中国的某所大学廉价雇用学生劳力将美国各地的电话号码人工录入计算机中并进行处理，编制出美国最早的具有检索功能的全国电话号码册之一，以 CD-ROM 形式出版销售，大受欢迎。此后，各种在线电话号码查询业务也风生水起。传统的电话公司在此业务上的垄断地位早已日薄西山。

环境的变化通常重新界定一个产业或市场中不同企业的资源与能力在新一轮竞争中的相关性和有效性。这种变化可以在现有强势企业最意想不到的地方形成威胁。一般或宏观环境中的因素和势力，比如政治运动、文化变迁、技术革命等，可以从根本上动摇和颠覆现有强势企业的竞争优势基础。而这些因素和势力并不是由竞争性模仿者和替代者发起的。因此，它们更难预测和把握，对战略管理者的挑战也愈发严峻。

当然，环境的变化也可以表现为某些企业惨遭厄运，甚至遭受灭顶之灾。比如，禽流感给"我们做鸡最拿手"的肯德基当头一棒，口蹄疫使北美的牛肉生产加工出口基地深受打击。如何在意外事件（比如厄运和破坏）中减少企业竞争优势的丧失和削弱，应该是企业危机管理的一大功课。

源源不断的多重挑战与曾经优势者的无奈

概而言之，强势优胜企业失身落马，在竞争优势可持续性的挑战中落败，这种现象在很多行业和市场中都是非常普遍的。昔日赢家得以基业长青者甚少；多数泯然如众，少数偃旗息鼓，某些垂死挣扎。拥有可持续竞争优势并实现持久超常经营绩效自是极其不易。比如，在智能手机行业，曾经名噪一时、傲视天下的诺基亚顷刻间"樯橹灰飞烟灭"；摩托罗拉现在也基本上销声匿迹；在竞争不断加剧而且同质化压力愈演愈烈之际，曾以工匠精神著称的小众精品品牌魅族亦是风雨飘摇、举步维艰。究其原因，到底是管理者的固执与误判、组织的缺乏应变，还是市场的无情、对手的快进？挑战往往是多重的，而且永不停歇。

市场经济令人窒息和恐惧的最重要原因就在于它永无休止。
——乔治·舒尔茨（George Shultz），美国前国务卿，斯坦福大学胡佛研究院研究员

英特尔前总裁安迪·格鲁夫（Andy Grove）曾声称"只有惶惶不可终日者才能生存"。CNN老板特德·特纳（Ted Turner）则相信"或许保持安全的唯一手段就是永远不要感到安全"。美国著名哲学家和散文家爱默生（Ralph Waldo Emerson）很久前的一句名言却道出了一个无奈但又令人信服的事实："任何一个英雄最终都会变成令人厌烦的家伙。"当然，只不过是有些快点，有些慢点。要求成功的领袖去主动防范自满、时刻警觉威胁也许是违反人的自然本性的。对于沐浴在成功中的企业家和管理者来说，傲慢与自满似乎显得如此天经地义、顺乎自然。然而，我们还是衷心地希望，对陷阱和挑战的清楚明了可以使某些英雄当得更长久一些。

本 章 结 语

本章专注于探究竞争优势的时间跨度。我们首先比较潜在优势与实际优势的区别，而后对比短期优势与持久优势的特点，然后聚焦于对竞争优势可持续性的探讨。我们重点揭示了一系列导致竞争优势丧失和削弱的企业内部因素和外部势力，系统阐述了许多昔日的强势企业或优胜企业不能够保持其竞争优势持久性的根本原因，颇具现实的和深远的警示意义。企业内部的原因包括管理者的无知、疏忽、傲慢与失算。外部的原因包括对手的模仿、替代、破坏以及各种外在的厄运。在商业游戏中，企业有输有

第八章
变幻的历程：竞争优势的时间跨度

赢，领军者来去匆匆。不像体育竞争，丙级队也能每年联赛一次，在商业游戏中，没有永远的丙级队。残酷的竞争难以容忍永远的平庸。对于没有过多奢侈的机会去尝试从失败中学习和改进的CEO来说，没有竞争优势的时候，他们梦想拥有竞争优势；拥有竞争优势时，他们害怕失去竞争优势，因此渴望更多的竞争优势。洞悉竞争优势的起因、通晓竞争优势可持续性的内外挑战，将有助于企业管理者在其管理实践中构建和保持其所执掌企业的竞争优势。

第二部分
竞争优势集合：STAR分析框架

在一个特定的时期内,一个企业可能在某个特定的竞争维度上强于所有对手,也可能在几乎所有关键竞争维度上都强于某个特定的对手,但不可能在长时期内在所有方面都强于所有对手。一个较为实际的目标,便是极力争取在大多数时候在大多数维度上强于大多数竞争对手。这就需要把企业看成一个多种竞争优势的集合。优秀的企业之所以优秀,原因往往在于它们知道如何培育和管理企业的优势集合,如何同时在企业经营运作的多方面表现得出类拔萃、独领风骚,并不断创新、与时俱进。如此,以竞争优势为本位的企业观将企业看做一个多元的、动态演化的优势集合。也就是说,企业是一个取胜的载体。

为帮助企业系统地了解如何驾驭竞争优势并取胜,本书的第二部分呈示了一个 STAR 分析框架,力图比较具体地描述和捕捉企业竞争优势集合的主要构成部分和它的发展动态。竞争优势形形色色、来来走走。竞争优势集合的构成随着时间的推移而改变:旧有优势衰减、新发优势萌生、现有优势互动。每个企业的优势集合都有自己独特的结构和演化动态。但竞争优势集合的构成和演化也具有某些共性。分析企业竞争优势集合的演化能使我们观察和把握竞争优势的行踪和走势:竞争优势如何产生、持续和消失?竞争优势之间如何互动,比如互补和替代?竞争优势集合本身如何更新和发展?这些变化如何影响企业的经营绩效?这种一般性的把握能够有效地帮助战略管理者应对管理企业竞争优势集合上的具体挑战。

一个典型的竞争优势集合主要由主导优势(Dominant Advantage)和辅助优势(Supporting Advantage)构成,参见图Ⅱ.1。主导优势是竞争优势集合的核心部分以及企业存在的根本基础;辅助优势使整个集合更加全面、完善和有效。某些竞争优势之间具有互补关系,可以相互放大;某些竞争优势互相冲突,需要取舍替代。努力使现有竞争优势延续持久固然重要,不断创建添续新的竞争优势亦是势在必行。战略管理者的核心任务就

第二部分
竞争优势集合：STAR 分析框架

在于保持不同竞争优势之间的健康互动和动态平衡，并根据环境、竞争对手、顾客群体以及企业自身的变化对整个竞争优势集合及时做出调整更新。下面，我们首先分别讨论主导优势和辅助优势在竞争优势集合中的不同角色，然后简要介绍 STAR 分析框架：竞争优势的持久（Sustaining）、取舍（Trade-off）、放大（Amplification）与更新（Renewal）。

图 II.1　STAR 框架：竞争优势集合的管理

主导优势展示企业的核心目标和自我认知。例如肯德基的"我们做鸡最拿手"，这种企业宣传口号强烈地传递出一种信息：明确的市场定位和业务核心以及清楚的自我认知和企业形象。它告诉消费者企业的主要优点和独特之处。有了明确的定位和主导优势，肯德基又不断建立各类辅助优势（或者说支持优势）来支持企业的定位和主导优势。比如，方便的营业地点、整洁明亮的店面（尤其是在中国市场）、快速高效的服务等方面都可能是凸显辅助优势的地方。同样，佳能的主导优势是图像处理能力，它的辅助优势则表现在品牌营销实力和高端零部件制造工艺过程等。一般而言，主导优势的可持续性较强，这样可以帮助企业巩固自我认知和强化核心目标。辅助优势则通常容易经历调整和变化。长期而言，主导优势也会衰退、削弱和消亡。企业在不同时期依靠的主导优势也会有所转移与变迁。

竞争优势的持久，一般可以通过两种基本方式来获得。第一种方式，

从竞争优势到卓越价值：
赢得持久超常经营绩效

是依赖独特的资源与能力或可防御的强势市场定位，从而全力阻止和惩罚竞争性模仿与替代。这种方法多多少少表现出企业企图一劳永逸的思想动机。第二种方式则取决于不断创新，并通过创造一系列前后交替继起的短期竞争优势从而达到企业总体优势的长期持久，尤其是在你死我活的所谓超级竞争环境下。另外，恰如本书第八章所总结的，竞争优势的持久更在于对企业内外抵消和破坏竞争优势的各种势力的抗衡。

一个企业的竞争优势集合中，可能同时存在互相矛盾和冲突的竞争优势，或存在现有优势和潜在优势的冲突、自有优势和外借虚拟优势的冲突、同质化优势与异质化优势的比较。战略管理者需要从长计议、善断取舍。在一个动态演化的竞争优势集合里，相互冲突的竞争优势通常也会争抢主导优势的地位，给战略管理者制造难题。不加分析地将某种一时的主导竞争优势僵硬地制度化，尤其是在它的存在理由已经消失或不充分的情况下仍然将其奉为圭臬，这种做法显然是不幸的。

一个主导竞争优势可以通过一个互补优势得到放大，甚至是通过借来的虚拟优势得到放大。不同的辅助优势之间也可以通过互相激发与互补来得到放大。比如，沃尔玛的店铺选址能力、仓储能力、采购中的规模经济优势以及总体的理货与物流管理能力乃是其主要竞争优势。沃尔玛从其零售业态进入会员制的购物连锁店业务，其山姆俱乐部主要服务于大型家庭与小型企业客户。这种多元化举措便捷地实现了相似业态之间的范围经济或曰协同效应，从而使上述竞争优势得以放大。

一个企业的竞争优势集合需要不断更新，才能保证连续的有效性并使持久超常经营绩效成为可能。如果缺乏更新能力，优势往往昙花一现。比如，当年颇具竞争优势的电子打字机厂商，在受到计算机文字处理功能的替代威胁时，没有能力及时更新它们的竞争优势，只能缩减生产来适应日益缩小的市场，极力挣扎以求生存。这些企业的单一产品性质在很大程度上加速了它们的退出，因为它们通常既没有优势更新，又没有其他主导优势来拯救企业于水火。

第二部分
竞争优势集合：STAR 分析框架

不断演进的 STAR：沃尔玛的优势集合

请看如下数据：1945 年，山姆·沃顿经营了本·富兰克林连锁杂货店的一个加盟店，这是他的第一次零售企业经历；1962 年，沃尔玛最早的四家店开张；1972 年，沃尔玛在纽约上市；1985 年，沃顿被《福布斯》杂志评选为美国首富；1996 年，沃尔玛超过通用汽车公司，成为除美国政府外的美国最大雇主；2020 年，沃尔玛年总销售额达 5 240 亿美元，稳居美国《财富》500 强之首。

是什么使沃尔玛长盛不衰？其取胜的秘诀在哪里？沃尔玛的竞争优势有哪些？有人说是店址选择，也有人说是库存管理，还有人说是物流管理和配送系统。其竞争优势是议价能力以及与供应商的紧密联系，还是卫星系统和信息技术？是高层管理团队的勤俭之风，还是渗透到整个公司的文化中的员工敬业和服务理念？是无所不在的实体店铺，还是线上线下融合对接的销售和服务体系？很显然，沃尔玛的取胜秘诀必定是上述因素的组合，是其动态演进的优势集合。

造就沃尔玛早年成功的最重要因素应当首推它的地点定位。以大型零售企业形迹罕至的农村和乡镇市场为主要服务区域是沃尔玛成功的起点，为其日后著名的低价战略和高速增长奠定了良好基础。这种市场定位战略，在执行初期，是极其容易被对手模仿的，但同时也很容易被对手忽略。然而，一旦这种地点选择战略付诸行之有效的实施，它就很难再被对手成功地模仿。那时，沃尔玛在它的初始运作空间已经形成牢固的垄断地位，在每个乡镇市场中实现了规模经济，从而对后来的潜在进入者制造了障碍和壁垒。沃尔玛在不断扩张中学到的经验和技巧也使得其店址选择和店铺开发能力成为一大竞争优势，更使它能够顺藤摸瓜，快速占领美国大陆几乎所有适合进入的乡镇市场。

地点定位战略的实施主要依靠对某一个区域市场的饱和式发展，同时

从竞争优势到卓越价值：
赢得持久超常经营绩效

向外拓展边界，向内填充补位：在某个区域中间建立仓储和配送中心；以货运车一天行程可以到达的距离为半径，划定该市场区域的圆形边界。这样，边界以内的店铺便可以很容易地落在该区域市场经理的掌控之中。然后，它们进一步在边界内的稀疏薄弱地带建立店铺，填补空白，饱和市场。这种市场饱和战略有效地放大了规模效应，也使其地点定位战略得到增强和持久，因为沃尔玛没有给对手留下任何可攻之隙。在沃尔玛的势力范围内，它的防线可以说是密不透风、无懈可击。同时，这种饱和状态也有效地向消费者和竞争对手显示了沃尔玛对该市场的承诺和投入。

随着时间的推移，曾经作为沃尔玛的主导优势的地点定位已经逐渐削弱。因为适合沃尔玛发展的乡镇地点正逐步减少，而沃尔玛也逐步进入城郊甚至城市市场。相对于沃尔玛垄断地位较强的乡镇和农村市场，城郊和城市市场的价格竞争显得更加激烈和迫切。作为一个管理良好的企业，沃尔玛不愧为一个健康发展的竞争优势集合。如果沃尔玛被胜利冲昏了头脑而仅仅依靠它的初始地点定位优势，它肯定没有今日的辉煌。在自身的发展过程中，它培育和建立了多种竞争优势。这些优势最终共同造就了沃尔玛的超级复合优势——低价优势。这一优势是沃尔玛"每天低价"战略的根本基础。低价优势的核心是沃尔玛的理货能力和高效率的运作模式：以最快的速度和最低廉的价格在生产厂家和消费者之间移动最大规模的货物。沃尔玛现在的主导优势主要在于它全球领先的卓越理货知识和能力。这种主导优势的转变对沃尔玛竞争优势集合的构成部分、组合模式、形状大小和演化动态都会产生影响。它的竞争优势集合现在更加具有多样性，更加全面。当然，很多与地点定位相关的竞争优势也能够保持相对持久的作用，直至今日。

当沃尔玛开始向城市市场进军的时候，它已经大大更新了原有的竞争优势集合，比如增强了与制造商议价的能力，但同时也增进了与其合作伙伴之间的关系，促进了信息技术的广泛应用，实现了库存管理的完善和改进，等等。在先进信息技术的武装下，沃尔玛可以很容易地记录和查询每个店铺和整个企业的销售数据并预测库存需要和变化趋势。信息技术，尤

第二部分
竞争优势集合：STAR 分析框架

其是沃尔玛的电子数据交换系统，使其和供应商之间能够即时共享信息，帮助供应商计划未来生产和送货的日程。这种合作关系甚至比大多数企业内部生产部门和销售部门之间的合作还要更默契和高效，也使得沃尔玛能够比对手更迅速地向生产厂家和供应商支付货款。通过引进新的竞争优势，沃尔玛再一次把对手甩在后面。

沃尔玛高效率的仓储管理、运输系统、仓储与店铺的沟通、库存管理等，在物流管理游戏上，早已使它走在了对手的前面。先进信息技术的应用，则更是为沃尔玛锦上添花，使它原有的竞争优势得到发扬光大。沃尔玛并不只靠零售店的数量增长来迅速扩张，它也积极探索通过大宗批发店和会员店等形式来放大其现有竞争优势的可能性。其山姆会员店通常建在沃尔玛隔壁，为沃尔玛在店址选择、房地产交易、店铺设计等方面能力的进一步发挥利用提供了良好的机会。山姆会员店的存在，使得沃尔玛整个庞大的仓储配送系统得到更加充分的应用，从而放大了其优势。当然，山姆会员店的存在也使得沃尔玛公司的总体购买实力得以增强，使得它在规模经济和议价能力方面的竞争优势获得了有效提升并发挥得淋漓尽致。如此，将现有竞争优势应用于多种市场机会可以将这些优势进行放大。对于沃尔玛而言，这种优势放大也为它的总体低价优势做出贡献。随着货品卖场与超市业态的跨界融合，沃尔玛也将它在货物配送、库存管理和规模经营等方面的竞争优势拓展到食品类超市业务，推出零售和超市相结合的超级沃尔玛店，并成为沃尔玛销售增长和利润增长的一大亮点。

不同的竞争优势可能相互冲突。有些时候，它们可以得到整合；有些时候，必须在它们之间有所取舍。尤其是当取舍成为必要之时，它要求企业具有全局和长远眼光并果敢自律。在沃顿早年经营杂货铺的时候，它所拥有的店铺的销售额和利润在所有本·富兰克林连锁店中名列前茅。在那时，折扣店的趋势只是小荷尖角、初露端倪。而在乡镇市场推出折扣店更是风险倍增。是舒服平稳地在杂货店体系中享受优势和成功，还是在折扣店的新兴潮流中搏击奋斗、历险经营？在经营方向这个重要问题上，沃顿必须做出一个明确的决策。

从竞争优势到卓越价值：
赢得持久超常经营绩效

如果离开杂货店的业务，就意味着对某些通过苦心经营所建立的竞争优势的自愿舍弃。最终，未来辉煌的召唤战胜了现时已有的荣光。折扣店和低价经营成为沃顿勇敢而又明智的选择。他渴望的是去影响和塑造未来：放弃短期优势，关注长期优势；完全放弃杂货店的经营理念，全面拥抱新的潮流。

沃尔玛对其竞争优势集合动态演化的管理可谓成功。然而，更大的挑战还在后面。面对以亚马逊为代表的电商平台的挑战，沃尔玛同时也积极地开展其网上业务。2020年，其网上销售收入总额已经接近其总销售收入的10%。在过去的几年里，其网上业务的年增长率一直在40%左右。而且，沃尔玛总收入的30%以上来自美国以外的国际市场。前路漫漫，竞争优势仍在召唤。

总而言之，企业的竞争优势集合应该丰厚饱满并与时俱进。如何协调主导优势与辅助优势的关系及其演进，把握企业当下与未来竞争优势的延续与接替，从而最大限度地贡献于企业的经营绩效？这是本书第二部分要专注探究的话题。

第九章 优势集合的构建：整合思维与总体考量

　　优势本位企业观认为，企业是取胜的载体，是不同竞争优势的集合。这种优势集合不断演化，其发展动态受企业的市场定位、资源与能力以及企业行动的影响。最终影响企业长期经营绩效的，是企业的竞争优势集合而不只是任何单一的竞争优势。本章考察优势集合构建背后的理论基础以及相关的总体考量。任何单一因素的理论都只是提供了一个具体的视角和方法。优势本位企业观则倡导整合的思维和行动准则，从而能够博采众长，通过构建和应用竞争优势集合赢得超常经营绩效。

　　管理学研究通常刻意推陈出新，大多是趸贩时髦的买卖，尤其是畅销书中的管理学说。每当一个"新理论"或"最新优秀实践法"出炉的时候，炮制者无不刻意强调它们如此之"新"，强调只有这一种新理论能够摧枯拉朽，将所有"老理论""旧思路""过时的胡言乱语"扫荡殆尽，并取而代之，成为新的正统。我们如何考量和理解这些不同的理论学说或者实践秘籍呢？对于那些不假思索的读者来说，所谓的"新"也就自动意味着是最好的，因为它们至少是针对新的竞争现实的。然而，如果仔细推敲，就不难发现这些理论和学说中的大多数都可以被归类于单一因素理论。也就是说,这些理论往往只强调战略管理的某一个因素和层面,不管是产业定位、资源禀赋、企业文化、竞争、合作抑或竞合。

在畅销书市场上,这种单一因素理论更是不鲜一见。比如,"员工的忠诚最重要""企业文化最重要""品牌就是生命线""六西格玛最先进""平衡计分卡最科学""核心竞争力是关键""执行力万岁""赢在战略""细节决定一切",如此等等。似乎企业只要做好这些理论所推崇的那一件事就可高枕无忧了。似乎这个单一因素既是成功的必要条件,又是充分条件。然而,事情远非如此简单。问题的关键是,虽然这些单一因素理论对了解某些特定的竞争优势会有很大的助益,但都不能够全面地解释成功企业取得持久超常经营绩效的原因。而且,对单一因素的过分关注容易致使企业管理者忽视其他重要因素,甚至是忽略了更为重要抑或最为重要的因素。当一个人手中只拥有一把锤子的时候,他满眼看到的都是钉子。当一个人拥有一个配备完整的工具箱时,他才更有可能根据实际需要选用不同的工具。

> 水因地而制流,兵因敌而制胜。故兵无常势,水无常形。能因敌变化而取胜者,谓之神。
>
> ——《孙子兵法》

有鉴于此,我们还是希望能够通过探索不同理论之间的联系和整合的可能,来增进我们对多种竞争优势的理解。不同理论的有机整合可能会比任何一个单一因素理论更好地解释持久竞争优势和企业的持久超常经营绩效。单一因素理论,不管多么优美和强大,都难免管中窥豹、失之片面。以单一理论为支撑的单一竞争优势可以为企业的超常经营绩效做出相应的贡献,但多种优势的集体贡献则会提高实现超常经营绩效的总体概率。

在导论中的第一章中,我们曾经回顾了与竞争优势与价值相关的多种理论学说:从产业定位、资源本位到动态能力;从倡导创新、专注承诺到强调效率;从超级竞争、竞合学说到蓝海战略;从商业模式、生态系统到

第九章
优势集合的构建：整合思维与总体考量

平台战略。这些理论学说增进了我们对它们各自强调和推崇的各类竞争优势的认识和理解，为战略管理实践做出了不可或缺的重要贡献。然而，通常的情形是，最具有战略性的东西是在不断变化的。市场强权、战略承诺、独特资源、效率、创新等，无论多么有价值，都只不过是手段而已。企业最终的目标是取胜，是获得超常经营绩效。为了实现这个目标，一个企业需要多种竞争优势，它的竞争优势集合必须随环境的变化而调整。为了帮助企业实现这个目标，任何有关竞争优势的理论和视角都应该受到考察，并在各种互补和替代关系中进行比较。

竞争优势集合：整合思维与总体影响

如前所述，优势本位企业观视企业为取胜的载体。这种企业观可以帮助企业准确地定义自己的使命和形象。作为一种管理哲学，优势本位企业观有助于企业将其战略聚焦在它的核心价值和独特的资源与能力上。优势本位企业观敦促企业去做它最擅长的事情，去开展那些它有最强竞争优势的业务，去参与它最有可能取胜的游戏。比如，韦尔奇时代的通用电气坚持它的各个战略业务单元都必须在该业务市场上保持"数一数二"的要求就体现了优势本位企业观所倡导的哲学精神。同样，阿尔弗雷德·泽恩（Alfred Zeien）治下的吉列公司力求在所有市场上占据50%以上的市场份额。

优势本位企业观的主要特点就是将企业看做一个多维的、动态演化的竞争优势集合。这种集合包括不同类型的竞争优势。这些优势同时作用、交互促动。一个健康平衡的竞争优势集合对于企业的超常经营绩效至为关键。战略管理的中心任务就是创造和保持一个健康演化的竞争优势集合。一个企业的竞争优势集合通常包括各类单一因素理论所信奉和强调的制胜因素。优势本位企业观和单一因素理论的根本区别在于它们对超常经营绩效的解释。单一因素理论无不强调某一个具体的因素，以整合思维为特色的优势本位企业观则推崇多种竞争优势的集合。

依据图9.1和图9.2中逻辑链条的比较，在优势本位企业观的框架内，不同的单一因素理论对经营绩效的解释也能成立。也就是说，单一因素理论中所描述的企业特质、竞争优势和经营绩效之间的关系是优势本位企业观的总体框架中的一个子集和特例。而以优势本位企业观为基础的分析框架则是一个适用范围更为广泛的一般性的和整合性的框架。以优势本位企业观为基础的关于企业竞争优势集合的分析框架包括三个主要组成部分：企业资源与能力、市场定位和企业在经营游戏中的行动。所有三种组成部分都是以战略管理领域主要理论学说所提倡的制胜因素为基础的。它们对企业竞争优势集合的创建和发展具有不同的贡献。请参看图9.3。

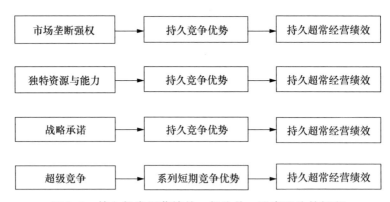

图9.1 持久超常经营绩效：部分单一因素理论的解释

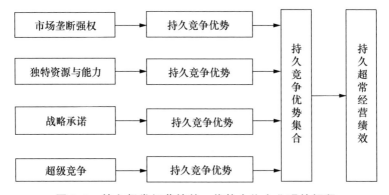

图9.2 持久超常经营绩效：优势本位企业观的解释

第九章
优势集合的构建：整合思维与总体考量

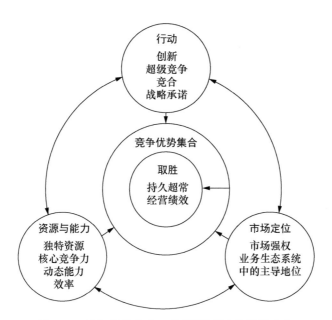

图 9.3　竞争优势集合：决定因素及其绩效含义

竞争优势集合与企业经营绩效

首先，对于资源与能力等因素作为竞争优势的理论支持分别来自广义的资源本位企业观和对效率极端关注的交易费用经济学以及产业经济学中的芝加哥学派。企业的独特资源、核心竞争力和动态能力都为相关企业带来了竞争优势。其次，市场强权和业务生态系统主导地位作为企业竞争优势的理论基础来自产业结构分析法和生态系统学说。然而，在技术更新迅速的市场上，无论基于强势市场定位的优势有多大，它都可能是非常短暂的。最终，不断的技术创新或者经营理念的创新可能会将新的企业推向该业务生态系统的主导地位。尤其是在快速多变的市场上，我们不能只关注市场定位，更应注意自己和对手的行动。

企业的行动往往直接帮助企业获得竞争优势，通常它也帮助企业强化市场定位、提高运作能力。在各类企业行动中，企业能力得以施展，帮助企业改善和巩固市场位置。通过行动，企业也不断提高它的能力，改进它的"动态定型"。一个企业的市场定位通常也在很大程度上决定了该企业可以选择的行动空间，影响着企业能力在其行动中的发挥。同样，一个企业的能力也对该企业的行动和市场定位起决定作用。通过企业行动来创造竞争优势的理论基础来自熊彼特创新经济学、超级竞争学说、竞合学说与战略承诺学说。企业的创新、竞争、合作和战略承诺等行动都可能为企业的竞争优势集合做出重要贡献。正是企业的竞争优势集合共同决定了企业的经营绩效水平。

优势本位企业观的管理含义

用竞争优势集合这一综合框架可以放大现有单一因素理论对企业超常经营绩效的解释作用。与其根据现行时髦的任何一个单一因素理论去穷追持久竞争优势的最终源泉，不管是市场强权、独特资源、核心竞争力、动态能力，还是时间、速度、创新，等等，不如关注企业竞争优势集合这一多层次、多类型的总括的整体现象。

优势本位企业观的管理含义非常鲜明和清楚。企业作为取胜载体，需要对自己有更全面的认识，将自己看做一个整体的竞争优势集合。在对持久超常经营绩效的不懈追求中，长期而言，没有一个单一因素是永远重要的。将企业看成一个不断演化的、与时俱进的多种竞争优势的集合，可以帮助战略管理者欣赏现有理论的力量，也可以帮助他们看清楚现有理论的不足。企业不再简简单单地是一个封建城邦中领主一样的垄断者、一个独特资源的幸运拥有者、一个惶惶不可终日的超级竞争者、一个对伙伴无限信任的合作者、一个极富企业家精神的创新者，或者精明有余、承诺不足、"打一枪换一个地方"的机会主义者。每一个角色都不能完全展现企业的全部演技；而企业可能会多多少少地扮演每一个角色，大多在不同的

第九章
优势集合的构建：整合思维与总体考量

时期，甚至可能在同一个时期。

狡兔三窟。

——中国俗语

战略的成功取决于做好多种事情并对之进行整合而不只是把少数几件事情做好。

——迈克尔·波特，哈佛商学院战略管理学教授

企业战略管理者需要对取胜倾注全部用心。需要抓住取胜这一根本，而不是对某一个具体的战略手段和获取竞争优势的工具顶礼膜拜。这就需要他们在战略运作中有效地选择和利用多种工具。就实际而言，把希望寄托在一个具体的竞争优势上，不管它的持久性如何，都是危险的和不可靠的，虽然它能够在某些时候（极少的时候）为企业带来超常经营绩效。构建一个不断更新的多种竞争优势集合将会使企业获得持久超常经营绩效的概率变得更大。这正是优势本位企业观的精髓所在。

竞争优势集合管理的总体考量

在建立和管理企业竞争优势集合的过程中，企业的战略管理者面临一些重要挑战。这些挑战需要战略管理者从总体整合的视角来全面考量、慎重应对。

市场强权相对于运营效率

在一个良性循环中，企业的效率可以导致市场强权的建立，而市场强权也可以增进效率。比如，强权企业通常拥有的巨大购买和制造规模，可

以为它带来规模经济，增进效率。这种效率也会反过来帮助企业进一步增强自己的市场地位。在一个恶性循环中，拥有市场强权的企业容易滋生自满和低效率，而低效率导致强势市场位置的进一步丧失。当下的市场强权反映的往往是企业过去的效率、以往资源的独特性或者运气。在短期内，这种强权可以为企业提供屏障和保护伞，允许企业"吃老本"，甚至包容企业的效率低下。长期而言，如果因为缺乏创新和新的效率改善措施而使市场强权得不到巩固和增强，那么如今仍然貌似强大的企业就只能恍惚地生存在对旧日辉煌的沉溺中。如此，市场强权可以催生太多的浪费和裕度（对错误和偏差的容忍和内部消化能力），不能对市场变化做出迅速反应。

战略管理者在审视企业竞争优势集合的时候，要善于把握市场强权和效率的关系。市场强权本身是不能继承的。那些导致它产生的因素，尤其是运营效率，作为比市场强权更基本的优势来源，必须不断被企业开发利用。效率本身可以为企业带来竞争优势；市场强权会将效率优势进一步放大。产业结构分析学派和芝加哥学派的争论和它们分别对市场强权和效率的钟爱值得我们深思。交易费用经济学对效率的强调，也提醒战略管理者在培育和管理竞争优势集合时要不断地在享受现有市场强权和增进效率之间求得动态平衡。

资源禀赋和企业能力

独特的资源禀赋本身就是持久竞争优势的坚实基础。企业的能力，通常产生于企业的某种独特资源及其组合。卡特彼勒公司在第二次世界大战中为盟军服务时所构建的销售、配送和维修系统可以说是独特的以及难以模仿和替代的资源。这种资源是它保证在全球范围48小时内回应客户需求这一能力的基础。企业能力，尤其是管理能力，使得企业能够搜寻、配置、使用和更新它的资源组合。比如，各个时期引领潮流的公司，从IBM、微软、雅虎到谷歌，一路走来，这些公司一度或者持久地吸引与招募卓越员工的能力帮助它们在全世界每年新毕业的学生中发现和选择最好的人才，更新其知识储备和技术队伍。

另一方面，企业能力通常产生于某些与知识和学习相关的活动，必须由企业在自身内部培育。独特的资源禀赋往往来自运气并具有路径依赖性。以知识为基础的能力通常需要企业的远见和行动的一致性，需要通过多种支持活动来共同打造并且需要进行不断的迭代更新来保持其领先地位。如此，企业的能力也许更难以被对手模仿，也更容易受企业管理者的战略意图和创新的影响。如何将基础性的资源进行培育和组合并转换成高一级的企业能力，应该是战略管理者必须面对的现实挑战。

承诺相对于灵活性

战略承诺对于持久竞争优势是必要条件而且通常也是充分条件。灵活性，从另一方面保证了企业在外部环境变化导致先期承诺失效和作废的情况下能够顺利调整、保持企业的生命力。没有承诺，就不可能有持久竞争优势。没有灵活性，企业就可能不必要地耽搁和沉溺于过时的或衰退的优势从而故步自封。在承诺和灵活性之间平衡和取舍，不管是在某个具体的优势层次还是就整个竞争优势集合而言，都是一个必须慎重对待的问题。

企业的战略恰恰体现在不可能随意改变的准则上以及实际中不断增强的行动承诺中。过分强调灵活应变，很可能是缺乏战略一致性的表现，是对企业自身缺乏可持续竞争优势的一种托词。如果一个企业隔三岔五甚至一天到晚都叫喊着要创新、更新、突破、超越，很可能它并没有什么真正可以固守的优势和赖以长期生存的基石。

创新领先相对于模仿跟进

在市场经济中，创新可能是主动创造竞争优势的最可靠的良方。制度化的创新可以为企业创造一系列的竞争优势。但由于竞争对手的模仿，这些竞争优势很多不能持久。创新与模仿永远是先锋企业和后进入者之间矛盾的焦点。先锋企业通过创新，可能获得经验曲线效应、市场主导地位、拥有产业标准、控制供给和分销渠道以及享有顾客忠诚等先动竞争优势。后进入者则可以享有先锋企业无法经历的后发优势。"前人栽树，后人乘凉。"比如，"搭便车"现象意味着后进入者不必再进行市场拓展、消费者教育以及回应各界对某个新业务的质疑等。顾客口味和喜好也会转变，从而给后来者带来机会。技术标准的转变或更新也可能使得先动者（由于原有的承诺）处于被动地位而后来者则如鱼得水。

竞争相对于合作

竞争产生优势，合作亦然。竞争性的行动可以制造强势的市场定位，抵消对手的优势，遏制对手的行动空间，阻碍对手的进入和资源获取。合作则架起获取伙伴资源和技术的桥梁，在与供货商、分销渠道、资本提供者以及员工和顾客的关系上可能拥有优势。合作也使企业降低风险，享有规模经济和范围经济，或者对竞争对手进行说服。其实，合作也是竞争。环境变化，企业也变。企业的战略以及它的主要竞争对手与合作伙伴也随之改变。一个企业的竞争优势集合应该主要依靠竞争获取，还是依靠合作获取，抑或是二者并举？企业应该用什么标准来对此问题进行判断？显然，超级竞争学说与竞合学说对于回答上述问题将会有所助益。

企业单独行动相对于企业群体行动

在一个相对稳定的环境下，企业完全通过自己的努力构建产品市场中的领先和主导地位仍然是有可能的。然而，在快速多变的市场和产业中，比如以硅谷为代表的高科技产业中，新的竞争图景中"唱主角"的往往是一个企业群体，而非单个企业。企业发现，无论是出于主动出击还是被动防守，竞争主要在战略联盟之间、企业群组之间、合作网络之间和生态系统之间展开。因此，企业在业务生态系统中的地位以及自己所在生态系

第九章
优势集合的构建：整合思维与总体考量

统的竞争力成为战略管理者需要考虑的主要课题。

单个企业可能由于产品质量和高效率而比对手享有竞争优势。但是，如果这个企业所在的业务生态系统整体在坍塌，那么它首先应该注意的事实并不是它相对于自己业务生态系统中其他实体的领先地位，而是整个业务所遭受的威胁——来自其他生态系统的威胁。群体层次的生存高于个体物种的暂时领先。与此相似，一个技术实力强大的企业也可能在错误的航道乘风破浪、引领风骚，但却被锁在现有主导技术轨道和产业标准的外面。而那个错误的航道往往锁定在一个失势的战略联盟中。决策挑战很明显：为了构建和更新企业竞争优势集合，一个企业需要在市场上孤军奋战、特立独行，还是左顾右盼、联合出击？如何在企业求取个体优秀和群体得势之间保持平衡？在获取竞争优势时，多大程度上要靠自身的努力，多大程度上要靠对某集团或联盟的参与？第十二章中探讨的业务生态系统学说将帮助战略管理者考量上述问题。

短期竞争优势和持久竞争优势

一个健康和平衡的竞争优势集合拥有不同类型和时间跨度的竞争优势。无论短期竞争优势还是持久竞争优势，都会为企业的超常经营绩效做出贡献。持久竞争优势的重要性和可能性因企业和产业的不同而变化。没有持久竞争优势，一个企业难以长期生存和取胜。而过分依赖某种持久竞争优势（通常来自市场进入壁垒和资源能力壁垒），可能导致企业竞争意识松懈和决斗能力的下降。在不断的竞争行动中获取短期竞争优势可以帮助企业保持和提高超级竞争中所必需的机警和战斗力。

产业分析学派、资源本位企业观和战略承诺学说等理论与方法注重对持久竞争优势的考察。熊彼特学说和超级竞争学说主要强调短期竞争优势的价值。两种思路相结合，能够帮助战略管理者更好地审视两种不同的竞争优势在企业竞争优势集合中的构成与平衡问题。

现有竞争优势和未来竞争优势

优胜企业在运用现有竞争优势的同时，善于为企业未来的竞争优势集合做展望与准备。不仅如此，这些企业通常自愿作出某种牺牲，在不同的竞争优势中进行取舍，尤其是在现有竞争优势与未来竞争优势（包括潜在竞争优势）之间的取舍。领先企业主动"自残"，在对手赶超之前提前结束现有强势产品的生命而果断推出新一代产品的做法在市场上时有所闻。像英特尔、佳能、三星这样的企业，源源不断地推出新一代产品并借此推进产业标准，试图永久领先，在未来的版图中占领一席之地。

企业应该在什么时候放弃或终止现有的竞争优势，而代之以新的竞争优势？战略管理者应该用什么准则来指导企业在现有优势和未来优势中进行权衡取舍？这里，熊彼特创新学说、超级竞争学说和战略承诺等理论可以再次证明它们的思想深度和对现实现象的解释力度，帮助战略管理者积极主动地应对挑战。我们将在下一章中通过 STAR 框架来详细地探讨竞争优势集合的管理方略。

本章结语

企业是取胜的载体。胜利乃解释企业存在的最为充分的理由。战略的实质在于帮助企业取胜。持久超常经营绩效是战略管理者最好的记分牌。要实现长期持久的超常经营绩效，最好的战略是建立和管理一个自我更新的、不断演化的多种竞争优势的集合。优势本位企业观全面拥抱现有关于竞争优势的主要理论和学说。它萃取和整合现有战略管理理论精华，并将之呈示于关于竞争优势集合的一个统一框架之下。战略管理者的根本任务和挑战就是要构建、管理和更新企业的竞争优势集合。在这个过程中，战略管理者需要整合思维的指导以及对影响竞争优势集合之构成与动态的各种因素的全面分析与总体考量。

第十章　优势集合的管理：持久-放大-取舍-更新

要获得持久超常经营绩效，企业需要拥有多种竞争优势的集合。优秀的企业通常不只是在一方面优秀而是在多方面出色。培育和管理一个动态演化的竞争优势集合或体系，并及时调整、增强和更新集合中的优势，将会帮助企业在商业竞争中常胜不败。要保持企业竞争优势集合的健康演化，战略管理者必须首先建立和发展企业的主导优势，明确地定义企业的使命和形象认知，而且要善于搭配、积聚和调配辅助优势，使之与主导优势形成有机互动从而建立比较丰满的竞争优势集合。具体而言，企业要做好对优势集合的四种管理要务：锲而不舍，持久延续单个竞争优势的时间跨度，从而最大限度地发挥现有竞争优势的效用；增强功效，放大竞争优势的作用和效果，尤其是通过获取和增强互补优势来放大现有优势；均衡谋划，妥善处理不同竞争优势之间的取舍和交替；及时添续，根据企业自身、竞争对手和外部环境的变化去更新主导优势和辅助优势。对于培育和管理企业竞争优势集合的战略管理者而言，对不同竞争优势的了解和对上述要务及其关系的熟悉和把握将会助益良多。

从竞争优势到卓越价值：
赢得持久超常经营绩效

欲在商业游戏中取胜，一个企业需要拥有一个竞争优势集合。多种竞争优势使超常经营绩效之持续存在成为可能。培育动态演化、不断更新的竞争优势集合将会帮助企业在不同时期的竞争中取胜。STAR 分析框架（参见图 10.1）可以帮助企业的管理者系统地管理其优势集合的健康发展，保持主导优势与辅助优势之间的动态平衡。具体而言，管理者应该使某些竞争优势尽量持久存在（Sustaining），尤其是那些企业将之奉为主导

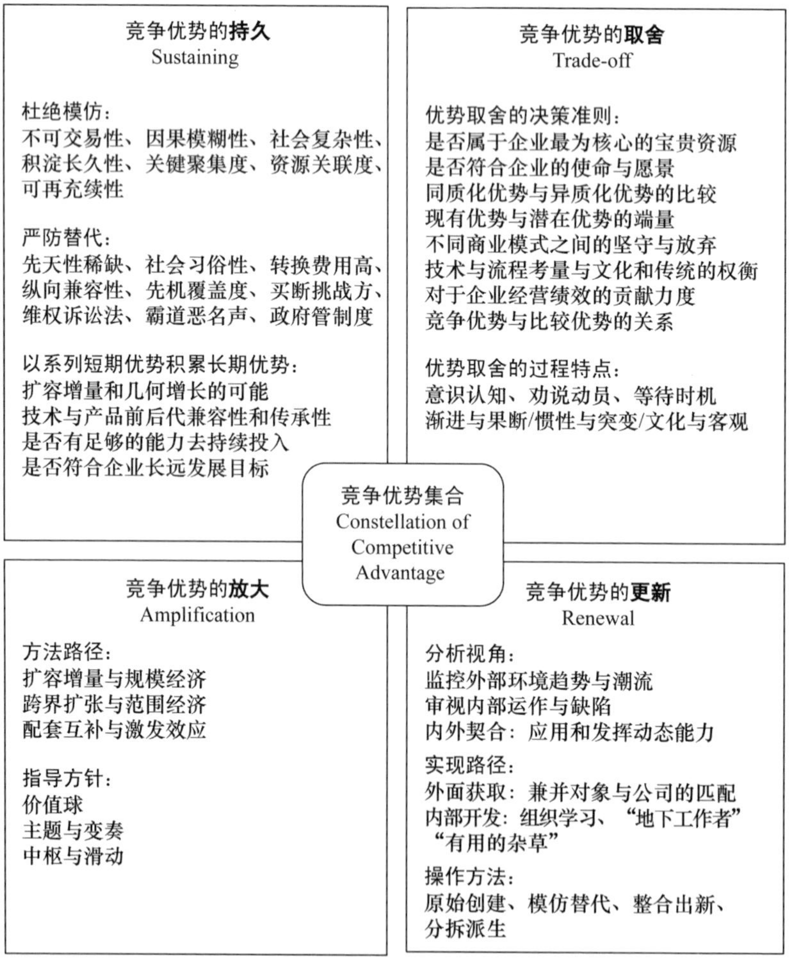

竞争优势的持久
Sustaining

杜绝模仿：
不可交易性、因果模糊性、社会复杂性、
积淀长久性、关键聚集度、资源关联度、
可再充续性

严防替代：
先天性稀缺、社会习俗性、转换费用高、
纵向兼容性、先机覆盖度、买断挑战方、
维权诉讼法、霸道恶名声、政府管制度

以系列短期优势积累长期优势：
扩容增量和几何增长的可能
技术与产品前后代兼容性和传承性
是否有足够的能力去持续投入
是否符合企业长远发展目标

竞争优势的取舍
Trade-off

优势取舍的决策准则：
是否属于企业最为核心的宝贵资源
是否符合企业的使命与愿景
同质化优势与异质化优势的比较
现有优势与潜在优势的端量
不同商业模式之间的坚守与放弃
技术与流程考量与文化和传统的权衡
对于企业经营绩效的贡献力度
竞争优势与比较优势的关系

优势取舍的过程特点：
意识认知、劝说动员、等待时机
渐进与果断/惯性与突变/文化与客观

竞争优势集合
Constellation of
Competitive
Advantage

竞争优势的放大
Amplification

方法路径：
扩容增量与规模经济
跨界扩张与范围经济
配套互补与激发效应

指导方针：
价值球
主题与变奏
中枢与滑动

竞争优势的更新
Renewal

分析视角：
监控外部环境趋势与潮流
审视内部运作与缺陷
内外契合：应用和发挥动态能力

实现路径：
外面获取：兼并对象与公司的匹配
内部开发：组织学习、"地下工作者"
"有用的杂草"

操作方法：
原始创建、模仿替代、整合出新、
分拆派生

图 10.1　竞争优势集合管理：STAR 框架

第十章
优势集合的管理：持久-放大-取舍-更新

优势的要素。有些竞争优势应该通过适当的手段和方法使之得到激发放大（Amplification）。现有的竞争优势之间可能会存在冲突或者替代，管理者应该对这些优势进行整合或取舍（Trade-off）。而且，管理者要对企业的优势集合不断进行添续更新（Renewal），从而为赢得持久超常经营绩效打下良好的基础。

竞争优势的持久

在第八章中，我们详细考察了竞争优势的时间跨度，并就竞争优势的可持续性进行了深入的分析。那里的讨论聚焦在对于竞争优势的持久性造成阻碍与削减的企业内外部因素，包括管理者的无知、忽视、傲慢与失策，外部环境的动荡，以及竞争对手的模仿、替代与破坏。这里，在整个竞争优势集合管理的情境下，我们进一步探究企业如何能够更加有意识地去主动增强其竞争优势的可持续性。显然，企业不仅可以着力于保持某个竞争优势本身的持久性，也可以通过放大和增强某个竞争优势的大小以及功效来增强其持久性。从这个意义上说，竞争优势的持久与其不断放大通常是密不可分的。

概而言之，竞争优势的持久可以采用至少两种模式来实现：其一是通过一揽子计划与设计，企图一劳永逸地从根本上打击和阻止竞争者的替代和模仿；其二是通过构建一系列不断继起的短期优势，从而迭代出持久的竞争优势。

"护城河"与持久竞争优势

提到持久竞争优势，也许大家脑海里首先浮现出来的一个印象便是一个居于高山之巅的城堡、一个傲视天下的封建领主庄园。明碉暗堡，埋伏多端；地势险要，易守难攻。主人深挖洞、广积粮、高筑墙、遍布枪。城堡中的主人希望这种强大的自我保护机制能够使其优势地位得以完好保持，生生不息、万世不竭。这种保护机制，被产业定位学派称为针对整个产业或市场的所谓"进入壁垒"（Entry Barriers）以及进入不同细分区域时要面对的"移动壁垒"（Mobility Barriers）；被资源本位企业观称为"资源位置壁垒"（Resource Position Barriers）或者"隔离机制"（Isolating Mechanisms）。在实践中，著名投资家巴菲特则形象地称之为竞争优势的"护城河"（Moat）。正是这种由各种保护机制促成的持久竞争优势才真正代表了价值投资对象的固有价值（Inherent Value）及其长期在某个业务上获利的潜能。

其实，除了政府管制等极少数明确的外在的进入壁垒，大多数阻碍新企业进入某个市场的壁垒是资源位置壁垒。也就是说，所谓行业层面的进入壁垒不过是行业中主导企业资源壁垒的集合。比如，一个高科技行业之所以难以进入，主要是因为现有主导企业多年的资源承诺导致的研发实力和结果难以轻易地被新进对手模仿和替代。各个主导企业有意识地采用"护城河"思维来保护自己的独特资源。而由于没有相关的资源，新企业难以进入该行业并如愿生存。因此，可以说，主导企业个体资源位置壁垒的集合在客观上形成了整个行业的进入壁垒或者行业中某个细分领域的移动壁垒。这些构成"护城河"的资源壁垒主要针对和防范来自竞争对手的模仿与替代。为了保持其持久竞争优势，拥有独特资源和能力的强势企业通常试图保持其游戏在市场上的排他性和重要性，拒绝模仿和替代。如此这般，它善于进行的游戏便成为该市场中唯一的游戏或者主导的游戏。在该游戏的现有规则下，它是最具竞争优势的，而且其优势可以相对持久地存在。

杜绝模仿

为了遏制和防范对手模仿，企业通常诉诸如下的手段和机制（尤其是它们之间不同的组合）来增强其以独特的资源与能力为基础所构建的竞

第十章
优势集合的管理：持久-放大-取舍-更新

争优势：不可交易性、因果模糊性、社会复杂性、积淀长久性、关键聚集度、资源关联度和可再充续性等。

首先，企业的竞争优势培育应该尽量聚焦于那些不可交易的、在公开市场上难以买到的、在不同的企业间难以自由流动的资源。其次，尽量使得竞争优势与其赖以存在的资源之间的因果关系显得不明确，并且使得某些资源获取和积聚的原因模糊化。这样可以使对手难以有效地进行模仿和复制。再次，社会复杂性意味着将企业的独特资源尽量镶嵌于复杂的组织体系之内。这样使得某些资源优势难以被轻易地从复杂的组织中"抠"出来，故而能够降低其流动性并有利于其在企业中的持久存在。纵观上述三个主要特点，可以说，卓越的企业文化便是可持续竞争优势的典型的具体代表。

还有，积淀长久性意味着竞争优势的获得不是一蹴而就的，而是需要长期的培育和承诺。短期急剧发力，往往欲速不达、事倍功半。比如，可口可乐的品牌优势难以在短期内被任何新进对手赶超。而且，通常情况下，许多资源需要足够的关键聚集度（Critical Mass）才能真正发挥作用，比如实力雄厚的研发优势靠的是足够规模的各类精英技术人才的积聚而不只是少数天才的门面表象和橱窗效应。不仅如此，某种资源通常难以独自发挥作用，而是需要配套互补的资源的出现，即足够的资源关联度（Interconnectedness），才能充分发挥其独特作用。这也是我们强调竞争优势集合中主导优势与互补优势共存的主要原因。最后，资源的可再充续性（Replenishment）也直接影响其可持续性。某些资源允许企业通过不断的追加投资而保持活力长久，比如研发实力；而有些资源可能随着自然损耗而消失，从而导致它所支持的竞争优势难以持久存在，比如房地产企业的土地储存数量。

严防替代

针对竞争性替代，企业可以诉诸决定企业资源之不可替代性的如下因

从竞争优势到卓越价值：
赢得持久超常经营绩效

素及其组合：先天性稀缺、社会习俗性、转换费用高、纵向兼容性、先机覆盖度、买断挑战方、维权诉讼法、霸道恶名声以及政府管制度等。

先天稀缺性意味着某些竞争优势背后的资源和能力是自然形成的，故而非常稀少或曰供给极其有限。而这些资源对于某种行业或市场属于关键要素，不可或缺，也难以被其他资源替代。比如，某种优质葡萄酒产地的独特地理与气候环境使得其产品独具特色而品质优异。在先天稀缺性之外，社会习俗性往往也能够使某些并非极其稀缺的资源和能力显得不可替代。比如，在葡萄酒行业，就"旧世界"的代表——法国波尔多地区的几大名庄而言，不仅其产品因自然特色出众而受追捧，而且其强调文化底蕴的各种宣传与运作也在社会习俗与传统性方面为其披上了一层神秘的面纱，给世人以无与伦比的对超级品牌的好感度。

为增强企业竞争优势的持久性，管理者还要千方百计地将消费者的心理认同与消费惯性进行固化从而使其最终锁定于自己的产品，比如提高其实际的以及心理上的转换费用。与提高转换费用相关，企业可以强调不同代际产品或者技术方面的前后兼容性。新近企业由于没有参加前期的技术研发与产品提供，在新旧或前后兼容方面将处于劣势。由于既有的基础设施主要是为了配合现有产品而存在的，新产品更是难以与之兼容或者轻易对其做出改变。比如，电动车对于汽油机车的替代非常缓慢。

先机覆盖度和买断挑战方亦是防范和对付替代性挑战的常用伎俩。先机覆盖意味着尽量提前设想对于自己竞争优势所依赖的资源与能力的所有可能替代的来源，并提前以相对低廉的成本将其买断或者构建排他性的措施安排。比如，在商标战中，提前注册所有与自身品牌可能产生模仿、混淆和骚扰作用的替代性商标，阻止恶意攻击者，避免日后不必要的麻烦。买断挑战方指的是拥有当下主导游戏中独特优质资源和能力的企业，在替代性资源和能力声名鹊起之前就主动出击来买断这些替代性资源和能力，并将之扼杀于摇篮之中，从而剔除潜在的替代威胁。比如，通用汽车公司在过去的一个世纪中曾多次买断替代性能源发动机设计并将其束之高阁。

另外两个主动出击的手段是维权诉讼法和霸道恶名声。现有主导企业

第十章
优势集合的管理：持久-放大-取舍-更新

可以通过司法诉讼等手段打击替代品的势力、遏制其发展空间、威胁其生存基础、挑战其存在的合法性，可以是依照真凭实据的据理力争，也可以是无中生有的蓄意炒作。其目的在于保护自己不可替代的地位，强调自己的正宗经典与合法性。优势企业也可以通过毫不留情地扼杀、限制、打压和威胁任何可能提供替代性资源和能力的企业来赢得和维持其"难缠""生猛""彪悍"和"霸道"的名声。这种名声使得任何对手在有任何模仿和替代的企图之前不得不三思而后行，甚至望而却步。

当然，找政府游说抑或告状也是企业通常使用的招数。毕竟，政府管制也可以导致替代性的降低和消除。比如，为了保持某些行业（如军工行业）的稳定和连续性，政府可能对某些现有强势企业的技术和能力情有独钟或者极为信任。政府可以通过法令、配额和指定标准等方法对某企业加以扶持，使得各种好处非其莫属。这种政府行为使得该企业的某种技术或者其他独特资源和能力在一定时期内成为唯一的标准，免受挑战。

以系列短期优势积累长期优势

在现实的商战竞争中，真正可以持久存在并发挥作用的竞争优势也许其种类与内容并没有我们想象中的那么多。而且，在很多行业，随着超级竞争的逐渐升级，同质化程度越来越高，竞争优势越来越难以持久。专利被模仿、技术被替代、消费者口味变化与见异思迁，如此等等，想要靠原先的"一招鲜，吃遍天"的逻辑赌定某个一劳永逸的优势越发显得不合时宜。如何通过构建系列短期优势从而迭代积累出相对持久的优势乃是无奈中的务实之举。

通常，短期竞争优势是否能够迭代出长期竞争优势至少取决于如下若干因素：第一，该优势领域是否具有不断扩容增量和实现几何级增长的可能？第二，前后代的技术（或者产品）之间是否具有兼容性和传承性的关系？第三，企业是否有足够的能力（比如所需的资金和人力）去持续投入该领域？第四，该领域是否符合企业长远的发展目标并成为一个重要的主题业务和标志性的形象认知?

首先,如果没有持续增长的空间,技术和产品就不可能跨时段迭代,该领域的竞争优势也就无法持续积累。其次,如果不同代际的产品与技术没有任何前后承接和兼容的关系,前期的优势就不能被继承到下一个发展周期。现有主导企业与新近企业一样,都要重新构建自己的优势。再次,如果一个企业没有足够的资金与人才的后续补充,在某些领域的先动优势便很可能无法继续迭代增强,而其命中注定要成为某种转瞬即逝的短期优势。这也在很大程度上取决于该领域在整个企业中的战略分量。如果它只是一个边缘的技术领域或者业务线,企业也许不可能花大气力专注于积累持久优势。如果它符合企业战略的核心要求,并有可能成为支柱业务或者核心竞争力,那么企业就会在很大程度上倾力于通过短期竞争优势来迭代积累企业在该领域的长期优势,比如佳能的图像处理技术、本田的小型发动机技术、英特尔的微处理器技术,以及腾讯以人与人之间社交为主题的互联网业务(从QQ到游戏再到微信),等等。

竞争优势的取舍

不是所有的便宜都去占,不是所有的优势都要用。组织有使命定位与基本准则,企业有终极目标和自知之明。你是吃哪一路的?你干什么最拿手?你认为你最精彩的地方在哪里?你在哪些方面能够为顾客创造别人创造不了的价值?你的核心顾客群体如何界定你的存在理由以及对他们的吸引力?你的对手如何看待你的竞争优势?明确地知晓自己的核心意图与核心价值以及具体的愿景,将会使得企业管理者更加全面系统和总体均衡地看待竞争优势集合的管理和应用。哪些竞争优势需要主动放弃或者暂时搁置?在相互冲突的竞争优势之间如何拿捏?在现有的优势与潜在的优势之间如何倾斜?在不同的潜在优势之间如何取舍?虽然与力求使某个竞争优势尽量持久的意图与作为正好相反,但主动地放弃某些竞争优势、做好权

第十章
优势集合的管理：持久-放大-取舍-更新

衡取舍（Trade-off），亦是竞争优势集合管理中的重要一环。

> 战略的实质在于选择哪些事情不去做。
>
> 战略在于进行选择和取舍；其主旨在于有意识地选择与众不同。
>
> ——迈克尔·波特，哈佛商学院战略管理学教授

优势取舍的决策准则

在谈到竞争优势之间的取舍时，首先值得强调的一点是，任何竞争优势都是需要去维护和保持的。不同的竞争优势之维护与使用所需要的成本是不一样的。不仅如此，给定同样的维护成本，不同的竞争优势对于企业经营绩效的贡献方式和大小也是不同的。因此，在不同的竞争优势之间进行取舍乃是竞争优势集合管理之必须。任凭某些局部的竞争优势无节制地存续或扩大，在有些情况下甚至是不利于企业的总体发展和长期经营绩效的。那么，企业应该根据什么准则来进行取舍呢？我们可以通过如下几个基本检测来指导企业的选择：判断该竞争优势是否属于企业最为核心的宝贵资源、是否符合企业的使命与愿景，同质化优势与异质化优势的比较，现有优势与潜在优势的端量，不同商业模式之间的坚守与放弃，技术与流程的考量与文化和传统的权衡，不同优势对于企业经营绩效的贡献力度，以及竞争优势与比较优势的关系，等等。

首先，基于资源本位企业观，一个企业最为核心的问题是：我们最为宝贵和独特的资源是什么？这个问题是决定取舍的最为根本的准则。这些企业的核心资源可能是在某些技术领域的关键技术和研发实力、在某些业务上的品牌号召力或者营销能力、在某些品类上的大规模低成本制造能力，或者在特定地区的良好政府关系以及社区关系。企业的优质资源乃是其长期立身之本。相对于外部的市场定位与地位的变迁，企业内部的资源

从竞争优势到卓越价值：
赢得持久超常经营绩效

组合积累和改变的过程相对缓慢。假设一个企业最为宝贵的是在某个业务领域内出类拔萃的人力资源。为了谋求发展或者铸就新的竞争优势，企业意欲进入新的行业或者将自己的总部与制造设施转移至成本相对低廉的地区。如果其人力资源拒绝跟随或者难以相对完好无损地转移，那么由于新业务或者新地区所产生的任何新的优势或者潜在优势恐怕都要让位于久经考验的优质人力资源。

其次，我们的长期使命定位和具体的愿景是什么？无论是现有的市场地位还是资源与能力组合，最终都要服务于企业愿意为之献身投入从而进行不可轻易逆转的大规模持续承诺的战略目标。比如，在20世纪末法国食品巨头达能决定将自己的企业使命与战略目标界定在为人们提供健康的食品饮料之际，它选择了奶制品、饮用水、婴儿健康食品以及医用食品等相关领域，重新构建其优势集合体系。而它在欧洲市场上的肉食、啤酒和饼干等业务，虽然颇具竞争优势，但由于与企业未来的使命定位不相吻合而被其果断地出售剥离。

当然，无论是企业最为宝贵的资源还是未来的使命定位，一个难以回避的重要话题，就是它们是否符合未来大的社会发展趋势以及行业内的大概率出现的潮流和前景。从市场和产业地位的角度来看，如果企业战略定位偏颇，可能对与之相符的竞争优势的倚重会导致对更符合潮流的潜在优势的忽略与放弃。从资源的可利用性以及可再利用性来看，如果企业一直奉为瑰宝的最为主要的资源与能力不再符合潮流，这将对企业带来最为严峻的挑战甚至致命的打击。如果企业继续坚持，可能在被淘汰的路上越走越远。企业在这方面的优势本身并没有消失，而是它所能够胜任和打赢的游戏已经没人在意，因而不再具有相关性，比如当年柯达无所不在的照片冲洗服务网点。而果断地舍弃这种资源（甚至是企业多年积攒构建的标志性的核心优势），对企业管理者来说是非常难以接受的。也许，大多时候，只是宿命。坚持是死，变革不力、不及时、不充分，最终也是败局。

再次，除了最为宝贵的企业资源以及符合企业使命的核心业务与相应的资源与能力，在具体的操作层面，企业也面临着在不同的竞争优势之间

第十章
优势集合的管理：持久-放大-取舍-更新

保持均衡与取舍的挑战。比如，在同质化优势与异质化优势之间进行选择的话，按照战略的基本准则，通常是选择异质化的优势。战略的实质在于与众不同而不仅仅是在同样的维度上比对手略强，虽然这种同质化优势有时十分必要。比如，在一个由传统劳动密集型向现代资本和技术密集型转变的行业，在选择进一步增强劳动力成本优势与转向机械化生产的优势之间，旨在长期领先的企业更可能选择放弃原先的劳动力成本优势而拥抱机械化生产的优势。

显然，与上述准则和例子相关的一个话题，便是与不同商业模式相关的竞争优势之间的选择。在电商模式日益普及之际，对于大多数零售企业而言，死守原先实体店的地点优势与商铺聚合优势可能最终无以抗拒来自电商的冲击。最终，你的竞争优势只是相对于其他的实体店而言。而面对电商业态摧枯拉朽的冲击，所有的既有优势可能很快消失殆尽。与此相反，有些业务可能逆流而上，反而凸显既有实体经营的优势，而不受电商模式的冲击，甚至故意躲避电商模式，保留线下交易的神秘感与亲和力。比如，在强调个性化服务的顶级餐厅，让顾客拿着平板电脑自己点餐就会显得不合时宜。

另外，有些既有的商业模式本身的传统功能是新型模式不可能完全替代的。有些是上述的文化传统或心理感受方面的因素造成的，有些是技术流程和信息处理等方面的复杂因素造成的，有些则是流程特点、心理感受与文化传统等因素交互作用的结果。比如，在纽约股票交易所的诸多业务的交易都实现了线上交易的时候，交易程度较为复杂的欧元期指业务仍然要首先在场内人工喊价然后再进入线上交易。再如，当某些美国航空公司为了实现成本优势而将其电话客服业务转包到印度等英语国家后，发现由于文化差异等原因，出错的概率骤然激增。而且，航空公司赖以生存的高端客户对客服质量严重不满。于是，这些航空公司不得不重新把自己的客服体系（至少是高端客户专线）转回美国本土。在成本优势可能带来的蝇头小利与高端优质客户的信任孰轻孰重的比较上，企业还是不用那么大费周章的。

从竞争优势到卓越价值：
赢得持久超常经营绩效

最后，有关竞争优势之间的取舍，还要考量不同优势对于经营绩效最重要的贡献力度。企业经营既有固恒，又要图新。在主导业务与辅助业务之间要有所侧重并且全面发展。在当下业绩和未来业绩之间要统筹规划、合理安排。比如，当新的管理团队闪亮登场之际，一个常见的误区往往是锐意改革、急于求成。当新的改革举措与尝试头绪过多，老的竞争优势难以充分发挥作用而新的（或者想当然地预见的）潜在竞争优势无法到位之际，业绩可能会下滑到关键的利益相关者无法容忍的底部，从而导致改革的失败以及管理团队的下台。

因此，竞争优势之间的取舍在很大程度上要考量不同的业务及其代表和依靠的竞争优势对于企业当下绩效的直接贡献和影响。比如，美国著名的粮油食品企业 ConAgra 在从上游的食品原材料业务逐渐向下游的食品生产与加工业务以及品牌包装食品业务拓展的半个世纪以来，历届管理团队都有意识地保持新老业务之间以及相应的优势之间的平衡。在任何时候，基本上都会有一组核心业务对收入和利润的贡献度在 50% 左右或者更高一些。

与对经营绩效之影响相关的一个考量是竞争优势和比较优势的关系。两个企业在捉对竞争时，假设一个企业在两个领域都比对手有竞争优势，那么从比较优势的角度来看，该企业应该选择在优势较大的那个方面发力，而不是平均施力、同等对待。这并不意味着一定要放弃较小的或者不明显的那项竞争优势，而只是说要最大限度地发挥较为强劲的竞争优势。这在"一剑封喉""一俊遮百丑"并且"赢者通吃"的业务上尤为重要甚至不可或缺。

优势取舍的过程特点

竞争优势的构建不止于一朝一夕，其放弃与剔除往往也需要时间。一是需要逐渐明确地认知到放弃的必要性，二是要耐心说服和动员那些与该优势相关的群组与人员，三是等待适当的机会采取行动。客观的道理也许

第十章
优势集合的管理：持久-放大-取舍-更新

较为清晰明了，而文化传统、组织惯性以及情感寄托等都会延缓甚至阻止企业对某些竞争优势的舍弃。敝帚自珍。大家对于优势的东西往往具有好感。即使这些优势在当下和未来大概不会再有很大的用途和收益，人们往往仍是难以将其轻易放弃。长此以往，倒是可能导致企业故步自封、缺乏了断、分散实力、贻误机缘。比如，前述的柯达的案例，曾几何时，你若仍是提及，就会让人觉得你老旧重复、不够新颖。而在当下（其实并没有过去几年），也许柯达的教训已被新一代的经营者和读者们迅速忘记，抑或他们可能从未耳闻。

在企业经营的现实中，让大家意识到放弃的必要性毕竟需要时间。尤其是对那些早年构建这些竞争优势而且如今仍在掌权的人，更是需要耐心地劝说与敦促。对于那些与这些优势直接相关的其他人员也需要耐心地说服和动员。适时地果断突变固然可嘉，比如沃顿放弃杂货店业态上的领先优势去创立沃尔玛折扣店。再如，贝索斯在1994年年底的两周前放弃投行的职位和年终奖，果断离开纽约而驾车奔赴西雅图去践行其亚马逊电商梦想。反观IBM，虽然它最终卖掉了其曾经辉煌但风光不再的PC业务，但整个决策和执行过程所展现的不是毅然决然、当机立断，而主要是果敢缺失、惯性凸显。

竞争优势的放大

竞争优势的放大可以通过增强优势自身的大小与强度来实现，也可以通过互补配套的其他竞争优势之衬托呼应与相互激发而完成。具体而言，如下路径影响竞争优势的放大增强（Amplification）：扩容增量与规模经济、跨界扩张与范围经济、配套互补与激发效应。在放大增强竞争优势的过程中，具体的思维模式和运作方法可以借助于价值球、主题与变奏、中枢与滑动等观察视角和指导方针。

从竞争优势到卓越价值：
赢得持久超常经营绩效

扩容增量与规模经济

　　一项业务如果能够在全球范围内得以最大规模地呈现和开展，固然是求之不得，比如几乎无所不在的麦当劳。但朴素的商业逻辑屡屡告诫我们，单店能够盈利自持乃是企业立身的根本。业务的可扩容性（Scalability）只是锦上添花，通过规模经济来增强和放大了那些使得单店能够盈利的竞争优势而已。如果没有基本的竞争优势，也就无所谓增强和放大。

　　当然，像亚马逊和联邦快运那样完全靠全网络的规模经济支撑，而不是靠一个个具体的单店（Point of Sale）来展业、运作、交付和盈利，其总体规模本身就是竞争优势的基础（以及盈亏平衡的保证），而不仅是增强和放大竞争优势的利器。但对于大多数由多个相对独立存在的终端业务点（尤其是像麦当劳那样的实体店）构成的连锁业务而言，如果在平均水平上单店不能盈利，不要说是竞争优势，就连基本的生存都成问题。这种业态下，希望单靠扩容增量来实现盈利的企图通常无异于画饼充饥，主要在于滥用顾客的好奇心与贪婪感以及投资者的不尽职抑或别有用心，最终难以持续生存，遑论盈利。

　　因此，这里所说的依赖扩容增量与规模经济来放大企业竞争优势的做法是对企业已经享有的现有竞争优势的放大。比如，源自西雅图 Pike Place Market 的星巴克。如果星巴克老店本身不能盈利的话，也就不可能有后来的扩张。而星巴克的全球扩张不仅放大了其品牌优势，也同时增强了其全球采购规模以及与加盟商和地方社区的议价能力。规模增进了其现有的多项竞争优势，当然也同时催生了一系列新的竞争优势，比如第三空间的定位以及某种生活品质的象征。你不妨到星巴克老店瞅瞅，它断然不可能成为它所代表的第三空间，而更像是旅游景点的网红奶茶店。

　　需要提及的是，在有些情况下，某些竞争优势是与业务性质和特点、周遭情境氛围以及消费者的偏好与习俗密不可分的。此时的扩容增量企图便很可能是拔苗助长、事倍功半。那些只此一家、别无分店的风味小吃和

第十章
优势集合的管理：持久-放大-取舍-更新

特色饭店等便是此类典范。它们在自己的生态环境中如鱼得水、傲然占先，但换一个地方或者连锁扩展，便失去了自身的魅力和受众的追捧，水土不服、前景黯然。比如，洛阳龙门附近某寺庙门前的三旦羊肉汤铺，每天早上顾客络绎不绝、生意兴隆，过午关张，不求全天营业。不愿扩张的老板不得已曾一度应友人之约到外地开设分店，结果是迅速无功而返。

跨界扩张与范围经济

一花不是春，孤木不成林。企业多元化战略的动机与企图很多。最主要的原因有两个：一是分散风险，二是享受协同效应或曰范围经济所带来的竞争优势。规模经济通过将资源应用到更大规模的同类生产活动和产品类别上而发挥优势；范围经济通过将资源应用到不同类别的生产活动与产品服务的提供上而发挥优势，旨在通过不同生产活动对于同一生产要素的共享而使该要素得到充分发挥和应用，减少浪费、提升效率。采取有限相关多元化战略（Related Constrained）的企业之所以通常绩效优异，主要原因就在于对其核心竞争力在多种业务终端的共享和应用，从而使得其优势不断放大和增强。比如，本田对小型发动机的研发、设计、制造和应用的能力所带来的竞争优势，最早主要聚焦于小型摩托车业务，后来拓展到越野摩托、拉力赛车、微型轿车、豪华轿车、小型飞机等多种相关的业务。通过品类跨界但与主导竞争优势相互关联的扩张，本田不仅成功地在多个领域收获了其发动机领域的竞争优势所带来的优异回报，而且进一步增强和持续提升了这方面的实力。

在数字经济时代，竞争优势的放大与增强仍然离不开多元化战略的助力。亚马逊从最早的书籍和CD售卖，到自营和他营的各类百货与家居产品的销售，再到如今的在线娱乐服务以及针对机构与个人的云服务，极大地拓展了它在电子商务运营管理方面的竞争优势。阿里巴巴的发展历程也展现并印证了同样的道理。从电子商务起家的阿里巴巴，最初专注于B2B（企业对企业）的业务。以"让世界上没有难做的生意"为主旨激励，阿里巴巴在电子商务上的先动优势在于通过构建交易平台而促进各类中小企业间的交易。其之后推出的淘宝和天猫则分别专注于C2C（消费者对消费者）和B2C（企业对消费者）的交易。通过参与上述三种品类的电商业务，其电子商务平台设计、经营、维护和拓展的知识与能力所赋予的竞争优势得以放大和增强。

配套互补与激发效应

主导优势与辅助优势的融合以及辅助优势之间的互补与激发，亦是竞争优势放大与增强的重要手段。无论自身如何卓越优异，任何生产要素通常都需要与之配套互补的要素与资源以及合适的情境才可能充分发挥其潜能与实力。"千里马常有，而伯乐不常有。""好酒也怕巷子深。""龙游沟壑遭虾戏，凤入牢笼被鸟欺。"拥有世界上最先进的设备本身并不意味着能够造就生产制造方面的竞争优势。与之相匹配的勤劳敬业且经验丰富的熟练工人队伍则是不可或缺。在那些设计理念与产品呈现和定型过程高度融合、研发过程与制造过程密不可分的业务上，只有设计实力而没有相应的产品呈现与生产制造的能力，会使得其前端的竞争优势难以充分发挥效果。而二者能够迅速高效融合的企业则会优势凸显、如虎添翼。同样的道理，一个善于制造的企业，尤其是善于将设计意图快速准确地通过产品来呈现的企业，可以通过与全球顶级的设计公司合作而放大自身的高端生产制造优势。也就是说，优势的放大可以是借助于别人的相关优势来配套补充。

回到上述电子商务的例子。如果没有相应的配套措施，各大电子商务平台的早期先动优势也会迅速消失殆尽。搜索、交易、支付、配送、评价、退货、数据处理和供应链管理等方方面面都可能产生互动，直接影响客户的体验与满意度及其重复参与交易的可能性。亚马逊的 Amazon Prime 一次性按年收取的配送费用，保证了全年内各种自营产品（无论大小）的免费运送。这种吸引力，加上庞大的自建配送系统，帮助锁定了无数的

第十章
优势集合的管理：持久-放大-取舍-更新

忠实用户。同样，京东的自营配送系统也放大了其电商产品组合与平台经营的优势。阿里的支付宝业务为其各项电商业务带来了良好的配套补充和支持作用，使得货品交易与金融服务便捷高效地相互激发、促动增强。

价值球

价值链的思维是单一线性的，针对某个具体的产品。多种价值链在一个采用多元化战略的企业中的交互聚合可以被称为"价值球"。价值球的中心，便是各个价值链的交汇点，亦即各个不同的价值链条上企业主要参与的那一段。那一段恰恰是企业最拿手的、最具竞争优势的领域，并且最明显和突出地体现了其核心竞争力与形象认知。显然，价值球是一个空间而不是一条线或者一个平面。这也正支持了我们强调竞争优势集合的优势本位企业观的核心理念：是企业的竞争优势集合而不是任何的单一竞争优势导致企业的持久超常经营绩效。

路易威登酩悦轩尼诗集团（LVMH）涉足的奢侈品业务遍布多个品类，从手包、箱包到时装、皮货，从香水和化妆品到珠宝、首饰和名表，从名酒经营到高端零售。其价值球日益丰盛饱满。居于价值球核心的便是该集团甄选和打理奢侈品的竞争优势，也就是其品牌管理能力以及相应的销售渠道管理能力所促成的竞争优势。对于奢侈品行当中最具价值的品类与品牌的不断收购和兼并使得上述竞争优势不断放大增强，非常有效地利用了规模经济、范围经济的作用以及不同业务间由于互相学习借鉴而产生的互补与激发。

当然，一个企业的价值球不仅可以聚焦于一个核心竞争力，而且可以由多种核心竞争力共同支撑。比如，在过去的数十年里，从资源和能力的角度来看，三星电子板块就至少是个"双黄蛋"架构的价值球。其共同的核心体现在 20 世纪 70 年代开始聚焦的芯片业务以及 20 世纪 90 年代逐渐积累发力的显示屏业务。无论是电视机、计算机还是手机，诸多电子产品都离不开显示屏的应用。芯片更是在数字时代的各种家用电器中无所不在。有了这两项在基础元件上的优势，三星可以在很多业务上将其进行发挥，从而带来三星在不同终端业务上的优势。比如，世界上首款商业量产的大屏幕手机以及折叠屏手机便是由三星推出的。

同样，三星把显示屏技术应用到了家用电冰箱的门面上，可以用来控制冰箱操作，也可以用来观赏网络和影视节目。而这些终端的应用也会对其芯片与显示屏开发进行必要的反馈，有益于其进一步的改善和提升，从而增强其后续优势的构建与应用。2020年，在其液晶显示屏业务优势消失而出现巨额亏损时，三星开始进军新一代的OD（超频）显示屏技术范式。而从产品与市场组合的角度来看，支撑三星价值球的是其彩电与手机业务，二者均稳居全球第一。

主题与变奏

无论是主动设计还是渐进摸索与总结，企业最终注定还是要落脚于某个主题，比如以目标客户群体的需求、核心产品的品类、地域性的专注与承诺或者某种特定的盈利模式为基准而铸就的战略主题，并通过不断地变换其呈现方式与形态来放大这一占据主导地位的竞争优势。细节眼花缭乱，万变不离其宗。仔细观察苹果公司，虽然其以Apple应用程序和iTunes为主导的应用软件开发与相关的服务业务不断增长，但在骨子里苹果公司仍然是一个制造硬件产品的公司。以其独特的操作系统和良好的用户界面以及综合体验为基础的硬件开发与制造方面的竞争优势乃是其战略主题，其变奏则是在iMac、iPad和iPhone等业务上的具体施行，也部分体现在对于iWatch等可穿戴设备的尝试上。

在计算、通信和娱乐世界，乔布斯的远见就是人们将越来越惯常地使用以超级芯片驱动的、计算能力逐渐增强甚至是几何量级增长的各种智能装置。这将从根本上改变人们的生活、工作、学习和娱乐方式。这也是其专注于将相关硬件作为战略主题的判断基础。再往后，其对于未来世界的远见落定于移动智能装置加云数据与云计算。故而，2007年苹果公司推

第十章
优势集合的管理：持久-放大-取舍-更新

出苹果手机，使得其战略主题的最强变奏从原来的 iMac 通过 iPod 的过渡而转向了全新的 iPhone。2019 年，iPhone 的销售收入占到苹果公司总收入的 55%。

与上述"智能移动装置加云数据与云计算"的远见相关，苹果的服务收入中相当一部分来自云业务的订阅服务。虽然在 2019 年全年苹果公司的服务性收入已经达到其总收入的将近 18%，而且服务业务的增长速度是硬件业务增长速度的两倍左右，但硬件业务收入的占比仍然是绝对性的和压倒性的。在此前很长一段时间内，硬件业务的收入一直占据其总收入的 90% 左右。其实，即使是苹果的服务业务收入基本上也是从与其硬件直接相关的服务获取的，比如上述的云服务订阅以及对硬件的保修服务（实际上是给硬件购买保险的 Apple Care）、苹果音乐服务（Apple Music）、游戏（Apple Arcade）和影视节目（Apple TV+）的订阅服务等，以及与其硬件使用直接相关的苹果支付（Apple Card）服务。

明确自己的使命定位是界定清晰战略主题的前提。在苹果公司之前，消费者电子产品的领头羊是索尼公司。其先后倡导的 beta-max 录像机、激光影碟和迷你碟片录音机等硬件产品由于多方原因未能成为索尼公司希望打造的产业标准。索尼公司认为，主要是缺乏内容行业的支持才导致了其硬件业务的折戟沉沙。于是，它开始亲自进军内容行业，比如好莱坞影视机构与全球音乐唱片业务，希望能够通过软硬互补来促进其硬件销售。然而，对于自己毫无竞争优势的软件和内容业务的过分投入，不仅分散了公司的注意力，而且导致了文化上的冲突，并造成了对其赖以起家和生存的硬件研发与制造方面的竞争优势之轻视与搁置，最终被三星公司与苹果公司等后来者所超越。

再看腾讯。大家通常都把其战略主题理解为主要是注重人与人的连接，而不是人与物的连接或者人与信息的连接。从战略取舍的角度来看，腾讯直接剥离了自营的信息搜索业务和电商业务（并最终通过战略投资于其他更具运营竞争力的公司来参与其中），主要聚焦于自己擅长的主题：从 QQ 的 PC 版到手机版，从游戏到微信，从微信起初的纯粹社交功能到进一步与社交相连的流量变现（Monetization）业务（比如腾讯生态圈业务在微信上的一级接口）以及与之相伴的微信支付业务等。这些基于社交主题的业务参与及其拓展无疑帮助腾讯巩固和提升了其在数字经济时代的企业声誉以及总体竞争优势。

中枢与滑动

中枢与滑动，或曰从中枢向潜在的有利机会或者战略要地进行滑动（Pivoting），乃是另外一种寻求竞争优势放大机会的重要思路与视角。此乃具体的行动序列在时空组合上的一种形象比喻。打篮球有"中枢脚"之说，即以某只脚（通常是左脚）为基点，右脚不断移动，在转圈或者往复进退中发现机会从而实现投球得分。羽毛球的竞赛中，也讲究"归中"。"满场飞"并不是走哪儿落哪儿留哪儿，而是从意识上和步伐上迅速地回归自己的中场或者行进中的实际势能中心。这样既可在行动中固守大本营，又能兼顾不同的区域和角落，实现动态的关注与覆盖。

不仅在体育运动中，在国际政治的较量上，中枢与滑动的概念仍然适用。比如，美国的总体国家战略就是以自己的国家利益为准绳，尽量在其左右翼的太平洋和大西洋彼岸制造问题和争端，使之忙于自顾而无暇对美国主动出击或形成威胁，从而最大限度地保持美国的自由和独立。以美国的国家利益及其地理位置为中心，其国际关系战略可以根据情境和事件（当然也取决于现任领导人的价值取向与个人偏好）向不同的地区和热点滑动，譬如重点关注中东抑或远东地区。

企业竞争与生存和盈利的逻辑亦是如此。企业要有主导逻辑，要有战略主题，要有核心业务，更要有体现其战略主题而且可以依靠的盈利模式。这种主题的展现可以通过不同的变奏形式来进行。比如谷歌，参与成百上千种业务，甚至可能每周都有兼并与并购。从搜索到地图再到视频，从生产力应用软件到手机操作系统再到谷歌眼镜，从家居管理的数字仪表到机器人的研发应用，从人工智能到基因测序，这些广袤复杂的业务图景

第十章
优势集合的管理：持久-放大-取舍-更新

似乎令人眼花缭乱、无所适从。但究其实质，谷歌的所有业务都或多或少地、直接或间接地与其广告收入相关。在过去的20年间，广告收入通常能够占到谷歌总销售收入的90%左右。谷歌以广告收入为"中枢脚"，在不同的机会空间游移探索、发现机会并就地得分。这种做法将谷歌广告业务盈利模式的优势拓展到不同的终端业务中，同时也不断地增强和放大了其广告业务的竞争优势效应。

再比如，高度依赖美国农民和农产品的全球最大的粮油原料厂商ADM，其主旨就是把美国农业的生存和利益拔高到国家战略的层面。据相关机构测算，ADM接近一半的利润来自政府补贴。就拿其主要的农产品玉米来说，无论是把它当作人类食品原料、牲口饲料、食品添加剂（比如赖氨酸），还是用于制造乙醇能源，其盈利模式都在于主要依靠获取政府的相关补贴以及优惠政策，具体做法可以是游说政府补贴那些作为其供应商的农户，也可以是通过税收等相关政策来直接补贴它自己的生产制造过程与终端产品的消费和使用。这是其万变不离其宗的盈利源泉，也是其全球竞争优势的可靠根基。

> 世界上没有任何一丝一毫的东西是在自由市场上销售的。绝对没有！你唯一能看见自由市场的地方就是在政客的演讲里。
>
> ——杜安德（Dwayne Andreas），ADM公司前董事长兼CEO

总结而言，价值球思维强调在不同的业务中找到共享的核心竞争力、共享的优势；主题与变奏则强调依据某个战略定位来有意识地设计和选择具体的产品组合向外扩张；中枢与滑动则强调以某种核心业务或者盈利模式为基准和轴心，不断尝试不同的落地机会。三种思维方式既有各自的独特性，又有显然的共性与高度重叠。那就是，价值球的中心点、战略的主题和运营逻辑的中枢最终都是一回事儿。企业一定要有属于自己的独特的主导竞争优势，并通过规模增长、范围扩张和配套互补来有选择地将之充分展现于不同的终端业务上,从而尽量收获该竞争优势所带来的贡献并对该优势本身进行放大和增强。

竞争优势的更新

竞争优势的衰减是自然现象。无论是竞争优势赖以存在的资源与能力本身的自然衰减,还是竞争对手的模仿与替代,抑或环境变化以及运气的影响,都可能使得不同的竞争优势逐渐衰减甚至戛然终止,只是衰减的程度不同或者速度不一而已。因此,及时地更新和添续竞争优势,乃是企业竞争优势集合管理的重要环节,可以帮助企业保持竞争优势集合的饱满与时效性。

需要说明的是,这里所指的更新(Renewal),是通过引入新的竞争优势到竞争优势集合中,从而使得整个集合得到更新,而不是(或者不仅仅是)对于某个特定竞争优势本身的更新。比如,在某专利失效之前想方设法延长其有效期限。这种举措应该是属于某个特定竞争优势本身的持久性问题的范畴。而且,在前面讨论优势的放大的时候,我们曾谈及进入邻近领域从而利用规模经济和范围经济,以及引入互补配套方面的竞争优势。比如,沃尔玛从零售店到会员制购物俱乐部,对于其采购实力以及店铺管理方面的优势而言,这种举措是对其的增强和放大。而对于新进入的业务而言,这本身就是一种新创的竞争优势,一方面使得沃尔玛在会员制业务上享有优势,另一方面对于整个企业的竞争优势集合也是一种更新。同样,当沃尔玛引入卫星通信等先进信息技术来促进企业内部数据共享与信息沟通之际,这本身就是一种新创优势,并且同时放大了沃尔玛在供应链管理方面的既有优势。

如何进行对竞争优势集合的更新?从分析视角来看,企业要不断地监控外部环境趋势与潮流,审视内部运作中的创新机会,并应用和发挥企业的动态能力,从而不断更新企业的业务组合及其相应的竞争优势集合。从

第十章
优势集合的管理：持久-放大-取舍-更新

实现路径来看，企业首先要决定是自己创建（内部开发）还是从外面获取（兼并或者联盟）抑或内外并举。外部兼并要考虑兼并对象与公司战略、组织和文化上的匹配。内部管理既要主动地提升组织学习的功效，也要注重对第八章所阐释的"地下工作者"和"有用的杂草"的发现与应用。就具体的操作方法而言，竞争优势的更新可以通过原始创建、模仿替代、整合出新和分拆派生等多种手段来执行。

分析视角与实现路径

企业监控环境发展变化的能力本身就可能是一种竞争优势。它可以帮助企业比对手更加迅捷和清晰地发现或者捕捉环境变化的趋势与潮流，从而使得企业在某些机会来临之际捷足先登、快速卡位，并在对手明白或者作出反应之前就已经采取行动构建企业在新的竞争时代或者全新的游戏中的竞争优势。比如，在传统的品牌包装快销品行业，一个企业的嗅觉敏锐和反应灵活的营销团队，可以迅速意识到在线广告与促销在数字经济时代的重要性，并比对手迅速地调整其广告与促销战略，向在线成分进行大力倾斜。这种动作可能为企业创立在网络领域全新的竞争优势，尤其是在熟悉和依赖在线信息与服务的年轻消费者中更好地建立自己的品牌优势。

通过并购与兼并，企业可以相对迅速地弥补自己的不足，满足企业发展与总体布局所产生的新的优势需求，从而有效地更新自己的竞争优势集合。比如，从外卖起家的美团，不断地扩大业务的规模与范围。以帮大家"吃得更好，生活更好"（Eat Better, Live Better）为口号，美团首先兼并了同业对手大众点评，之后又进军出行和娱乐等多种与本地化服务（LBS）相关的业务，要让大家吃好、喝好、玩好、住好。在通过外部兼并获得新增竞争优势之际，对企业最大的挑战是如何使得新购业务快速与现有业务以及公司的战略定位、组织结构与流程、企业文化相匹配。否则，冲突和内耗将使得潜在的优势被耗费和抵消。另外一种做法就是，

从竞争优势到卓越价值：
赢得持久超常经营绩效

各个业务保持相对独立，从而最大限度地自主经营并发挥其独特的竞争优势。公司只是从战略布局上以及一致对外等方面给予必要的支持和统领。

在向外看的同时，企业也要相对系统地审视自身内部的各种苗头与机会。无论是通过正规的组织学习，还是容忍与鼓励相对自发的"地下工作者"以及发现和利用那些自然涌现的"有用的杂草"，企业都可以通过内部省察与梳理来构建和添续新的竞争优势。比如，布丁酒店致力于提供针对"小白领"的出行服务。通过对这个阶层人士的需求特点的不断跟踪了解与学习解析，其母公司力求更好地为这个既定的群体提供相关的服务，比如长租公寓和生活社区管理服务等。这些通过组织学习而激发的新兴业务的试水，便很可能为企业带来新的竞争优势。

再比如，在传统的 PC 时代，英特尔将其业务中心从记忆储存装置向 CPU（中央处理器）转换，便是因为管理层意识到 CPU 的研发已经在企业中自然地形成了足够的势力和潜能，而且该领域比 DRAM（动态随机存取存储器）业务具有更富吸引力的价值创造空间与前景。当英特尔在自己发明和创建的 DRAM 业务上受日韩企业的围剿而优势丧失的时候，选择 CPU 业务来构建新的竞争优势乃是顺藤摸瓜、水到渠成，而不是一切从头做起，在全面分析、系统审定之后再去按部就班地执行。这是一个上下互动的不断发现和利用自身条件与现状的过程。

动态能力可以帮助企业更加全面地审视外部环境的变化以及自身重组的可能。同样，由于在其传统的摄影胶片业务上败北而被数字影像业务所替代，柯达被迫破产重组，成为一个小型的以 B2B 为主业的专业影像产品与服务公司，几乎完全销声匿迹。富士的胶片业务亦是难逃灭顶之灾，眼见着该业务上的销售额锐减九成以上，富士公司审时度势，力求通过再组合、再利用自身的资源与能力去"攻陷"新的业务从而构建新的竞争优势。比如，依托它在胶片业务上积累的对传统印制的照片进行抗氧化、抗衰老的技术，富士选择进军护肤与化妆品业务，将其"保鲜"能力用在了新兴业务上。

第十章
优势集合的管理：持久-放大-取舍-更新

操作方法

基于上述的分析视角与实现路径，新兴竞争优势的创建最终要靠具体的方法和手段来进行落实。是原始创建还是模仿替代？是整合出新还是分拆派生？这些都是竞争优势更新的实际问题。

也许最为简单的方法是自然的延展，将业务从一个业态转向另外一个业态，将优势从一个领域传递到另外一个领域。比如，腾讯集团将以 PC 为平台的 QQ 服务转向以手机为平台的 QQ 服务，可以说是为腾讯创建和造就了在移动智能装置系统上的竞争优势，是对整个公司竞争优势集合的一种更新，当然也是对其更高阶层的复合优势——社交网络平台的声誉、基础用户数量和用户黏性——的放大和增强。这种做法，类似于嫁接，其实是自己对自己的跨界模仿或曰复制。

替代，则是完全改变、超越或者覆盖原先的价值提供。比如，即使是刚开始势头很猛的手机 QQ 服务最终也得让位于无所不在的微信服务。原先的 QQ，无论是在 PC 平台还是在手机平台上，主要是针对网上活跃的年轻客户。而后来推出的微信，则为腾讯拓展了基础用户群体，在新的数字经济时代的人与人连接中占据主导地位。这种新兴竞争优势对于腾讯的重要性自不待言。而微信支付则是全新的功能，无论是个体与商家之间的支付关系，还是人与人之间的红包与转账，其新颖的业务定位与服务创新为其整个商业帝国的持续存在奠定了新兴的竞争优势基础。

当然，正如前面探讨竞争优势放大时所说的配套与激发，旨在放大既有竞争优势的更新之举通常也可以与既有优势产生互补性的关系。Netflix 从最早的 DVD（数字多用途光盘）邮寄业务到在线传送影视节目（On-line Streaming）乃是自我取代式的替代性的优势创新——拥抱一种新的商业模式和技术潮流。随着其势力的逐渐扩大以及基础用户数几何级的增长，Netflix 也逐渐增强了其内容生产能力，作为总承包商来整合多方资源，占据整个产业价值创造和获取的制高点。其自产内容服务上的新创优势，与其强大的观众订阅群体规模优势互补互鉴、相得益彰。如果 Netflix 只是把自己当作一个租售 DVD 的企业而缺乏后续的业务模式与竞争优势更新，那么它注定要与 VCR（盒式磁带录像机）时代的 Blockbuster 一样难逃倒闭关张的厄运。

当 IBM PC 业务增长放缓之际，IBM 早已从原先的硬件研发制造商转向智能装置与综合商业服务相结合的全新业务模式。无论是当年的系统整合还是如今的智慧城市，IBM 越来越将其新的竞争优势远离当年起家时所强调的技术优势和对硬件的依赖。现在需要的是智力积聚、系统集成和全球范围内快速反应的能力。在当下的数字经济时代，IBM 的集成能力与商业服务方面的总体解决方案提供仍然是值得信赖的。如果没有足够的优势集合更新，IBM 的命运也很有可能会像当年的王安电脑或者康柏公司一样令人唏嘘。

新的竞争优势也可以通过对现有业务或者资源与能力的分拆而派生出来。比如，松下公司为鼓励内部创新而设立的"一个产品、一个事业部"的政策。任何一个新创的产品，如果具有足够的技术和市场潜力，都可以在公司内成立一个独立自主的事业部。著名的卡拉 OK 系统便是在录音机业务从原来的收音机事业部独立出去之后该事业部的又一次创新。这种创新无疑为松下公司的竞争优势集合更新做出了相应的贡献。再比如，某家银行为了增进后台的效率而不断投资于其信息技术能力的提升与更新。为了最大限度地发挥其持续投入与拓展收入的潜能，公司可以将其分拆单立，可以为自己企业之外的伙伴进行信息技术服务，从而使得信息技术能力成为公司的一项新的竞争优势。

优势本位企业观的潜在误区与积极作用

实事求是地说，强调（尤其是过分强调）竞争优势以及构建竞争优势集合，并不是没有潜在的负面影响的。首先，其风险在于过分关注竞争

第十章
优势集合的管理：持久-放大-取舍-更新

和打败对手而忽略了价值创造和价值捕获本身。对手间你死我活的恶性竞争可能使得大家都在极低的利润区间内挣扎。其次，强调竞争优势集合的构建可能导致企业为了刻意构建多种优势而过分地分散实力，难以在最为影响企业经营绩效的关键维度上构建和保持竞争优势，比如，在一个必须依靠产品和服务的特色才能胜出的业务上，只是力求做到均好但最终没有忠实的客户群体倾力支持、持续买单。最后，过分强调某些领域的竞争优势也可能会相对忽略对另外一些领域中竞争劣势的防范与短板的修补，从而造成"后院失火"甚至致命灾难。比如，为了在竞争中取胜而忽视了法律抑或道德的约束并因此导致在某些领域的行为低于各方利益相关者可以接受的底线。

尽管如此，优势本位企业观的精神实质仍然是合乎理性判断并且是乐观向上的。构建和发挥优势乃是取胜的重要手段。而修补短板、赶上平均、超越底线、摆脱劣势等作为，在通常情况下，顶多能够使得企业在竞争中实现与对手持平，而不能导致取胜。从这个意义上讲，在竞争中取胜，主要不在于减少弱势，而是在于发挥优势。这正是优势本位企业观的核心理念以及构建竞争优势集合的根本出发点。

本 章 结 语

为实现持久超常经营绩效，企业需要构建并获益于一个丰盈饱满和动态演进的竞争优势集合，妥善地打造特定时期的主导优势以及一系列的辅助优势。具体而言，竞争优势集合管理的主要任务在于持久、取舍、放大和更新。对于许多竞争优势，尤其是主导的竞争优势，企业需要尽量使之持久延续，为企业的经营绩效不断做出重要贡献。这就要求企业有意识地阻止对手的模仿和替代，并同时加速自己竞争优势的更新换代，从而能够积累迭代出企业的持久竞争优势。不同的竞争优势之间可能互相矛盾冲突，而且有些竞争优势可能不再符合企业的未来战略定位或者不甚符合未

从竞争优势到卓越价值：
赢得持久超常经营绩效

来环境与行业发展新趋势的要求。因此，企业要对不同的竞争优势有所排序甄别，从而能够适时取舍、均衡布局。这就需要考量不同优势自身的特点，比如其核心性、异质性、力度大小、与其他优势的关系，以及与战略和环境需求的匹配。同时，企业需要通过规模经济、范围经济以及配套激发等多种方法尽量将某些竞争优势的作用影响予以增强放大。任何竞争优势都可能被逐渐耗蚀削弱，直至衰败消失。不断地更新添续企业的竞争优势乃是竞争优势集合管理的严峻挑战。根据企业的战略目标以及内外的机会来主动地更新企业的优势集合，无论是通过主动的组织学习还是对自发性创新的容忍与鼓励，都是使得企业能够与时俱进、永续经营并实现持久超常经营绩效的重要促成因素。

第三部分

卓越价值共创：BEST分析框架

数字经济时代是价值共创的时代。企业间一对一的竞争已然逐渐被以不同核心企业为主导的生态系统之间的竞争所替代。与之相应的商业模式将会被不断创新。终端消费者也被日益裹挟到价值创造的过程中来，无论是通过共享经济的模式还是通过其数据行迹参与。也就是说，这是大家共同参与创造价值的时代。

然而，企业的存在不仅需要创造价值而且需要捕获价值。如何通过适当的商业模式设计和实践来创造卓越价值并捕获属于自己的价值，乃数字经济时代企业战略管理面临的直接挑战。为了帮助企业管理者应对这一挑战，本书第三部分重点介绍 BEST 分析框架。

BEST 分析框架由四个相关的部分构成：商业模式（Business Model）的选择、生态系统战略（Ecosystem Strategy）的考量、共享经济（Sharing Economy）的契机与问题，以及价值创造过程中对于品味与格调（Taste & Style）的关照，从而最终实现创造卓越价值的初衷。具体而言，上述每一个部分都会通过进一步细分的分析框架来予以呈现。如图Ⅲ.1所示。

首先，商业模式乃是企业关于价值创造的总体设计和运营逻辑，涉及其针对特定目标受众的价值主张、依赖于关键资源和核心活动的价值交付过程，以及决定其价值捕获的盈利模式。我们通过两个分析框架来考察商业模式创新：闭环模式与吃饭哲学。闭环的商业模式，强调对价值捕获的青睐。我们的"5S"分析框架主要考察消费者的信息搜寻（Search）和商家对其进行的建议提醒（Suggestion），旨在鼓励重复消费和长期客户关系的订阅使用（Subscription）和相应的渠道衔接（Synchronization），以及力争将交易的完成（Sealing the Deal）锁定在企业自身的活动范围内或者至少是在自己的生态系统内。

第三部分
卓越价值共创：BEST 分析框架

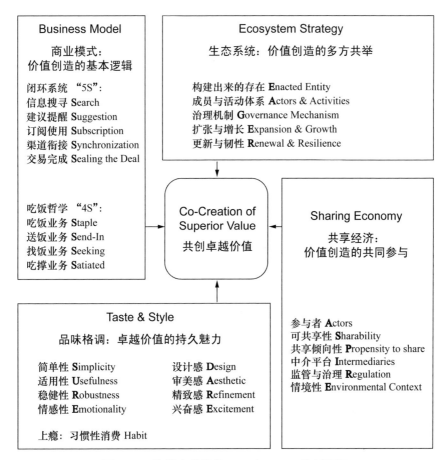

图Ⅲ.1　共创卓越价值：一个 BEST 分析框架

应用吃饭哲学的比喻，我们的"4S"分析框架则注重企业内同一个商业模式内不同的业务之间的关系以及不同商业模式之间的关系与共性。"吃饭业务"（Staple），乃是企业赖以生存的主业，贡献最大的收入或者利润份额。"送饭业务"（Send-In），则是对"吃饭业务"提供流量或者进行补充的业务。

所谓的"找饭业务"（Seeking），主要是指那些在与现有"吃饭业务"相距较远的新进业务领域中的尝试，可以最终成为服务于现有"吃饭业务"的"找饭业务"，也可能发展成为全新的"吃饭业务"之一。

"吃撑业务"（Satiated），则指的是"吃饱了撑的"以后才会采取的某种创意大胆但高度冒险的尝试，通常是极端地梦想未来但基本没有多少成功的可能。

其次，我们用一个EAGER分析框架来梳理生态系统战略的方方面面。与自然生态系统的概念不同，企业生态系统主要是一种构建出来的存在（Enacted Entity），是一种介于组织和环境之间的复合体，由不同的参与者（Actors）构成。这些参与者的活动（Activities）与交流由特定的治理机制（Governance Mechanisms）来调节和管理。生态系统的主要目标是不断地扩张和增长（Expansion & Growth）。生态系统战略亦需注重生态系统的不断更新（Renewal）从而保持其新鲜活力，而且还要重视自身韧性（Resilience）的培育与应用，以便能够更加从容有效地应对各种突发的挑战与危机。

再次，我们用一个ASPIRE分析框架来解读共享经济给价值共创带来的机遇与问题。共享经济的参与者（Actors）可以是个人，也可以是企业或机构，可以提供共享，也可以接受共享。需要指出的是，共享经济所涉及的范围取决于价值载体（产品、服务与体验）本身的可共享性（Sharability），包括其物理特性以及社会属性。而且，不同的潜在参与者往往具有不同程度的参与共享经济的意愿，亦即其共享倾向性（Propensity to Share）。另外，一个极为重要的环节是存在一个值得信赖并具有足够的包容、协调和促进能力的中介平台。显然，共享经济也需要监管与治理（Regulation），包括参与者的自律与自治以及政府的法规与管制。还有，我们考察共享经济的适应情境（Environmental Context）以及演进状态与可能性。

最后，我们强调价值创造过程中对人们生活方式的关注与提升。工业经济时代的特点是强调价值载体的功能性，以效率为主旨。数字经济时代则更加注重消费者的感受以及生活方式上的全面满足，需要凸显价值载体所体现的品味与格调。我们通过两个相互关联和补充的分析框架来考察价

第三部分
卓越价值共创：BEST 分析框架

值载体在功能性以及品味与格调上的表现。一个是 SURE 框架，包括简单性（Simplicity）、实用性（Usefulness）、稳健性（Robustness）和情感性（Emotionality）。另外一个是 DARE 框架，包括价值载体的设计感（Design）、审美感（Aesthetic）、精致感（Refinement）和兴奋感（Excitement）。

生生不息的 BEST：谷歌与亚马逊

2019 年，谷歌品牌以 1677 亿美元的估值高居 Interbrand 全球最佳品牌榜的第二位，仅次于风靡全球的苹果公司。难怪，谷歌自己就是"倒腾"广告的，打磨自己的品牌那是相当在行。谷歌的"故事流"仿佛就没断过。2004 年，大家刚开始意识到谷歌的搜索引擎比雅虎的搜索引擎好用的时候，谷歌开始做地图了。同年，谷歌推出的 Gmail 也赚足了人气，你想试用？得有人推荐和邀请！2005 年，谷歌兼并安卓，进军手机领域。2006 年，谷歌兼并 YouTube，介入视频业务。2009 年，通过并购 AdMob，谷歌引领移动互联网广告潮流。再往后，谷歌把摩托罗拉移动买了又卖了，开始做社交业务，开始研发无人驾驶汽车和谷歌眼镜，进入智能家居和物联网、机器人、云计算、基因排序等领域。一时间，谷歌长袖善舞，无处不在。

谷歌的使命到底是什么呢？"整理世界的信息并使之在全球范围内最大限度地易得适用"。谷歌通过用户的搜寻和在线行为了解其动机，并从中获取商业利益。针对搜索内容的定向广告是实现谷歌使命的利器。谷歌的业务很多元吗？是的。至少从其参与的业务范围来看，可谓五花八门、眼花缭乱。谷歌的收入来源很多吗？非也。复杂背后有简单。谷歌的商业模式非常清晰，盈利公式极为简明。说白了，谷歌就是一个广告公司，用高科技手段"倒腾"广告的。在过去的 20 年里，广告收入在谷歌总收入中所占比例平均在 95% 以上，有些年份甚至高达 99%（比如 2004 年和

从竞争优势到卓越价值：
赢得持久超常经营绩效

2007年）。由于收购的摩托罗拉移动的贡献，2013年和2014年广告收入在谷歌总收入中的占比最低，分别是91%和89.5%。虽然最近几年广告收入的比重略有下降，但其90%左右的分量，无论从哪个角度来看，都是绝对压倒多数、一支独大。无广告，不谷歌。2019年，谷歌在搜索市场上的广告收入占美国73%的份额，在数字媒体领域的广告收入占全球32%的份额。

其实，无论是通过自主研发还是通过外部收购，谷歌的总体战略和业务创新一直是以其收入和利润的核心源泉——用信息换广告——为逻辑主线来布局的。那就是，千方百计地使人们尽量多地使用网络，使用搜索，使用谷歌的应用和服务。对所有业务创新的最终检验也许只有两个：是否符合公司使命？最终能否从中获利？

谷歌前董事长埃里克·施密特（Eric Schmidt）曾经说："第一步是要做到无处不在，然后才是收入问题。如果你能构建持续吸引眼球的业务，你总是能够发现明智的方法去从中盈利。"在吸引眼球方面，谷歌颇具耐心，"放长线，钓大鱼"，希望通过自有技术的开发控制信息技术的架构与平台，从而最终成为"主导物种"，占据生态系统的制高点。作为"主导物种"，谷歌为内容提供商、广告商、第三方开发商和用户提供了互动的平台。谷歌在硬件、操作系统、数据管理软件等方面保证了从头到尾的控制。

回头再看谷歌令人目不暇接的各种故事，似乎顺理成章、行阵有序。其实，在提供有用信息这一使命的大前提下，谷歌的布局还是相当有自律性和结构性的。邮箱、地图、视频、浏览器、办公软件、专题搜索、手机开发与制造、平板电脑、移动操作系统、社交、电商、云平台等，这些业务的核心共性，是其背后的广告收入。虽然谷歌的无人驾驶汽车和谷歌眼镜等新潮项目为谷歌带来了激进创新的显赫声名，但是迄今为止，其可盈利创新仍然主要发生在与搜索相关的核心业务上。

所有的业务都是要鼓励人们更加频繁广泛地使用互联网，尤其是移动

第三部分
卓越价值共创：BEST 分析框架

互联网。谷歌共同创始人谢尔盖·布林（Sergey Brin）曾说："我们希望人们尽可能多地使用他们的手机，无论是安卓、苹果，还是其他什么手机，其实都无所谓。"如今，谷歌 CEO 拉里·佩奇（Larry Page）则采用一个著名的"牙刷准则"来衡量潜在并购对象：它们的产品是否客户每天都要使用一两次？是否使人们生活得更好？仔细想想，即使看来已经跨界甚远的无人驾驶汽车，也是离不开实时的地图搜索和应用。谷歌在成长。至少，无论其业务多么繁杂，钱袋子通过什么方式鼓起来还是很清楚的——商业模式清晰，生态系统强大。

再看亚马逊。在 1994 年成立之初，亚马逊主要专注于网上售卖书籍和 CD，开启了全新的商业模式。显然，这两大类支撑其初始业务的产品都是标准件。产品本身没有差异，无论谁来买卖都是一样的东西。亚马逊之所以是一个数字经济时代价值创造的典范，恰恰在于其对信息的重新组合。就拿书籍来说，它售卖的数目和种类范围大于任何一家实体书店，甚至大于任何一家图书馆（对同一时期出版物）的馆藏。除了仓储物流，其最重要的功能其实是信息的搜寻和排列。

有了足够的信息积累，比如用户搜寻的总体趋势和特别偏好以及逐年积累的用户书评，亚马逊可以对畅销书进行推荐，也可以向具体的用户推荐他们可能尤为感兴趣的书籍和产品。从书籍和 CD 到自建多品类的网上"超市"和"百货公司"，并同时为其他驻场商家提供网上卖场平台，亚马逊成为名副其实的全球最大的电商网购生态系统，与其各类合作伙伴们一起为用户提供不断扩容增量和品类众多的服务与体验。

订阅服务更是亚马逊的一大特色。最早的订阅模式发生在其运输配送上。Amazon Prime 的年费会员制，保证了其自营产品的全年免费运送。后来，此会员利益还被拓展到免费获取大量的音频和视频产品。同样，订阅模式被广泛地采用于重复性购买的产品与服务品类，比如手纸、饮料、狗粮等。这种不假思索的重复性购买，有效地将客户锁定（Lock in）于自己的生态系统。

从竞争优势到卓越价值:
赢得持久超常经营绩效

在配售方面,亚马逊也积极地参与共享经济,尝试与Uber等平台合作或者直接雇用本地的司机来配送当地的订单,保证在客户要求的时间段内送达。如今,全渠道销售(Omni-Channel)正在日益成为潮流。通过构建实体自提店Amazon Go和收购有机食品零售连锁店全食公司(Whole Foods),亚马逊正在逐渐尝试进行线上线下的吻合衔接以及互相补充。对全食公司的收购同时也意味着对消费者品味与格调的注重以及对消费者生活方式的贡献与影响。

综上所述,正像谷歌与亚马逊的案例所展现的,从商业模式、生态系统、共享经济到价值提供的品味与格调,我们的BEST分析框架将会有助于企业更加系统地审视和改进它在数字时代的价值创造与价值捕获。

第十一章　商业模式：价值创造的基本逻辑

随着大家的兴趣和语境从竞争优势逐渐转向卓越价值，战略与战略管理也日益被商业模式的现象和概念所逐渐代替。卓越价值的创造，依赖于商业模式的创新。此乃数字经济时代的共识。本章首先考察商业模式的概念与实质要义，比较商业模式与战略管理的相互关系，然后推出两个有助于思考和应用商业模式的分析框架，亦即"5S闭环系统"和"4S吃饭哲学"对商业模式创新的启发。"5S闭环系统"涵盖信息搜寻、建议提醒、订阅使用、渠道衔接和交易完成五大环节，强调一个具体的闭环商业模式的系统完整性。"4S吃饭哲学"则将企业的业务和相应的商业模式划分为吃饭业务、送饭业务、找饭业务和吃撑业务等多层梯队，注重公司内部不同商业模式之间的关系和潜在的共性。

什么是商业模式？

在当下的数字经济时代，大家似乎都在不断追问同一个问题：我们的商业模式是什么？我们如何创造价值？商业模式的更迭与转换，其背后反映的往往是技术进步和社会变迁所带来的生活方式和经营环境的改变，通常不以作为环境中个体的企业之意志为转移。如何适时顺境地选择和改变

从竞争优势到卓越价值：
赢得持久超常经营绩效

自己的商业模式乃是在当下构建和保持超常经营绩效面临的严峻挑战。

什么是商业模式？商业模式可以理解为对企业所参与的价值创造活动的总体设计，包括三个基本要素：价值主张、价值提供和价值捕获。价值主张，即确立为什么样的客户提供什么样的价值。价值提供不仅涉及企业自身的角色定位与活动设计以及关键的资源与过程，而且要考量在价值创造过程中与其他企业和机构之间的分工与协作关系。价值捕获，亦称盈利公式，则主要解决收入从哪里来和利润怎样产生与分配的问题。

> 商业模式是一个企业有关其价值创造过程的总体架构设计，包括价值创造、交付和捕获机制。其实质正是确定企业价值创造的逻辑和方式：如何向用户交付价值，吸引客户为价值付账，并将这些支付转换为利润？如此，商业模式反映了企业经营者的一系列假设：顾客需要什么？他们怎样需要？企业如何组织自己的活动去最好地满足这些需要、收取费用并获得盈利？
>
> ——大卫·梯斯（David Teece），伯克利加州大学教授

比如，作为一家全球著名的"快时尚"服装企业，ZARA在时尚捕捉、产品设计、材料采购、生产制造、物流配送、门店经营、数据管理、品牌打造等多方面曾经引领潮流、卓尔不群。对服装生产和销售整个产业链上各个环节的精心安排与把控，使得ZARA能够将较高性价比的当期时装以全球最快的速度呈现给那些热衷时尚、追逐新潮但又收入有限的消费族群。小批量、多品种、快节奏、勤周转。你在店里货架上看到的是该店所有的商品，没有仓储，没有库存。你今天看上某件衣服，过两天再来可能已经被别人买走了。三天之内，一个ZARA店铺可以把货架上所有的商品全部更换一遍。每次去ZARA的购物体验，都是类似最后一次的机会。这与正常节奏的服装零售的商业模式大相径庭。当然，随着供应链的日益发达以及生产周期的日益缩短，也许此类的快时尚商业模式也会受到颠覆。时尚可能不仅仅是B2C（企业对

第十一章
商业模式：价值创造的基本逻辑

消费者），也可能是C2B（消费者对企业）或者C2M（顾客对工厂），由顾客自定时尚，并引领相关的企业和制造商来帮助他们呈现。

陈东升曾言，率先模仿就是创新。最近也有人说，C2C就是"复制到中国"（Copy to China）。其实，还有一种做法，更为简单直接，既不模仿，也不复制，那就是T2C，即"翻译成中文"（Translate into Chinese）。这种事情，一百多年来，就基本上没有断过。严复、梁实秋等翻译家以及商务印书馆等机构都从事过此类活动。比如，商务印书馆的"汉译世界名著丛书"使无数中国学者受益于西方的精神文明。中国社会科学出版社在20世纪80年代出版的由马洪主编的"国外经济管理名著丛书"为中国管理学教育的发展做出了不可磨灭的贡献。

如今出色地担当此任的当属引领图书界时尚潮流的中信出版社。其品牌定位越来越清晰：商务畅销书的提供者，主要是西方（尤其是美国）商务畅销书的提供者。从商务畅销书英文版的问世到其中文版的问世，可能只需要两周到一个月的时间。如果提前介入，很可能达到与英文版同步出版。这就要求足够的专业和敏锐。洞悉美国商务畅销书市场的动态，识别风尚和潮流，调配翻译队伍，组织生产和销售。这意味着对全产业链上几乎所有环节的介入，包括最后的零售门店，比如中信的机场书店。于是，大家都知道，如同ZARA一样，中信的书是"快时尚"畅销书。显然，这与中华书局做经史子集方面的经典长销书的商业模式截然不同。毫无疑问，时尚不一定能够持久，甚至也不一定有道理。但意欲靠时尚赚钱的企业必须采用相应的有利于从时尚中捕捉价值的商业模式。

> 商业模式就是讲故事，讲述企业如何运作的一系列故事。它也要回答每一个管理者必然要问的一个问题：我们如何在这个业务上赚钱？商业模式失败，无外乎两方面：一是故事本身不能自圆其说，二是盈亏数字不能自相平衡。
>
> ——琼·玛格丽塔（Joan Magretta），《哈佛商业评论》前编辑

商业模式与企业战略的关系

商业模式与战略的相似性

商业模式和战略都是关于价值创造的不同语言体系,侧重不同、殊途同归。如果我们采用最为简单粗暴的解读方式,商业模式可以被认为是数字经济时代企业战略的特定体现方式。就其相似性而言,价值主张类似企业使命,价值交付(关键资源与核心活动)类似战略实施,价值捕获中的盈利模式类似于战略中的竞争优势考量。如此,在很大程度上,可以说战略和商业模式不过是对同一问题和现象的不同说法,只是角度和语境稍有不同而已。

商业模式与企业战略的层次交错与相互包络

细究起来,商业模式和经营战略在具体内涵和分析层次上还是具有很大区别的。

一方面,商业模式也许比企业战略覆盖面更加广泛。大而言之,商业模式可以是行业或曰产业层面的模式,是某种具体的业态形式。比如,在零售业,电商与实体店便是不同的业态,体现的是截然不同的商业模式。这种情境下,商业模式显然是比该行业内任何的公司战略都宽泛的一个概念。

当然,针对同一种商业模式,不同的企业可以采取不同的战略。同样都是从事电商经营,某些企业采用差异化战略主打高端市场,比如进口高端母婴产品;另外一些企业则会采取成本领先和低价策略来面向大众市场,比如拼多多的团购。大家的战略定位可以是定向垂直业务,比如聚美优品,也可以是综合平台,比如京东商城。

第十一章
商业模式：价值创造的基本逻辑

另一方面，战略的范畴也可以比商业模式更大更宽。首先，在一个企业的公司战略层面，它可以同时采用多种商业模式来运营自己不同的业务。比如，衡水老白干的高端酒品1915与普通玻璃瓶的老白干，针对不同的消费者群体，与不同类型的伙伴协作，采用不同的展业方式和定价策略，最终采用的其实是不同的商业模式。

其次，一家公司也可以用同一种商业模式来运营不同的业务，比如当年以定制PC著称的戴尔公司，无论是B2B还是B2C业务，采用的都是大规模定制模式（Mass Customization）。总结说来，从某种意义上说，公司战略的任务就是如何在同一家企业内同时管理不同的商业模式。

再次，在某个具体的业务战略层面，企业可以在同一个业务上运用不同的商业模式。比如，一家蔬果种植企业可以采用大规模种植模式来满足走量的低价生态系统的客户需求；也可以同时采用另外一种商业模式来跟完全不同的合作者打交道，提供特定要求的有机食品或者特供食品。也就是说，企业的业务战略同样可能存在着同时管理多种商业模式的问题。

需要强调的是，商业模式主要关注企业通过什么方式组织其经营活动（包括与合作伙伴的互动）；而战略则是要在企业的经营活动中造就自己独特的优势地位，无论对手采用不同的商业模式还是采用相同的商业模式。商业模式本身并不一定带来竞争优势和卓越价值。问题的关键仍然在于企业的竞争优势：企业能否通过其商业模式获得竞争优势并创造卓越价值？企业战略能否使得自己在采用同一个商业模式的众多企业中脱颖而出、独占上风？

商业模式不应该是缺乏真实竞争优势的新借口和遮羞布。卓越的价值创造有赖于持久的以及不断更新的竞争优势。竞争优势的获取和保持，正是战略管理的终极诉求，包括对商业模式本身的不断审视和再选择。下面我们介绍两个有助于商业模式创新的分析框架。

"5S"分析框架：商业模式的闭环系统

企业界的创新，在于不同经营要素的不断重新组合。从原材料到产品与服务,从生产方式到运输方式,从技术手段到管理天资,从组织流程到商业模式,这些经营要素的组合与再组合,亦即熊彼特所谓的"创造性破坏",使得我们的商业社会日益精彩、经济不断发展。在当今的数字经济时代,创新体现的无疑是信息的重新组合。基于信息的重新组合,新的产品和服务被发明,新的业务提供与交付方式被创立,新的搜寻模式和交易模式被催化,新的支付手段和评价体系也随之应运而生。

对于商业模式创新而言,除了技术进步,企业对其用户需求的深入洞察和敏锐捕捉乃是一个主要驱动因素。企业的价值创造不仅需要针对目标客户群体的定位精准的价值主张,而且需要相应的价值提供手段来交付,更需要有效的价值捕获机制来留住属于自己的那部分价值。价值捕获手段直接涉及商业模式中的盈利模式的设计。一个有效的商业模式尤其是盈利模式,通常是希望把交易变现的环节截留在自己的活动范围内。能否控制交易环节,是否能够形成闭环系统,将在很大程度上影响企业的价值捕获。

这里,根据企业对于消费者需求的发现、诱发和满足过程中的关键要素,我们勾勒一个具体的关于闭环商业模式的"5S"分析框架:信息搜寻(Search)、建议提醒(Suggestion)、订阅使用(Subscription)、渠道衔接(Synchronization)和交易完成(Sealing the Deal),如表11.1所示。信息搜寻和建议提醒旨在精准地发现和诱发用户需求。订阅使用解决的是时序上的重复性和持久性,力求使得目标客户中的核心群体形成习惯性的消费模式。渠道衔接意在解决特定时点上不同用户渠道与界面之间的匹配与吻合。交易完成专注于商业活动的闭环设计,把收入和利润留在企业的活动体系之内或者自己的生态系统内部。"5S"框架将会有利于大家更好地理解和创造性地应用数字经济时代商业模式创新的基本构成要素。

表11.1 闭环商业模式的"5S"分析框架

信息搜寻 Search	建议提醒 Suggestion	订阅使用 Subscription	渠道衔接 Synchronization	交易完成 Sealing the Deal
迅捷性	合法性	刚需性	互补性	瞬时性
适用性	针对性	忠诚度	平行性	闭环性
场景性	自然性	经济性	排他性	可比性

第十一章
商业模式：价值创造的基本逻辑

信息搜寻

交易费用的一个重要组成部分就是搜寻成本。搜寻的便捷，乃是信息经济时代的一大特征。然而，在信息经济时代，困扰客户的一个巨大的障碍恰恰也是信息——信息超载和噪声频繁。如何在众多杂乱无序的信息中迅速准确地获取自己想要的东西，乃是一项极具价值的服务。我们可以从如下几个方面来考察搜索的功用：迅捷性、适用性和场景性。

首先，时间和耐心永远是稀缺资源。在数字经济时代尤为如此。迅速的回馈与反应，已经成为所有网络用户想当然的预期标配。搜寻结果的迅速呈现与直接展示对于高效的用户服务而言乃是不可或缺的。那些钓鱼式的、希望进一步明目张胆地索取用户信息的商家将会一无所获。大家既不愿意暴露隐私，亦不愿意浪费时间和精力于那些不能立刻获得结果的搜寻上。

其次，搜索的适用性，也是吸引用户并将其锁定在某个生态系统内的重要诱因。适用性意味着对于用户搜索企图的满足程度。如果搜索结果的本身不够客观、全面、准确、相关，用户自然不会形成偏好性的重复使用。

最后，是搜索的场景性，也就是说，在用户有具体的需求要被满足的情景下搜索功能的存在与便捷。在一个购物网站，比如亚马逊，如果用户可以直接搜寻到专家意见和其他用户评价，这对其在该网站直接下单的概率会有较大的贡献。如果该用户还必须转到其他的搜索引擎寻求相关信息的话，很可能离开现有网站而不再回归。数据表明，关于零售方面的搜寻，用户正在逐渐用亚马逊替代谷歌。在数字广告收入方面，亚马逊在美国的市场份额将很快接近15%，而原来占绝对领先地位的谷歌的市场份额将缩减到70%以下。对于这种竞争性威胁，谷歌早已有所反应。对于谷歌而言，一个以搜索为主业的企业也想构建自己的闭环生态系统，从而直接提供消费和交易场景，比如谷歌结账和谷歌支付。

信息搜索也将日益镶嵌入每个用户最为喜爱和偏好的情境中。这些情境与载体是他们在网络世界的基站和出发点。最早上网的一批人，其主页可能仍是门户网站，而后来的用户则可能是以各类垂直服务网站为基准——新闻网站、视频网站、游戏网站、社交网站，比如优酷、爱奇艺、Bilibili、头条、快手、抖音、微信，等等。如何将搜寻功能与该网站所主导或者参与的生态系统的盈利模式紧密对接，乃其用户服务面临的巨大挑战。

建议提醒

在搜索的基础上，企业还需要主动地向用户进行建议提醒，开发和创造价值。不仅仅是用户需要什么就提供和满足什么，而是积极主动地培育用户，让他们知道他们需要什么，启动他们尚未意识到或者尚未纳入预期的需求。建议提醒需要有合法性、针对性和自然性。

对于用户而言，不是谁的建议都有意义。建议提醒必须首先具有足够的合法性，可以基于相关领域的专家评论与鉴别，可以基于正面形象较佳的意见领袖抑或各类明星的代言，也可以基于大多数用户的真实好评与推介，还可以根据自己客观的销售记录以及对供应商的信任。从这个意义上说，大众点评和 Trip Adviser 等长期积累的信息及其基于相对客观的数据所进行的推荐可能更加具有合法性和可信性。同样，亚马逊的图书推荐和自己网站上特定品类中的"最佳销品"（Best Seller）也相对较为公正可信。

在营销实践中，所谓的客户关系管理意味着发现有价值的客户，千方百计地从多方面开发和满足他们的需求，从而能够全方位地从他们身上捕获价值。哈佛商学院的一项研究表明，有些情景下，20%的客户可以为一个商家贡献其200%的利润。隐含的意思是，另外80%的客户中很多实际上是消耗企业利润的，他们的净贡献其实是负值。根据用户的搜索范围与特点以及实际的使用与交易记录，企业可以发现那些有价值的客户（比如购买单品价值通常较高，购买总量大，购买频次高），并主动地为

第十一章
商业模式：价值创造的基本逻辑

他们推荐相关和适用的产品与服务。这也是"对症下药"的高附加值的服务。当然，所谓的针对性，不仅仅是极端"势利眼"地盯住钱袋子，而是力求为大多数用户提供贴切具体的建议。毕竟，长期而言，口碑和满意度本身也是用户黏性的一个重要贡献因素，虽然不一定直接贡献于利润，但提升的是人气，打磨的是企业形象。

还有，建议提醒必须是相对自然的和友善的，最好让人感受到服务的细致和精当，而不能让人感觉到高压兜售和刻意紧逼。因此，无论是从数量上、种类上还是从呈现方式上，建议提醒都应该是锦上添花、水到渠成，而不是"诱敌深入""关门打狼"，也不是每天聒噪不断，处处弹窗闪烁，夺人眼球，干扰试听。用户应该感觉到从容，至少没有直接地感受到不适甚至反感。这不仅需要技术能力的强大，更需要足够的敏感、自律和耐心。不能像某个夸张的笑话所调侃的那样，某人在某网站上买了个棺材，从此每天都会没完没了地收到有关各类棺材信息的推送。

订阅使用

订阅使用貌似是新经济时代的特色之一，其实历史悠久、源远流长。说得直白一点，婚姻也算是夫妻之间的一种"互相订阅"。航空公司的常飞客计划、酒店的常住客奖励计划、报纸的订阅、牛奶和瓶装水的订购、健身房的会员制，等等，都是订阅使用的常见例子。订阅服务的存在与延续取决于双方博弈的均衡。对于商家而言，它们需要稳定的客源和重复的购买。而对于用户而言，真正要从订阅中享受实惠，必须考虑订阅服务实际上是否真正地需要并划算。具体而言，我们考察三个指标：交易的刚需性、忠诚度和经济性。

如果没有重复的需求，一锤子买卖或者零星的交易根本不需要订阅。即使在短期内需求频繁，但长久而言，并不是持久性地需要重复购买的产品与服务其实也不甚适合订阅。重复性和长期性的购买与使用体现的是刚需，也是订阅的一个基本前提。对于用户而言，不需要每次购买时的思

从竞争优势到卓越价值：
赢得持久超常经营绩效

考、对比与选择。对于商家而言，不需要无目标地投放广告与促销便可锁定可靠的用户资源与收入来源。从信息重组的角度来看，简化了搜索、签约与交易过程，节省了相关的所有成本，为双方提供了便捷。营销中的所谓客户黏性，在某种程度上，说的就是其订阅使用的倾向性，无论是按时定期的订阅，还是随时随地想起你，隔三岔五地回访你。

按时定期地包月或包年付费的用户乃是商家重要的"衣食父母"，是它们赖以生存的核心受众，商家自然重视有加。用户也通常会得到礼遇和利益。从忠诚度的角度而言，订阅服务使得双方增进了相互的承诺和期许。你总是重复地光顾某个航空公司和酒店，自然会得到上宾待遇和优惠。比如，早在模拟时代，以超优质服务著称的四季酒店就以对重复访问顾客的细心关照著称。客人一下出租车，门童在帮助客人下车和运行李的过程中会礼貌地问客人是否入住过这家酒店。如果之前住过，门童就会向前台的服务生以某种手势示意。服务生就会脱口而出"欢迎您再次下榻我们的酒店"。即使客人莫名其妙地好奇或者不置可否地回应，心里自然还是会有些许惊喜。当然，在如今的数字时代，用户的信息都在数据库里，一目了然。回头客和订阅使用者自然会得到重视。比如，如果你是某个零售店的超级会员，通过人脸识别，你一进店可能就会有人笑脸相迎，帮你导购并提供专属定制服务。

然而，需要指出的是，并不是所有的业务都需要订阅使用。即使订阅可能对商家有利，但对用户也未必是必需的。比如，商家发放的购物卡或者其他的服务年卡，平均而言，只有70%左右的充值额度会被实际消费。用户要么将卡券丢失，要么忘却，要么卡券或者条款过期。如此，对于商家而言，只要其发放的类似订阅使用的卡券以不低于七折的价格售出，售卡本身就能盈利，更不用说产品与服务本身的盈利了。如此，长期而言，订阅的经济性也注定是考量的重要因素之一，用户与商家都得觉得合适合算才行。

第十一章
商业模式：价值创造的基本逻辑

渠道衔接

数字经济时代，所谓的新零售凸显的是多渠道或者全渠道营销，是线上和线下的全方位拓展与渗透。人、货、场、信息、供应链。如何在适当的时间和地点用适当的价格和方式将适当的产品和服务提供给适当的用户群体，是营销乃至整个企业经营管理的终极挑战。如何在不同的渠道间布局、调配与衔接乃是最为直接和具体的挑战。在此，我们考虑三种不同的情境：互补性、平行性和排他性。

也许，我们最常听到的是线上和线下的融合与无缝对接。这也是所谓的吻合与衔接（Synchronize）最为核心的实质内涵。无论是网上搜索下单加线下送货体验，还是在实体店内购物与消费但通过线上手段完成交易，用户追求的是最为便捷的服务与体验，既要避免线上虚拟世界的冰冷被动和无法对产品进行直接观察与体验的缺陷，又要逃离实体店的拥堵排队和品类与库存的不足与有限。比如，开在社区附近的自我服务超市正是这种渠道衔接的初步尝试。当然，不同的渠道间还可以互相激发与补充。比如，故宫博物院的数字呈现或者卢浮宫的线上介绍可能会增进用户实体参观体验时的发现与乐趣。柏林爱乐数字音乐厅的线上直播可能会使全球更多的古典乐迷渴望并实际上去领略其实体音乐会的风采。

即使是所谓颠覆性的技术创新和商业模式创新，通常也不是一蹴而就的。如此，不同渠道同时平行存在的可能性依然不可小觑。不同的人群，由于年龄、背景、教育程度和收入水平等多种因素，可能会青睐不同的销售渠道和体验方式。即使是同一个用户群体，不同的时间和场景，也会在不同的渠道之间转换。此时的渠道衔接，其实是跨时段意义上的，而不是在同一个时点上的。比如，一个通常在网上购物的用户，偶尔也会特意到实体店去体验社交购物的独特意蕴与快感；总在家里看剧的青年，也会邀约好友到电影院小聚。如何在成本可控的前提下设计和开放多种平行的渠道来获客和留客，也是用户管理的一个难点。

另外，我们也应该注意到，在所谓的数字经济时代，并不是数字化横扫一切。模拟时代的传统和风范可能依然会在某些圈层和社区持续存在。如此，渠道衔接，并不注定是线上和线下的交融，而很可能是当下与历史的对接。在数字传送和线上播放的时代，依然有人坚持听黑胶唱片。到了某些传统的高档餐厅，仍然要给你呈上传统的菜谱，甚至是竹刻的抑或丝绢的，你拿平板电脑让客人点菜则可能是一种冒犯。数字时代，讲究的其实不是数字或者数字化本身，真正讲究的是智能与精准。一切都要妥帖合适。

交易完成

与信息搜寻的场景性相关，交易的完成与实现其实是商业活动最为关键的一环，其他一切都是序曲。房地产中介最为信奉的口头禅就是："一切都要为交易的最终签约完成（Closing）让路！"没有交易，收入与利润便无从谈起。本书一再强调，即使是专注于搜索服务的谷歌，也逐渐拥抱交易功能，力求将交易的实现也锁定于自己的生态系统，而不只是为人作嫁。交易的完成可以从瞬时性、闭环性和可比性三个方面来考察。

如前所述，瞬时性直接对应搜寻的场景性，无论是搜索业务提供自己的交易通道与界面，还是零售业务提供强大的相关搜索，用户在搜寻之后都需要立竿见影，即刻完成交易，瞬时搞定购买。此时，信息搜寻与交易完成之间需要即时地无缝对接。这种瞬时性可以从总体上提高交易的数量。即使是考虑到用户事后可能反悔退货的概率，它仍然能够为企业的收入和利润做出巨大贡献。

闭环性意味着交易的完成与实现是在自己的企业内或者至少是在自己的生态系统内实现的，要么是自己拥有的交易平台与界面，要么是自己的紧密合作伙伴的渠道与功能。但由于交易本身是在自己的搜索功能下诱发的，即使是诉诸合作伙伴的渠道与平台，企业在分账过程中仍然能够占据相对主动的地位。其实，广义的生态系统内的合作不仅仅限于搜索和交易之

第十一章
商业模式：价值创造的基本逻辑

间，而是可以发生在任何的场景。比如，微信支付中的一级接口，可以直接地使用户从社交与信息服务跳转到自己生态系统中的商业伙伴去完成交易。

当然，瞬时性和闭环性也必须建立在一定的经济层面的可比性上。交易的场景性和方便迅捷固然重要，但信息时代的价格比较其实基本上是没有多少成本的。用户可以非常容易地比较不同交易完成场所的价格。如果闭环系统内瞬时完成的交易和其他主要网站或者交易场所的价格出入较大，用户自然会奔向价格最优的交易场所。比如，某个航空公司自己网站上的价格如果不如携程优惠或者条件灵活，用户便没有理由在该公司的网站上完成交易。如果没有实质性的价格差别，用户则通常会倾向于瞬时性和闭环性较强的搜寻和交易一体化平台。毕竟，给定足够满意的价格区间以及与之相关的价格定位的认知印象，至少在短期内消费偏好与习惯还是会有一定的惯性。

"4S"分析框架：从"吃饭哲学"看商业模式

"互联网+"时代的全民创新运动方兴未艾、风起云涌。大家对各类新颖商业模式的探寻和追捧更是激情不减、与日俱增。冷静地思考和观察，我们会发现：首先，一个商业模式的成功不仅要有自洽的内在逻辑，而且要有潜在的提升余地和演进空间，从而使得该模式能够尽可能多地包容和适配多种业务，尽可能持久地跨越和顺应多个发展时段。其次，一个商业模式的应用，应该是一个动态发展的过程，由符合该模式的业务形成梯队，源源不断地去践行和补充。

从公司总体战略的角度来看，它所参与的不同业务可能会采用不同的商业模式，而且它们在公司业务组合中扮演的角色往往是不同的。然而，类似传统战略管理领域强调的业务之间的相关性与协同作用，不同业务之间在商业模式上也可能具有某种相关性和一致性。我们不妨以"吃饭哲学"为比喻来看一下一个公司的不同业务在商业模式谱系上的关系，尤其是在具体的盈利模式上的关系。按照对公司当下收入和利润的贡献来看，我们可以将不同业务划分为四个基本类型（"4S"）："吃饭业务"（Staple）、"送饭业务"（Send-In）、"找饭业务"（Seeking）和"吃撑业务"（Satiated）。前两者基本上是属于同一个商业模式下的相关业务；后两者则主要是新创业务的尝试，可能与前两项业务息息相关，也可能踏入全新的领域。图 11.1 显示了谷歌的"吃饭哲学"。

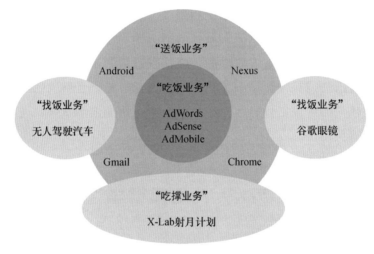

图 11.1　谷歌的"吃饭哲学"

> 商业模式总是要谈及如何更有效地去竞争。如果你启动你的公司或者你的职业生涯，你才不想要竞争。你想制造垄断。我们就是要投资那些拥有好的计划去制造垄断的公司。
>
> ——彼得·蒂尔，《从 0 到 1》作者

"吃饭业务"

一个企业当下最为核心的业务，贡献主要收入和利润的业务，我们可

第十一章
商业模式：价值创造的基本逻辑

以称之为"吃饭业务"。吃饭业务乃是企业的长项和根基，是其价值创造和价值捕获的主要领域和手段。因此，保证"吃饭业务"的存在和兴盛，乃是整个企业生存的前提。皮之不存，毛将焉附？"吃饭业务"是分内大事，是每日的主要食物成分，其他都是锦上添花，为了吃得更好、更有滋味和特色。

显然，对于新创企业和成长时期较短的企业而言，"吃饭业务"往往与公司起家的业务有着千丝万缕的联系。随着时间的推移和公司的成长，公司可能逐渐多元化并且转移其经营领域的重点。但无论如何，"吃饭业务"至少在某些具体的指标上乃是清晰可见的。其中一个重要指标就是收入的贡献，另外一个重要指标是利润的贡献。

比如，我们多次提到的美国粮油食品企业 ConAgra，其核心业务从价值链的前端（粮食作物的收储和初加工）逐渐向下游（包装食品）迁徙。但在任何时间点上，它都会有意识地保证其 50% 以上的年销售收入来自一种业务或者一组紧密相关的"吃饭业务"，而不是过多地分散其业务组合。

再比如，在韦尔奇治下，通用电气的金融业务与实业的贡献日益旗鼓相当。尤其是在其任期的后期，金融业务对于整个公司利润的贡献率一度超过 50%。虽然大家可能认为通用电气是一个工业产品巨头，但实际上金融服务成了其"吃饭业务"，虽然这些金融服务大多是与其工业产品的售卖相关的。也就是说，其工业产品业务在很大程度上是金融业务盈利的场景或借口，反倒成了下面将要介绍的"送饭业务"。

当然，通常情况下，也许大家主要是看收入的占比，而不是利润的占比。其一，长期而言，如果没有盈利，一个具体的业务不太可能持续存在。其二，在数字经济时代，大家看中的主要是增长潜力和未来盈利的能力。其三，不同行业和业务的盈利率不一样。对于一个自己的核心竞争力更适用于低盈利率业务的企业来说，它大概偶尔也会染指某些高盈利业务而惊叹于利润之巨大，但大概也无须去怀疑和否定自身的"吃饭业务"。毕竟，你最好去干那些你善于干的业务而不是那些你想去干但又干得不太好的业务。还好，在很多情况下，收入和利润这两个指标其实是比较正相关的，收入贡献大的业务同时大多也是盈利较好的业务。比如，谷歌的收入和盈利绝大多数来自其广告业务。

"送饭业务"

"送饭业务"则是给"吃饭业务"提供流量抑或补充服务的业务。网络时代，大家经常挂在嘴边的辞藻是眼球（Eyeballs）和流量（Traffic）。有了足够的眼球，才有发现和利用商机进行变现（Monetize）的可能。有了足够的流量，总有办法去从中盈利。于是，那些提供眼球和流量的业务，乃是使得很多企业的"吃饭业务"得以顺畅运行的必要前提。

这些"送饭业务"本身有些盈利，有些亏本贴钱，有些可以通过第三方提供或者共同打造与维护。另外，除了直接倒送流量的"送饭业务"，比如微信中的广告投放对于某些商家"吃饭业务"的提醒、推介和引领，还有一些"送饭业务"主要在于对"吃饭业务"进行互补性的服务，使得用户在使用这些业务的时候会自然地或者必然地使用"吃饭业务"，比如谷歌的安卓手机操作系统内置的许多功能对于谷歌的信息搜索系统等与广告收入直接相关的"吃饭业务"的贡献。

显然，为了使谷歌赖以吃饭的搜索业务能够被更多的人更频繁地使用，谷歌精心设计了诸多的外围业务，为其"吃饭业务"导流量，比如谷歌地图、YouTube 视频、Gmail 邮箱、Chrome 浏览器等。再看苹果公司，其"吃饭业务"则是其硬件（iMac、iPad、iPhone 等）业务，也是占其总收入的 90% 左右。iTunes 等所谓的生态系统内增值服务，相当于是对于硬件的"送饭业务"。这些相关的"送饭业务"本身的精彩和功用，也是大家购买苹果硬件的主要原因之一。说到底，谷歌是一个广告公司，苹果是一个硬件公司。

换一个角度来看，其实不同的业务之间可能是互相"送饭"。一个好的内容提供商能够为一个平台带来超级流量，顺便惠及其他内容提供商，

第十一章
商业模式：价值创造的基本逻辑

也为整个平台增光添彩。而一个平台的势力壮大也会为平台上的所有选手进一步扩大流量和曝光。作为腾讯微信上的一级接口的腾讯系伙伴，显然得到了微信流量的巨大利好，而它们的存在与贡献又同时增加了微信的总体访问量和日活跃用户量。同样，谷歌的搜索业务流量给其他业务"送饭"；其他业务也为其搜索业务"送饭"，从而最终通过广告变现。

"找饭业务"

未雨绸缪。一个企业在现有的"吃饭"和"送饭"游戏之外，一定要开发新的潜在发展空间，去不断补充符合现有商业模式的业务储备，抑或催生全新的商业模式。这种企图下的业务开发，我们称之为"找饭业务"。所谓的"找饭"，起初的逻辑，大抵是对于"送饭业务"之可能性的最为广泛的搜寻，去拓展边界、寻求新的流量来源。但至少两种可能性会出现：其一，新的业务确实成为"送饭业务"的未来梯队成员之一。其二，新的业务可能与现有"吃饭业务"完全无关，不是"送饭"，而是找到了新的"饭辙"，是与现有"吃饭业务"平行的业务，甚至势头强劲并有可能替代现有"吃饭业务"而成为未来主导性的"吃饭业务"。

比如，谷歌眼镜（可穿戴移动互联网终端）和无人驾驶汽车（需要实时地图搜索），既可成为现有（以广告收入为主的）商业模式下新的"送饭业务"，也可以拓展谷歌对各种全新业务的想象空间。在苹果的业务体系内，苹果手表便是其新的"找饭业务"，要拓展其业务边界，充分利用其设计能力和 iOS 操作系统的功能，并促进其生态系统中各类 App（应用程序）的充分利用。

再比如，美团的"吃饭业务"是其赖以起家的餐饮团购。其独特的竞争力在于通过整合需求来扩大需求规模从而给商家带来便利并从中获取自己的价值。其"找饭"的过程不仅是对餐饮团购这一业务本身的支持和补充，而且是对于支撑其"吃饭业务"的独特能力的拓展和应用。因此，美团在邻近的本地化服务（LBS）领域内"找饭"的新举措便是按图索骥、顺理成章，比如旅游和娱乐服务。

自 2014 年以来，谷歌号称每个星期就可能兼并一家企业，从智能家居到机器人，从人工智能到基因测序，涵盖的业务范围令人眼花缭乱、目不暇接。这些新进业务也许与其"吃饭业务"有些关联，也许可能在将来独当一面、自成一体。在这个意义上，"找饭业务"与上一章讨论的竞争优势的更新是出于同样的考量，都是为了保持公司未来的发展前景和持续潜力。

回到传统经济的例子。美国粮油食品企业 ConAgra，以四家联合面粉厂起家，为了扩大对其主业面粉的需求，开始进入面包和其他粮食制品业务。这些业务的特殊需求，在增加了面粉销量的同时，又迫使面粉业务不断改进以满足不同业务的特定和精准的要求，实现了新旧业务之间的互相促进。久而久之，该企业的重点也从基础的粮油食品原材料的初加工业务进入盈利空间更为广阔的精加工和成品制造业务。原来的"送饭业务"演化成了新时期的"吃饭业务"。

"吃撑业务"

当一个企业有钱且任性之际，它可能涉足一些"吃饱了撑着"（Satiated）的时候才干的貌似不太靠谱的业务，可能突发奇想、不可思议，显得极端冒险、不自量力。这些业务"打水漂"的概率极大；但如果成功，很可能引爆若干倍数量级的疯狂增长。这种业务给人以幻想的浪漫和挑战的勇气。它超出常规，不着眼于当下的吃饭和生存，而是期冀于未来的梦想与格局。这种业务给大家带来信心和希望，去不断地拓展人类探索的边界。

对"吃撑业务"的考量，在很大程度上取决于具体的时间点。原先极为"吃撑"的业务在一定尝试之后也许其可行性会急速提高，比如原先被认为是"吃撑业务"的无人驾驶正在日益成为现实，成为"找饭业务"的一部分。毕竟，无人驾驶依赖于电子地图的全面系统性和即时精

第十一章
商业模式：价值创造的基本逻辑

准性。而电子地图正是谷歌的主要"吃饭业务"之一。基因排序，对于以信息搜索为核心的"吃饭业务"而言，貌似属于"吃撑业务"的范畴，但也逐渐接近"送饭业务"和"吃饭业务"的范畴。大而言之，基因也不过是信息的组合而已。

再看马斯克商业帝国的航天梦想和人工智能梦想。从 Paypal 支付到特斯拉电动车再到私人登月计划与人类脑机接口，其所作所为在大多数人眼里基本上还是属于"吃撑业务"的范畴。完全靠商业力量而不是政府资源去实现把人类送上月球的梦想，正在一天天地接近现实。同样，将芯片植入人脑，实现人机互联将是人类发展史上的重大突破。过去，人的先进性体现在人类能够制造和使用工具。未来，人的智力也许更多地体现为人机共处、共学、共行以及互相激发的能力。

商业模式间的关系和共性

纵观谷歌的商业模式，我们可以清晰地看到其不同业务之间在商业模式上的紧密关系。谷歌的价值主张，是使得全世界有用的信息对所需要的相关人群适用易得。对于搜索者而言，人们即时有效地得到了准确有用的信息。对于被搜索的信息所涉及的商家而言，他们可以更加精准有效地通过广告投放找到他们需要的顾客从而促成交易。这种价值提供，通过谷歌自己的广告服务体系（AdWords）和与其他网页拥有者合作的广告服务网络（AdSense）以及在线广告系统（AdMobile）来共同实现。

谷歌公司的总体盈利公式非常清晰，就是靠广告收入来获取其信息服务的价值。无论是其"吃饭业务""送饭业务""找饭业务"抑或"吃撑业务"，多多少少都是与其共享的商业模式相关的，尤其是与其共享的盈利公式相关，那就是最终所有业务的贡献都基本上落实在广告进项上。此乃不同商业模式间的共性，也是谷歌的立身之本。

再看三星的电子产品业务。三星不仅在电视和手机等终端产品上雄踞全球市场份额第一，而且在显示屏和芯片等元器件业务上独占鳌头。这些元器件被广泛应用于几乎所有现代电子产品。比如前文曾经提到过的三星电冰箱产品的创新,三星利用自己先进的显示屏技术将电视屏幕镶嵌于冰箱的外立面。

可以想见,从显示屏的角度来看,电冰箱等家电产品的创新拓展了其"送饭业务"。从终端电子产品的角度来看,母公司卓越的显示屏设计与制造技术(比如用于电视机的曲面屏幕和用于手机的折叠屏幕),在某种意义上,也可以被看作对这些产品的"送饭"和拓展。

"互联网+"时代的商业模式

再看我国的互联网翘楚,其基本的商业模式和核心的"吃饭业务",大概都已经初具形态。曾几何时,腾讯的即时通信和游戏连接人与人。阿里的平台、物流、金融和大数据主要是基于人与物(以及支付)之间的关系。与谷歌相仿,百度业务的核心焦点是人与信息以及相关服务之间的关系。在与腾讯和阿里之距离日渐拉大之际,百度现在则押宝于人工智能和医疗等相对新兴的业务。靠硬件起家的小米,积极进军物联网领域。京东依靠其物流优势和客户体验正在深挖电商潜力。引领本地服务业潮流的美团和58同城等也在不断扩张自己的版图。这些代表中国互联网主力阵容的企业,在新的时代,在"互联网+"的大潮中,似乎已经不再拘泥于原有的或者人们熟悉的定位。每家企业都在大肆收购,疯狂扩张;刀光剑影,摩拳擦掌;紧锣密鼓,布局抢滩。作为局外人,我们在纷繁乱象中如何把握其行动背后的实质?作为局内人,也许掌管这些企业的企业家和管理者同样需要预见和回答类似问题。

- 我们是不是有清晰的商业模式,尤其是明确的和可持续的盈利公式?
- 如何处理不同的商业模式之间的关系?
- 如何看待我们在不同经营情境下面临的挑战和机遇?
- 我们现有的"送饭业务"是否能够保证在可以预见的未来有

第十一章
商业模式：价值创造的基本逻辑

足够的饭吃？
- 在现有"吃饭业务"和"送饭业务"之外，哪些领域可以扶持"找饭业务"？
- 哪些"找饭业务"可以形成新的"吃饭业务"或者"送饭业务"？
- 哪些业务属于"吃撑业务"？这些业务有希望吗？我们输得起吗？

本 章 结 语

进入21世纪，数字经济提速扩容。在新的商业环境和语境中，商业模式乃是当下的时髦现象和术语。商业模式可以被理解为企业的结构性安排和流程上的设计，用于指导其自身以及与合作伙伴共同进行的经营活动，从而更好地进行价值创造。具体而言，商业模式可以被分解为价值主张、价值交付和价值提供这三个密切相关的方面。价值主张界定为哪些目标客户提供什么样的价值；价值交付依靠的是相关资源与活动体系；价值捕捉靠的是稳健的盈利模式。

商业模式与企业战略各有侧重、殊途同归。在同一个战略层面和战略布局中，可以同时出现多种商业模式。同一个商业模式也可以通过不同的战略来支撑与实现。商业模式关注价值创造活动的一般性模式。企业战略旨在构建和保持企业自身的独特优势。在数字经济时代，商业模式的创新本身就通常具有战略意义，能够帮助企业在商业模式的较量中占据上风。从这个意义上讲，战略的核心挑战在于不断进行商业模式上的创新。商业模式则是企业战略的实际体现。

本章推出两个具体的分析框架来帮助管理者理解和应对商业模式创新的挑战。针对闭环系统的商业模式，"5S"分析框架注重盈利模式和价值捕捉，同时关注价值交付的过程及其关键要素，亦即有关顾客需求的信息搜寻和建议提醒，以及有关顾客服务的订阅使用和渠道衔接。基于"吃饭哲学"的比喻，"4S"分析框架将企业的不同业务以及相应的商业模式的功能定位分类为贡献主导性收入或利润的"吃饭业务"、为"吃饭业务"提供流量或互补服务的"送饭业务"、在"送饭业务"之外继续搜寻和尝试的"找饭业务"，以及在"吃饱了撑着"的时候干的非常规性的而且成功概率极小的"吃撑业务"。企业需要以"吃饭业务"为核心与基准，不断地进行业务拓展以及相应的商业模式创新。

第十二章 生态系统：价值创造的多方并举

在数字经济时代，价值创造通常是价值共创，产业的概念逐渐模糊，企业间一对一的竞争和较量逐渐让位于企业群组间的对垒和交锋。最为典型的现象便是企业间的生态系统。本章详细探讨生态系统的特质、构成与动态。生态系统既是一种思维模式也是一种实际现象，它是基于核心企业的意图和设想构建出来的一种独特存在，介于环境与企业之间，兼具市场和组织的双重特性。生态系统战略，便是参与成员在既定治理机制和规范的引领下共同演进和共同专业化，从而共同创造价值。其最为本能和直接的战略目标是实现不断的扩张与增长。其核心挑战在于通过对参与成员间多边相互依赖性与多边互补性的挖掘和应用来打造生态系统特定的竞争优势；同时，需要对该生态系统进行不断更新并保持和增强其应对危机与灾难时的韧性。

忽如一夜春风来，价值共创舞翩跹。在数字经济时代，似乎战略角力、争奇斗艳以及传统意义上的你死我活、死缠烂打已然是明日黄花、过眼烟云，而如何采用新的商业模式、平台战略和生态系统从而创造全新的价值才是最为真实的和最为可靠的商业实践。现实催生观念，观念改变现实。无论你是否愿意承认，如今人们的语境和观念变了，不管真实的世界是否发生了根本改变。当人们的语境和观念改变之后，直接带来的便是行为的改变。与其关注竞争优势和最终盈利,不如关注现在的时髦说法——价值创造和价值捕获,或者说是如何与合作伙伴与互补者们进行价值共创(Value Co-Creation)。欢迎来到价值共创的世界!

竞争优势与价值共创

传统的战略管理思维专注于企业自身的竞争优势以及相应的利润攫取。价值创造的范式则注重价值的共创,包括核心企业(Core Firm)与合作伙伴(Partners)的共创以及与最终消费者的共创。从某种意义上来说,竞争优势思维注重如何在对手间分配价值,如何在竞争中胜出从而能够更加强势地攫取价值;而价值创造的说法则同时关注价值创造和价值捕获,不仅强调如何论功行赏、分配价值,而且主要是强调如何才能促进多方协作、共创辉煌。表12.1对竞争优势思维与价值共创思维这两种战略管理思路进行了多维度的比较。

表12.1 竞争优势思维与价值共创思维的比较

	竞争优势思维	价值共创思维
战略主体	企业自身	企业生态系统
主要参照系	竞争对手	其他生态系统
战略目标	在竞争中胜出 瞬时盈利/长期盈利	企业增长 长期盈利
价值创造的关注焦点	价值捕获	价值共创
顾客的角色	价值的接受者	价值的共同创建者

简而言之,竞争优势思维强调以企业自身为基本分析单元和主体,兼及合作伙伴及各种合作安排,比如战略联盟和企业网络。其主要参照系为竞争对手,那些与其争夺资源、顾客与盈利的其他企业。其主要战略目标是要战胜对手从而在竞争中胜出。用价值创造的语言体系来看,这种思维更加重视价值捕获而不是价值创造本身。也就是说,竞争优势思维主要是关注如何从竞争中比对手更多地攫取利润。从某种意义上说,战胜对手和

第十二章
生态系统：价值创造的多方并举

获取利润也许要比为消费者提供更好的价值来得更加重要和直接。打一个不恰当的比喻：两个对手比赛打猎，比赛关注的焦点只是获取猎物的多少，而如何对待猎物本身则不是考虑的重点，甚至不在考虑范围之内。顾客或曰终端消费者主要是价值的被动接受者，其反馈通常不会左右产品的设计与提供。

价值共创思维则以核心企业所构建的生态系统为基本分析单元，同时涉及自己生态系统内的多方选手（供应商、分销商、合作伙伴、互补产品与服务替代者）。此时的竞争，不再是企业间一对一的竞争，而是一组企业与另外一组企业的竞争、一个群体与另外一个群体的竞争，也就是一个生态系统与另外一个生态系统的竞争。其参照系是其他生态系统。其主要战略目标是通过自己的生态系统内的互补与协作而实现自己的价值创造意图，亦即不断增长和扩张从而实现持久领先与长期盈利。同时，这种思维模式也往往把终端消费者作为生态系统中不可或缺的一部分，把消费者当成共同创造价值的合作者或生产者。比如，消费者可以通过自己的消费习惯数据的贡献来帮助相关的企业和生态系统来对其提供更加精准有效的服务。显然，这种思维模式强调的是价值共创。当然，生态系统的主导企业，作为其核心物种，自然是最大的受益者。从这个意义上讲，生态系统并不是不关注价值的获取或曰价值在不同参与者之间的分配，而只是更加强调价值的共创而已，尤其是通过其生态系统中多方选手的同时互补与合作来共创价值。

> 不要为你的产品寻找顾客，要为你的顾客寻找产品。
> ——赛斯·高汀（Seth Godin），美国商业畅销书作家

生态系统：一个 EAGER 分析框架

生态系统与价值共创乃是本章考察的主要内容。我们首先给作为价值

共创主体的生态系统下一个工作定义。企业生态系统是由核心企业所构想、创立和管理的，由多方合作伙伴参与的一个价值创造体系，大家在共同认可的治理机制下进行互动合作，其主要目标是不断扩张和增长。

生态系统战略，特指某个核心企业通过构建其生态系统与多方合作伙伴共创价值并促成"生态系统特定竞争优势"的作为。这种生态系统特定竞争优势来自生态系统的多方成员之间由于重复互动而形成的该生态系统特有的一些多方共享的资产、知识、能力等竞争力（Ecosystem-Specific Competencies）。这些特定的竞争力，如果符合资源本位企业观所谓"有价值而且独特、稀缺、不可模仿和难以替代"的标准，则可为该生态系统带来在一定程度上可以持久的竞争优势，使得该生态系统比对手企业或者其他生态系统更好地创造价值。

下面，我们通过一个整合性的框架 EAGER 来阐释企业生态系统的构成与动态以及相应的生态系统战略。EAGER 框架包括如下五个方面：生态系统作为一个"构建出来的存在"（Enacted Entity）、"参与成员及其交互行动"（Actors and Activities）、"治理机制"（Governance Mechanisms）、作为其主要目标的"扩张与增长"（Expansion and Growth），以及生态系统的"更新与韧性"（Renewal and Resilience）。关于 EAGER 框架的简要总结，请参见表 12.2。

构建出来的存在

生态系统：思维模式与实际现象

在商务语言体系中，大家如今常用的所谓生态系统（Ecosystem），是按照某种思维模式构建出来的存在。所谓构建（Enactment），意指按照某种理念和设想所创设、建立和呈现出来的东西。它既有想象和演绎的成分，亦是一种实际的现象和存在。比如，大家常说的家族或者帮派，有远

第十二章
生态系统：价值创造的多方并举

表 12.2　生态系统战略：一个 EAGER 分析框架

构建出来的存在 **E**nacted Entity	生态系统既是一种思维模式也是一种实际现象。它是依照核心企业的意图与设想构建出来的一种存在，介于环境和企业之间，兼具市场和组织的双重属性。
参与成员及其交互行动 **A**ctors and Activities	生态系统的参与成员包括核心企业及其上下游企业、合作伙伴和第三方互补者等。大家共享价值创造的广泛愿景或者具体的价值主张并通过共同演进和共同专业化来共同创造价值。生态系统战略的实质在于创建和利用那些基于多边依赖和互补的生态系统特定竞争力及其带来的生态系统特定竞争优势。
治理机制 **G**overnance Mechanisms	生态系统的治理机制与相应的规范旨在界定和管理参与成员的参与度、角色定位和行为准则、成员自由度以及责权和利益分配的约定。生态系统的参与程度取决于其开放性、正规性、紧密性和排他性。
扩张与增长 **E**xpansion and Growth	扩张和增长乃是生态系统战略关注的主要目标。生态系统战略注重价值创造以及对自己能够不断开创价值创造新领域之能力的证明，而不在于短期盈利本身。扩张与增长给生态系统带来压力和动力，也为投资者、消费者和观察家激发期冀与想象力。
更新与韧性 **R**enewal and Resilience	正如企业的核心竞争力会成为核心包袱，生态系统的特定竞争力也会变得不再相关。核心企业需要谨慎地选择那些具有自我更新能力的参与成员并与它们一起不断地进行自我更新、不断地重构生态系统的特定竞争力并增强在应对危机和灾难时的韧性。

有近、有大有小，实际的界定和存在反映的是具体的理念和设想。有时候，近亲也不被当作自家人，通常视而不见；有时候，远亲倒可以走得很近，甚至被纳入核心圈内。也就是说，生态系统是按照某种意图和理念而想象出来的存在。这种意图和理念，通常反映在某种价值创造的远见与愿景或者某种具体的价值主张上。

作为一种"构建出来的存在"，生态系统既是一种思维模式（Mental Model），又是一种实际现象。既然是基于某种思维模式所构建出来的存在，就会在某些地方有别于那些天然的存在。比如说，任何一个自然的生态系统内，都会有生产者、消费者和分解者。三者之间主要是食物链的关系。而企业生态系统中的参与者之间主要是交换关系。而且，企业生态系统中主要的参与者，往往都是与核心企业具有合作或者互补关系的，属于大家通常认为的"××系"的。显然，这种理解上的生态系统是不包括"天敌"的。这是有选择的感知与构建，是一种根据选择性的感知与设想而构建出来的存在。

设想下面这种情境。假设你在某个大学读书。四年下来，你会发现校园里的很多区域和路径你根本就不曾涉足。宿舍、食堂、教室、图书馆和运动场才是你每日常规活动必去之地。对你来说，虽然整个校园是一个常规意义上的自然生态系统，但你自己所能够想象到的和实际生存于其中的那个生态系统，是由那些你每天打交道的人和地方构成的。这种意义上的生态系统，就是你自己所构建出来的存在，是你自己在大环境中"抠出来"的一个部分，一个属于你自己的、被你占据过的、跟你直接相关的"亲触环境"或曰"私有环境"。这个生态系统乃是你足迹所至的汇聚总合以及日常活动的整体叠加。

企业也是一样。它的生态系统，是它在常规意义上的环境中自己"抠出来"的，是自己构建和营造出来的一种存在。对于核心企业而言，该生态系统中的参与者是根据它自己的战略意图和价值偏好来遴选的。不仅如此，这些参与者都在某种程度上与核心企业有所共识，包括价值创造方面的愿景、大家的角色定位和分工以及相应的治理机制与准则等。

> 你要成为一个独一无二的公司，哪怕是一个很小的生态系统中的唯一的公司。
>
> ——彼得·蒂尔，《从 0 到 1》作者

生态系统：既是环境亦是组织

上述对生态系统的界定和解读，主要是从核心企业的环境方面来考量

第十二章
生态系统：价值创造的多方并举

的。其实，与战略联盟和企业合作网络相似，生态系统属于介于企业和环境之间的某种制度性安排，也就是文献中常说的"介于外部市场和企业内部阶层体系之间"（Between Markets and Hierarchies）。如此，一方面，它既不是完全外在的市场，也不真正属于企业组织的内部；另一方面，它既有外在市场环境的特点，又同时具有一定的组织特点。也就是说，这种构建出来的存在，不仅可以看作企业的"私有环境"，而且可以被宽泛地解读为一种组织形式。

虽然作为独立实体和法人的各方参与者并不受制于核心企业的直接管辖，但它们毕竟有足够重复固定的交往互动并承诺遵守某种相关的章程与约定，而且参与者认可和接受核心企业在大家共享的生态系统中的主导作用。从这个意义上讲，核心企业的生态系统可以被认为是其自身组织的一种延展，是一个广义的组织。这也符合大家常说的"××系"大家庭的概念。概而言之，企业生态系统乃是由某个核心企业与合作伙伴共同构建的一种特定的环境，一种跨越组织的组织。大家在某种共享的价值创造愿景下互补互动、共创价值。

生态系统的参与成员及其交互行动

生态系统的参与成员亦即构建该生态系统的核心企业及其各类合作伙伴。核心企业，乃是生态系统中的基石以及领袖。其他参与者主要包括其供应商、销售商、合作者以及第三方互补者。大家都是独立存在的个体，各自自主决策。虽然在很多情况下，核心企业与参与成员之间可能会有股权上的关联，但不同的参与成员仍然具有相对独立性和决策自主性。在此基础之上，由于享有价值创造方面的某种一般性的共同愿景，或者由于某个具体的价值主张，大家走到一起来，交互行动，参与到共同创造价值的协作过程中。当然，某些成员可能就是核心企业或者现有参与成员为了某个价值主张或者价值创造的独特需求而专门投资设立的或者部分收购的。

它们之间的交互行动主要体现在共同演进（Co-Evolution）、共同专业化（Co-Specialization）和共同创造价值（Co-Creation）三个方面。

> 在一个业务生态系统中，不同的企业围绕一个具体的创新并通过共同演进来打造它们的能力：它们既竞争又合作，共同支持新产品的开发、满足客户需求并最终孕育下一轮的创新。
> ——詹姆斯·F. 穆尔（James F. Moore），商业生态系统概念首创者

模块化与互补性

在讨论生态系统中各方参与成员之间的交互行动之前，我们首先探讨其交互行动的必要性与可行性。模块化（Modularity or Modulization）和互补性（Complementarity）乃是生态系统存在的重要原因。模块化使得提供不同技术服务和不同零部件的企业之间可以迅速地对接与组合。如果没有足够的模块化，所有的技术和零部件业务都深深地镶嵌在同一个企业（抑或不同企业）自身复杂的技术体系之中，就很难实现不同企业间的共享与协作。而且，从激励的角度而言，大家都想自己做核心企业从而整合别人。如此，生态系统的建立既缺乏足够的激励，又面临技术上和组织上的可行性的挑战。

如果某种价值创造活动的不同构成部分有足够的模块化的空间，则不同企业间的分工便会变得精细，专业性得到增强。有些企业愿意只做能够在多种平台使用的插件（Plus-ins）或者零部件（Components），而不自建平台。有些企业则专长于总体技术与产品构架设计（Architectural Design）或者业务总包与产品集成（System Integration）等更加接近平台的角色。这些企业通常是更有可能构建生态系统的核心企业。

当然，模块化只是生态系统赖以出现的一个重要条件。如果这些模块

第十二章
生态系统：价值创造的多方并举

化业务的产品可以在公开市场上买到，那么相关的核心企业便没有必要构建自己的生态系统，而只需完全利用外部市场即可。与之相应的结果，则是核心企业大概也不会因此获得独特的竞争优势。根据定义，可以在公开市场上买到的要素通常都不可能为企业带来竞争优势。如果核心企业能够比其他企业更加有效地整合这些能在公开市场上买到的要素，那么其竞争优势仍然不是来自这些模块本身，而是来自自己独有的整合能力。

只有当不同的模块之间（尤其是不同企业的模块与核心企业的业务之间）有特定的关系和独特的互补性的时候，这些模块的潜在优势才得以凸显。互补性及其对合作伙伴之间的特定性才可能是竞争优势的源泉。在一个核心企业的战略联盟（Strategic Alliance）或者合作网络（Cooperative Network）中，大家关注的往往是双边的互补性与合作关系（Bilateral/Dyadic Link），亦即核心企业与一个特定合作伙伴之间一对一的关系。企业的所有战略联盟与合作网络关系的总和，往往也不过是这种双边关系的总体积聚与叠加。生态系统区别于传统意义上的战略联盟与合作网络的一个重要特点，就是多方（多于两方）参与成员之间的"多边相互依赖性"（Multilateral Interdependence）和"多边互补性"（Multilateral Complementarity）。

多边互补性与生态系统特定竞争力

需要着重强调的是，生态系统战略正是要发现、识别、构建和攫取利用这种多边依赖与互补性。生态系统所能产生的独特竞争优势也正是来自生态系统中以核心企业为主导的多方参与者在重复性交往互动中形成的特定资产、知识与能力等竞争力。前提是这些竞争力能够使得该核心企业及其伙伴更好地创造价值，而且这些能力独特、稀缺、不可模仿并难以替代。也就是说，生态系统战略的实质，就是要设计和管理参与成员间的共同演进和共同专业化，从而构建和应用该生态系统独有的基于多边互补性的竞争力来共同创造卓越价值。

这种具有生态系统特定性的竞争力，也印证了生态系统思维模式与现象的真实性和独特性。生态系统既不是企业，也不是环境，而是介于企业与环境之间的多边合作的制度性安排。它是一个有独立存在价值的分析单元和层次。一个运转良好的生态系统自然会有向心力和锁定效应，使得参与成员自愿地聚集在该系统内，在某种程度上主动放弃一定的自主性、流动性和灵活性。大家互相承诺、共同演进，并从生态系统特定竞争力上获得比自己单独行动时能够获得的更大的收益。

共同演进

既然生态系统类似于一个广义的组织，生态系统中的参与成员便在很大程度上要做出正式的和相对长期的互相承诺，而不只是名义上存在的同盟或者只有极端松散而不具任何约束性的随意交往与互动。这种承诺与互动通常要经历多个技术创新阶段、产品更新迭代周期以及经营环境中政治、经济、文化和国际事件等多个领域的变化与动荡。技术进步往往具有连续性，因而需要前后互补与兼容。没有参加过前一个技术阶段的成员很难直接进入下一个技术演进周期。因此，现有伙伴间长期的合作是必要的。同样的道理，对于目标客户的长期追踪服务与了解洞察的重要性也使得合作伙伴间的长期互动成为必须。随意更换合作伙伴可能会前功尽弃，甚至可能由于客户的倒戈而给相关企业和整个生态系统带来负面的影响。共同演进具有很强的路径依赖性。

显然，那些同时牵涉多方参与者的共同演进举措往往是由核心企业来牵头主导的。其他非核心成员之间自发的合作通常缺乏动力并难以协调。对于核心企业与合作伙伴的共同演进而言，一方面，核心企业可以对其他参与成员提出要求，来进一步增强其价值创造的效率和有效性，或者通过创新从而开发配套的产品与服务来支持该企业全新的价值主张。另一方面，核心企业之外的参与成员自身也是具有自主性和能动性的。它们同样渴望扩张与盈利。它们依据自己的实力与远见而进行的自发努力与创新，

第十二章
生态系统：价值创造的多方并举

也会增强核心企业的技术实力并提高其产品与服务的吸引力，或者帮助其实现全新的价值主张、进入全新的价值创造空间。总之，成员间的相互激发与促动在很大程度上决定着大家共同演进的质量和结果。

共同专业化

共同专业化的现象广泛存在。在传统的汽车制造行业，丰田汽车与供应商的关系就体现了双方在共同专业化方面的协同努力。供应商可以根据丰田的特定要求来进行投资、设计和生产。这种共同专业化可以增进双方的合作效率。这种需要额外投入才能实现的特定的合作关系与承诺，其实只对参与双方有价值而在公开市场上并无额外价值，甚至不能够被任何其他汽车厂商所直接应用。因此，这种合作专业化一旦无法奏效或者一方违约，便会产生高额的沉没成本。应对这种风险的最为重要的因素便是双方在重复合作中产生的信任和经验。

在生态系统中，这种共同专业化的协作可能发生在三方或者更多方合作成员之间，需要的是更高程度的相互信任与协作。比如，在某个新兴的高端定制的电器产品业务上，做核心硬件的企业、做配套附件的企业、做应用软件的企业、做系统设计和定制化的企业，以及做高端客户营销的企业需要共同协作来创建和打磨这一新的商业模式，既要有一定的模块化分工，又要有多方的互补与协作，还要有总体的协调与整合。无论是哪个企业做核心企业，多边的共同专业化、互相学习与调整、构建多边的共事机制以及大家共同接受的解决纠纷的渠道与机制都是整个生态系统成功生存和运作所不可或缺的。

共同创造价值

核心企业与参与成员之间通过共同演进和共同专业化而共同创造价值，此乃生态系统战略的独特之处。既不完全依靠一家企业自身的力量一

从竞争优势到卓越价值：
赢得持久超常经营绩效

意孤行、单打独斗，也不通过并购与兼并将合作伙伴整个收入囊中、占为己有，而是通过生态系统概念的构建来形成重复性的多边合作关系。生态系统中的价值共创有诸多可能的模式。

首先，一个核心企业可以扮演总设计师和总承包商的角色，与生态系统中其他的零部件提供者共同完成产品或服务的提供，从而最终为客户提供一个总体集成的产品或者一站式解决方案，比如波音的飞机设计与总装业务以及思科的智能路由器业务。其次，核心企业可以搭建和管理某种交易平台并以之为基础创建生态系统。比如，阿里巴巴的B2B交易平台。再次，强势技术企业也可以通过对关键技术及相关标准的控制而打造技术平台并与多方参与成员互动演进、共创价值。比如，谷歌的安卓智能手机系统几乎囊括了苹果iOS手机之外所有重要的智能手机制造企业。最后，有些生态系统中的共同演进、共同专业化和价值共创可能相对有机自然，更加接近传统意义上的生态系统。比如，美国加州纳帕溪谷的葡萄酒企业，其生态系统与其他配套机构和系统（包括相关的大学与研究机构、有机农业与种植系统、生态旅游系统以及葡萄酒专业营销机构等）交相辉映。

说到价值共创，就离不开客户和终端消费者。在数字经济时代，消费者往往同时也是生产者，因为他们直接参加价值创造过程并在很多情况下对价值创造的内容和方式产生重要影响。比如，亚马逊的购物业务、优步的租车业务、网飞的流媒体业务和大众点评的点评业务等，消费者产生的数据直接为核心企业及其生态系统参与成员提供了他们的消费习惯与偏好以及价格敏感度，从而在很大程度上影响了相关企业与生态系统下一步的价值主张与提供。

那些需要定制服务的业务，就更是需要消费者的直接参与及合作。而且，通过对特定消费者群体和目标受众的深度了解，相关的企业与生态系统可以建立更加广泛深入的消费者洞察，从而顺藤摸瓜、锦上添花，一方面为更多的此类消费者以及类似的消费者创造价值，另一方面能够更加精准周到地为该群体提供新的产品与服务，全方位地对其进行价值提供。

第十二章
生态系统：价值创造的多方并举

需要强调的是，在数字经济时代，所谓的用户（Users）并非一定就是（而且甚至往往不是）企业的客户（Customers）。用户通常免费使用某个企业的产品和服务，但相关的费用则是由第三方来支付的。基于硅谷的一个基本共识，苹果公司CEO库克有句名言，大意是：免费使用一个企业提供的产品和服务的用户都不是该企业的客户而是其"产品"。企业将这些用户的存在和需求梳理提炼为自己的产品，兜售给最终真正为其付费的客户。这些愿意付费的客户（比如广告商及其代理的企业）需要购买的是它们所急需的有关这些用户的数据和信息。

生态系统的治理

生态系统的持续存在以及正常运行取决于有效的治理机制，以及大家共同认可并遵守的结构性安排与制度化规章流程，涉及参与成员的参与方式、角色定位、行为规范与交往准则，并且界定成员间如何分摊费用和分配利益。具体而言，我们从如下三个维度来考察生态系统的治理机制：成员资格属性、成员自由度、责权与利益界定。

成员资格属性

生态系统中的成员的资格属性可以通过开放性、正规性、紧密性和排他性几个指标来界定。

开放性 开放性特指生态系统进入壁垒的高低和相应的难易程度。在一个完全开放的生态系统里，所有成员进出自由、来去随便。一个封闭的生态系统，对潜在的入选对象考察严苛、邀约谨慎。由于其参与成员的广泛性与多样性，一个开放的生态系统可能会在遇到危机时有更多的补充和备选对象，从而在一定程度上促进该系统的更新与韧性。但通常情况下，由于缺乏进入壁垒以及高度的流动性，此类过于开放的生态系统不甚利于创新以及生态系统特定竞争力的构建。过多的同类成员的同时参与也会造成资源浪费和挤出效应。当然，虽然开放系统不利于基础性的创新，但是可能有利于某种创新的传播或改善，比如开放参与性非常强的维基系统。

而相对封闭的生态系统则可能更加充分而直接地体现核心企业的战略意图。依据较高的遴选标准而被邀请参与的成员往往具有较强的实力和创新的潜能。这种生态系统也许更加有利于创新以及高水平合作伙伴之间多边互补关系的形成，从而易于造就和利用生态系统特定竞争力。然而，一旦误入歧途或被对手打压，封闭的生态系统很难自己纠偏并因此缺乏自我更新与应对危机的韧性。显然，合适的开放性程度取决于一个特定生态系统的业务特点与创新上的聚焦：到底是通过少数精英成员的通力协作进行特定的创新从而创造卓越价值，还是通过人多势众的广泛参与快速传播创新从而扩大影响？

正规性 生态系统的成员资格也会体现不同的正规性。有些系统资格正式、要求严谨，甚至包括正式的具有具体权责期限的合约，抑或要求一定数量上的参与成员与核心企业有一定的股权关系。有些则相对松散和非正式，主要在于大家在意识上的认可或者名义上的归属。这也在某种程度上印证了生态系统作为一种构建的存在的意义。不同的核心企业对于生态系统的界定及其涵盖的意义，尤其是其正规化程度，是有不同程度的设想和设计的。

紧密性 紧密性特指核心企业与参与成员之间关系的紧密程度，体现在大家交互行动的范围、深度、强度和频率等指标上。可以想见，大家在生态系统中连接与互动的紧密性直接影响多边互补性协作的成效与可能性。未达到特定临界程度之上的紧密性不利于多边协作与生态系统特定竞争力的产生与利用。而过分紧密的连接互动以及严格管制则不利于发挥参与成员各自的积极性和主动性，甚至会使之产生厌恶和抵触情绪，不利于长期关系与协作。

排他性 排他性特指对于一个特定生态系统的归属与效忠。有些生态系统允许其成员同时参与多个生态系统，包括与之竞争对抗的生态系统。

第十二章
生态系统：价值创造的多方并举

有些则坚持其成员参与的专一性与排他性，禁止它们同时与任何其他生态系统有染。其实，即使是一个完全开放的生态系统，它仍然可能是排他的。也就是说，我这个生态系统虽然完全开放、来去自由，但前提是在任何时间段你只能参与我这一家。排他性安排增进了归属与控制。

显然，由于同时参与多个生态系统而接触到的知识和经验所带来的灵活性与多样性，那些非排他性的安排具有一定的吸引力，可以使得参与者帮助传播最佳实践。但参与多个生态系统的企业所面临的潜在弊端在于不受核心企业的重视和信任，处处被边缘化，无法充分贡献自己的价值并获取自己可能得到的抑或应该得到的价值。

成员自由度

虽然大家都是独立自主的个体，但一旦决定参与或加入某个生态系统，实际上也就意味着对自身自由度的某种程度上的放弃。毕竟，参与成员要认可核心企业的某些要求以及服从生态系统的治理机制与行为准则。成员的自由度实际上也反映了它在多大程度上能够相对偏离特定生态系统的行为准则，在多大程度上和多大范围内必须与核心企业以及其他参与成员进行协作，在与生态系统内的协作以及与生态系统外的交易及协作发生冲突时如何界定优先权，是否允许参与成员形成自己的亚生态系统。诸如此类的问题都是涉及参与成员自由度的。

比如，有些生态系统只允许参与成员以单独个体的身份参与，而有些生态系统则允许参与成员形成自己的亚生态圈。以安卓系统为例，作为主要参与者之一的三星集团抑或其他成员可以根据自己的需要对基础的安卓技术平台与配套体系进行定制和改造，从而形成以自己为中心的生态系统。这个安卓大生态系统中的亚生态系统并不一定与安卓系统的标准和规范完全相符。

当然，这种自由度特指在有可能选择的情况下。有些场合，由于技术复杂性和业务本身的特点，也许亚生态圈充斥大生态圈不是选择而是必须。以波音的飞机制造为例。每一个重要零部件和子系统都是一个特定的生态系统，大到飞机引擎系统，由多方共同设计与制造；小到飞机上的座椅，不仅要满足安全舒适的要求，而且椅背屏幕可以播放娱乐节目，椅垫具有在水上漂浮救生的功能。

责权与利益界定

也许最为直接和明显的治理条款是责权与利益的界定与分配：成员如何缴纳或分摊费用？如何从收益中分账而获取属于自己的那一部分价值？如果成员违规或者出现纠纷，如何应对或惩罚？有些生态系统直接要求参与成员支付会费，分摊某种研发、设计、生产、营销以及法务和政府关系方面的费用支出，要求它们在既定的期限内从核心企业或者其他成员那里以某种价格购买某种数量的产品或服务。

在收入方面，需要界定成员之间如何分配利益。比如，平台方如何收取参与成员的基本费用以及销售提成？流量提供者如何从受益方获得收益？插件和零部件提供者在自己的销售价格之外是否能从最终产品的销售中获得提成？显然，对于数据的获取与应用方面责权的界定也会直接影响费用和利益的分配。

扩张与增长

到底是什么激励和推动着一个生态系统？其最为明显的、通常的和强劲持久的战略目标是什么？答案大抵如此：追求不断的扩张与持续的增长。虽然某些核心企业的终极目标是永久的霸权和持久的超额利润，但我们平常所能够观察到的最为明显和强劲的也是最为直接的目标便是扩张与增长，尤其是那些处于创立初期以及早期发展阶段的企业。

原因大概有多种。首先，追求增长乃是企业本能的冲动，要扩张势

第十二章
生态系统：价值创造的多方并举

力、增大地盘。其次，生态系统通常比单个企业更加依赖增长。再次，生态系统重视价值创造本身而不只是价值捕获。还有，数字经济时代，扩张和增长尤为引人注目而且势在必行。最后，长期而言，是"剩者为王"而不只是"胜者为王"。所谓的"做大做强"，可以增加长期生存的可能性。

增长乃企业的本能冲动

关于企业增长的最为经典的理论贡献当数经济学家伊迪丝·彭罗斯（Edith Penrose）的相关论著。她认为，追求不断的扩张与增长是企业的本能冲动和必经之路。而且，长期而言，增长与盈利其实是一回事儿，企业最终追求的是有盈利的增长。她的逻辑链条是这样的：企业总是希望把经营利润留在企业内部，而不是发放给出资的股东，至少不会刻意地给股东发放高于他们所能接受的水准的股息回报。而被留在企业内的盈利必须找到新的投资出口，要么增大现有运作的规模，要么寻求新的发展空间。但是，如果这些投资不能够带来利润，企业自然不会长期"赔本赚吆喝"，而是会再去寻求其他发展机会。长期下来，企业一定是在不断的尝试中去寻求可盈利的增长，向新的经营领域扩张。

生态系统比单个企业更加依赖增长

虽然扩张与增长乃是企业生存与发展的本能，但企业间毕竟会有不同程度的变异以及离散点上的案例。比如，某些边远区域的企业或者某些利基市场上的企业，尤其是那些以手艺为基础的作坊和中小企业，它们追求的只是静态经济中相对固定大小的存在，而无意于追求规模经济和范围经济，并不渴望扩张和增长。在特定的情形下，这些单个的企业也许仍然能够生存下去。

然而，一个奉行生态系统战略的企业集群则没有这种奢侈。很难想象一个小而精、小而美的生态系统能够在动态发展的经济体中安静平和、悠然自在地存在。大家之所以要加入一个人工构建的生态系统，也许正是为了不断地扩展自己的势力范围和价值创造空间。即使是那些当年不在乎扩张与增长的以手艺支撑的家族业务，比如瑞士钟表和法国奢侈品等，也逐渐被集团化和产业化。在当今激烈竞争的全球化游戏之下，生态系统战略的采用也使得这些业务注定要不断地扩张和增长，包括拓展产品线覆盖面以及跨界融合等多种手段。如此，一个生态系统的存续注定要比单个企业更加依赖增长。

重视价值创造而不只是价值捕获

生态系统战略强调的恰恰是价值创造的前景，而不只是价值捕获。也就是说，它关注的重点是大家协作共创价值，而不是从竞争中攫取价值。因此，长期的增长要比短期的盈利更有吸引力和说服力。试想，如果两个竞争对手在乎的只是输赢，虽然一方最终胜出，但你死我活的价格战可能既没有使得胜出者获得高额的回报，也没有给消费者带来更加卓越的价值。价格战注定意味着成本的压低以及对产品与服务品质以及相关创新的牺牲。如果大家关注的是价值创造，一个扩张和增长的企业至少证明了自己在特定的时期内为消费者创造了某些价值，先不要说这种价值创造是否可以长期持续。

数字经济时代的增长压力

有了亚马逊的出现，也许我们才真正得以一睹数字经济时代典范企业的风采。亚马逊多少年下来都不刻意地去追求盈利，或者故意坚持不盈利，而是追求扩张与增长，通过新的内容、模式、渠道和方法来证明自己不断为消费者创造价值的潜力，这是给投资者信心的发展战略。这类企业不在乎一时的时髦或者利润，而是注重扩容增量和无限放大的可能性。大

第十二章
生态系统：价值创造的多方并举

家希望初创企业可以快速成为"独角兽"，有起色的"独角兽们"迅速扩张成为全球的主导企业。增长使得所有人激情四溢、信心大涨。

这种增长的诱惑其实是把"双刃剑"，既可以是推动大家不断努力的诱惑，也可以是掩盖没有实质性竞争优势的借口。一个单体企业，如果总是不能够盈利，注定会众叛亲离。一个号称构建生态系统的企业，则总是能够给投资者、消费者和分析师们带来想象力，去跟踪甚至赞美或者"接盘"他们不断提出的新的增长点。所以，无论成败，大家都得增长。一旦增长停滞或者不再能够"兜售"新的增长点，所谓的生态系统注定会饱受质疑，甚至瞬间坍塌。不增长，毋宁死。

"剩者为王"与长期生存

短期而言，"胜者为王"；长期来看，"剩者为王"。不在乎一时一地的输赢，专注于长期的生存与发展，能够不断更新自己、增强韧性，耐得住各种风吹浪打、风暴危机，这是长期生存的基本路数。大家都喊着要"做大做强"，不是没有道理。一旦强大到一定程度，就更加能够抵御外部的威胁以及内部的危机。一个生态系统也许要比单个的企业更加容易做大做强，因为它可以借力助力。模块化和互补性、专业化分工和集约化整合、不断地更新与调整，也许是生态系统的相对优势与强大之处。回到彭罗斯的论断：最终，企业靠的是有盈利的增长。长期有盈利的增长才能使企业得以长期生存。

我们不是做产品的、搞服务的、提供体验和感受的，至少不仅仅是如此。我们是一种资源和能力的组合、一种合作伙伴的集群、一个价值创造的主体。我们希望不断地更新和拓展我们的价值创造领域与空间，并成为该领域和空间不可或缺的存在，与我们的客户共创价值，使得我们的生态系统健康饱满并永续生存。

生态系统的更新与韧性

生态系统的特定竞争力所带来的竞争优势可以为其有盈利的增长做出重要贡献。然而,正像在企业层面的核心竞争力可能因为环境变化而成为企业的核心包袱一样,生态系统层面的特定竞争力也可能会使得该系统中的企业过分沉溺于昔日的辉煌,或者过分地执着于自己熟悉的技术范式,从而拒绝新的潮流与趋势,最终踏上衰败之途。对于整个生态系统而言,不断进行自我更新并保持足够的韧性乃是应对变化与危机的必要预警与防范。

生态系统的更新

生态系统的更新包含了至少两个层面的更新。其一,是整个生态系统层面的更新,通常由核心企业来主导,主要在于价值主张的演变、拓展与转换,参与成员的构成与角色定位的变迁,治理机制的改变与更新,以及参与成员之间互动模式的调整与更新。这是总体设计和系统管理层面的挑战。其二,乃是个体参与成员层面的更新能力和力度。这决定了每个成员自己模块和专长的增强提升以及拓展更新。

缺乏创新能力的参与成员会拖累整个生态系统的自我更新。缺乏创新意识和进取精神的核心企业则可能会打击和挫败参与成员进行自我更新的积极性,忽视和埋没参与成员的创新成果,从而最终损害整个生态系统的自我更新。显然,参与成员的数量、实力和多样性等多种因素都会在某种程度上影响生态系统的更新。诺基亚主导的塞班系统的败落以及谷歌倡导的安卓系统的兴盛是对生态系统自我更新能力的一个较为明显的对比说明。

第十二章
生态系统：价值创造的多方并举

生态系统的韧性

组织韧性，特指一个组织在遭遇重大危机和灾难之际能够相对从容地予以应对从而迅速恢复原有正常状态并适时调整更新和自我提升的能力。作为一个广义的组织，生态系统同样面临组织韧性方面的挑战：核心企业与参与成员如何一起共渡难关，应对各种威胁与挑战，保证该生态系统的正常运营以及不断更新与提升。与上面讨论的更新一样，生态系统的韧性同样取决于参与成员以及核心企业两方面的作为。

一个生态系统要对各种潜在的危机进行预判预警，也要尽量保持多种备选方案的存在并同时保证当下的精力集中。一定的裕度和松弛乃是韧性的必然代价，这可以使得一个生态系统在应对危机时有一定的冗余资源去暂渡难关或者尝试调整与创新。过度的裕度和浪费则可能影响日常的运营效率。而且，长时期不在严苛精准的水准上运营，也可能会导致大家在危机时刻无法聚精会神和专注自律地应对。

回到生态系统特有的现象和特点，就是如何去平衡参与企业的模块化与互补性。模块化意味着大家相对独立，可以快速聚合与分离。这在应对危机时自然有灵活性和分散性的优势。多边依赖与互补性则意味着大家紧密地纠缠在一起，相互承诺、同进同退，缺乏足够的便捷与灵活。然而，这种多边互补及其管理与应用却正是生态系统特定竞争优势的源泉。因此，核心企业要慎重地拿捏日常竞争优势的构建与应用以及应对危机时的裕度与从容之间的平衡。

关于生态系统战略的忠告与警示

相对于各种传统的战略管理主导范式，生态系统乃是一种较为新颖的思维模式和战略方法。而且，生态系统战略在数字经济时代会显得尤为贴

从竞争优势到卓越价值：
赢得持久超常经营绩效

切可行。依据我们的上述讨论，拥抱和践行生态系统战略无疑具有巨大的潜力和发展前景。同时，我们需要强调，只是因为新颖和时髦，生态系统战略本身并不意味着竞争优势和事业成功。广义而言，任何战略管理方式本身都不一定带来竞争优势。成功取决于某种战略是否适合其所应用之情境以及其实施的成效。

首先，生态战略并不适合所有企业。具有先动优势的企业以及较为强势的企业也许更有机会成为核心企业并根据自己的意图与设想来构建和管理自己的生态系统。而那些专业性极强的企业，或者由于业务特点和组织与管理者个人等多种原因没有机会自建生态系统的企业，其最为适当的战略定位也许是保持独立或者加入别人构建的生态系统。它们可以选择加入一个或者同时参与多个生态系统。

其次，不同企业管理生态系统的能力也是不一样的。有些强势企业或许从根本上缺乏合作基因，至少在没有遭受重大挫折之前不会意识到合作的重要性和必要性。因此，即使它们采用了生态系统战略，也很可能会表现得过于独霸与蛮横，难以获得优质成员的参与以及实际参与者心悦诚服的合作与协同。

当然，并非只有强势企业才会自恋自傲。在数字经济时代，诸多企业都是希望自当老大、自创平台、自建属于自己的生态系统。即使一个做插件的企业，也会一方面参与别人的生态系统，另一方面构建自己的生态系统，甚至参与其生态系统的那些更低一级的小伙伴们也要纷纷建立它们自己的生态系统。一个生态系统内可能会有若干层级的亚生态系统，也许各自饱满，抑或啼笑皆非。

本 章 结 语

生态系统乃是过去二十多年间较为时髦的概念。有别于自然界和通常意义上大家所理解的生态系统，企业间的生态系统是根据核心企业的意图

第十二章
生态系统：价值创造的多方并举

和设想所构建出来的一种存在。生态系统既是一种思维模式，也是一种实际存在的现象。这种存在乃是介乎企业与环境之间，既有环境的特点，也有组织的属性。它的主要构成部分都是广义的自己人、一家人，同一个"系"的人，主要包括核心企业及其上下游企业以及并行的伙伴和第三方互补者。大家通常享有关于价值创造的某种共同的愿景或者集中致力于促成某个具体的价值主张。

生态系统的运行通过参与成员共同认可和遵从的治理机制和规范来管理与调节。这些规范界定不同成员的参与程度、角色定位和行为准则以及权责和利益的分配。一个生态系统的参与度可以体现在其开放性、正规性、紧密性和排他性等指标上。参与成员的自由度体现了不同成员能够被容忍偏离于治理规范和准则的程度，比如是否能够建立自己的亚生态系统。成员间的交互行动主要体现在大家的共同演进、共同专业化和共同创造价值。在此过程中形成的多边依赖与互补性及其相关的资产、知识和能力乃是具有生态系统特定性的竞争力。假设这种能够为生态系统带来价值的竞争力独特、稀缺、不可模仿、难以替代，它便是该生态系特定竞争优势的可靠源泉。

生态系统战略的主旨在于价值创造而不是价值捕获，是证明自己创造价值的潜力而非一时的盈利本身。因此，其最为明显和直接的战略目标便是不断的扩张与增长。扩张与增长在数字经济时代尤为重要。增长是直接的生存压力，也是前进的动力，它也同时赋予人们期冀与想象力。无论成败，生态系统本能地追求增长。生态系统的成败最终取决于其是否能够在长期内展现有盈利的增长。有盈利的增长意味着一个生态系统可以通过不断地创造卓越价值而永续存在。为此，生态系统战略不仅要关注构建和应用基于多边依赖与互补性的独特竞争力，也要对自身进行不断的更新并增强抵御危机与灾难的韧性。

第十三章　共享经济：价值创造的共同参与

共享经济乃是数字经济时代的一种重要的价值创造手段。共享经济不仅能够通过新的交易模式在很大程度上帮助盘活社会上现存的各种冗余资源，而且或许能够在一定程度上催生新的产品与服务以及相应的新型消费方式，从而促进某些领域的价值创造。共享经济现象既可以发生在消费者与消费者之间，也可以发生在企业与企业之间以及企业与个体之间。共享经济的产生与持续最终取决于共享经济的经济性，亦即相对于其他价值创造和价值享用方式的划算程度。而决定共享经济可行性及成功与否的因素多种多样，包括参与者的特点与类型、价值载体的可共享性、参与者的共享倾向、中介平台的功效、监管体系的作用以及共享经济的适用环境。本章详细探讨共享经济的界定与解读以及上述对于共享经济成败的重要影响因素。

在数字经济时代，价值创造的方法和手段花样翻新、层出不穷、夺人眼球、争奇斗艳。共享经济乃是当下非常流行的一个商业现象与时髦的大众话题。从国外的 Uber（优步）到旅游居住的 Airbnb（爱彼迎），从国内的共享单车到共享租车，大家对所谓的共享经济越来越熟悉，很多人都在逐渐地去尝试和使用这些新潮的服务方式。到底什么是共享经济？为什么共享经济现在这么流行？共享经济在什么情境下更有利于价值创造？共享

第十三章
共享经济：价值创造的共同参与

经济中成功的要点在哪里？共享经济作为价值创造的一种实用方法，本章首先对其进行简要的界定和解读，然后试图通过一个 ASPIRE 分析框架来从六个方面考察共享经济的实质特点与运作机制：共享经济的参与者（Actors）、价值载体（产品、服务与体验）的可共享性（Sharability）、参与者的共享倾向性（Propensity to Share）、中介平台（Intermediaries）的使动作用、共享经济的监管（Regulation）、共享经济的情境性（Environmental Context）。参阅图 13.1 对 ASPIRE 框架的总括性呈现。

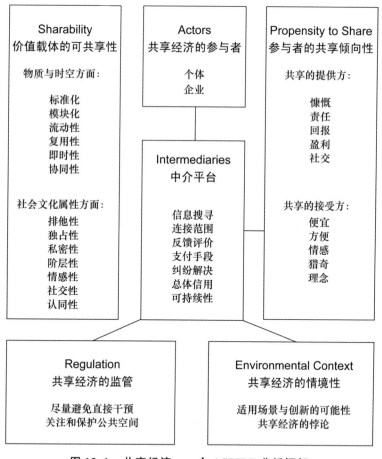

图 13.1　共享经济：一个 ASPIRE 分析框架

什么是共享经济？

简单的定义

共享经济（Sharing Economy），就是两个行为主体（A 和 B）之间发生的这样一种经济交易：A 拥有 B 希望使用的某种物品或服务的产权，A 自己也会使用这些物品或服务，但在其不使用的时候可以租赁给 B。对于 A 而言，从使用的时间、空间、程度或范围来说，他并不百分之百地使用或者消费这些产品或服务。这些产品或服务之冗余、未使用的部分，会因闲置而白白地被浪费掉。通过某种共享经济模式，A 现在可以将冗余资源有偿地"共享"或曰"分享"给 B。对于 B 而言，他不需要去购买所需物品或服务的所有权，而是通过简单的付费手段（支付比自己购买该物品或服务要少的费用）去短期或者按次地使用 A 的冗余资源。这便是共享经济最基本的形式和最简单直白的说明。

之所以是"共享经济"，就是因为服务本身是付费的，而不是免费的，是经济性或曰商业性的交易。否则，就成"共享慈善"了。之所以是"共享经济"，至少可以从两方面解读。其一，A 和 B 之间共享了使用权。其二，卖方 A 和买方 B 之间的交易是自发的而且直接进行的（比如 B 支付给 A 少许费用，搭 A 的顺风车），而不是通过另外一个商业机构进行正规的交易（比如通过房屋中介买卖房产）。A 和 B 直接交易，使得交易更像是冗余资源的共享，而不是专门经营的买卖。如果严格来说，按照第二种解释，Uber 和滴滴等商业平台所促成和催生的交易，也不能算是共享经济，而只能说是一种新的经济形态。换而言之，提供车辆与驾驶服务的 A 和接受服务的 B 之间是共享经济。平台则是中介者，是市场经济中的专业从业者。它们不是与谁共享，它们只是使得别人的共享成为可能，并非常职业和专业地从中盈利。

第十三章
共享经济：价值创造的共同参与

如果对共享经济主旨的强调在于盘活存量，利用闲散冗余资源，降低资源使用成本，那么上述第一种界定就已经足够了，它具有广泛的包容性。另外，也有人会认为"所有者自己也使用"的说法过于严格。某些所有者把闲置的资产（比如房产）进行出租，自己根本不住，只是用于获利。这时的交易就有强烈的目的性和商业上的专职性，是正式地经营一种业务，而不只是顺便分享。当然，也许由于各种原因，所有者不愿出售房产从而导致其确实处于闲置状态，在这种情况下把其称为"共享"也算说得过去。总之，大家对于共享经济的理解通常非常宽泛。

宽泛的解读

其实，在共享经济这个庞大芜杂的笼统称谓下，有着不同的赋义与解读。有人说，共享经济是大家"共同消费"（Collective Consumption）或者"合作消费"（Collaborative Consumption），抑或是"互相连接的消费"（Connected Consumption），强调的是大家对产品和服务的共享。也有人说，共享经济的说法是误区，相关的正确说法应该是"租赁经济"（Rental or Leasing Economy）或者"获取经济"（Access Economy），强调的是对使用权的看重与交易，而无须对所有权进行购买。还有人说，更加实质性的说法应该是所谓的"随叫经济"（On-demand Economy）或者"零工经济"（Gig Economy，或曰"赶场经济""走穴经济"）。

共享经济由来已久

共享经济本身其实由来已久。在以货币为媒介和专业化分工为基础的现代商品经济出现之前，最早的易货贸易，其实质都是如今所谓的"共享经济"——大家共享自己劳动成果的剩余。而且，广而言之，整个金融业就是建立在共享经济这一逻辑之上的，借助各种金融平台去最大限度地盘活和利用大家的剩余资金。可以说，共享经济自古有之。

早期众筹的方式之一——凑份子"随会",便是在某些特定群体中按照时间顺序分享大家闲散财务资源之集聚的一种制度安排。同样,分时段共享某些昂贵资源(比如私人飞机或者高档度假村)的产权也是共享经济的典型实例——不仅共享使用权,而且还共享所有权。这样做可能更为经济。从哈佛大学与麻省理工学院的学分互认到不同图书馆之间的图书互借服务,从不同航空公司的代码共享到友好学校之间的学生互访,从大学生兼职当家教到知名医生跨省出诊,共享经济可谓屡见不鲜。

> 共享经济颠覆了工业时代的那种企业拥有生产资料进行生产和服务而大众只是参与消费的模式。
>
> ——《福布斯》杂志

共享经济陡然时髦

为什么共享经济在 21 世纪的数字时代突然变得如此时髦呢?内在原因是共享的潜在经济性一直存在,外在原因是互联网(尤其是移动互联网)使得共享经济的交易成本大幅度降低,共享的潜在经济性因此得以释放。二者的交互作用,便使得某些冗余资源现在可以在所有者和租用者之间比较"经济地"实现共享。

首先,我们可以想象这样一个概念:共享经济性(Economy of Sharing)。它与规模经济和范围经济的概念相似,说的是共享带来的经济性(单位成本降低)。这种经济性来自供求双方:供给方可以在保持所有权和满足自用需求之余,将不用的部分变现获利;需求方则可以在根本买不起或者购买不划算的情况下,按照自己实际的而且通常是零星的(Episodic)需求去付费使用某些物品或服务,比如体验一天驾驶法拉利或者兰博基尼野外兜风的感觉。因此,共享经济性可以被正式地定义为:由于

第十三章
共享经济：价值创造的共同参与

某些资源被所有者和租用者共享而使双方在使用该资源时产生的单位平均成本降低。如果共享的交易成本过高，比如在信息搜寻、付款方式、服务评价以及合同纠纷处理等多方面的实际或者潜在成本较高或风险较大，或者实际的总体使用成本并不比直接购买低多少，共享则比较难以实现。

其次，最为重要的因素也许是移动互联网为大家带来的信息搜寻和社交的便利。各种相关的信息和服务平台的出现，大大地降低了所有者和租用者之间互相搜寻的成本以及相关的展示、支付、问责、纠纷解决的成本。如果没有交易成本的降低，即使存在巨大的共享经济性，也只是一种潜在的经济性。只有当总交易成本低于总共享经济性的时候，所有者的冗余或闲置资源才有可能入市。这正是共享经济在近年来陡然升温的一个主要原因。移动互联网使然。

当然，也许大家没有意识到，共享经济的兴起并不仅仅与移动互联网息息相关，而且是深受经济发展状况的影响。共享经济陡然升温于2008年的全球金融危机之后。年头好的时候，大家都是追求即时满足和自我便利，浪费自然多于共享。

共享经济成功的要点在哪里？

作为一个复杂的社会生态系统，共享经济会涉及文化风俗、消费习惯、需求趋势、资源特点、技术手段、配套体系、法制监管等多种领域的因素。然而，按照上述的经济性思路，共享经济的成功路径其实无外乎两条：尽量降低与共享经济相关的交易费用；尽量寻求潜在的共享经济性较高的产品或服务领域。

首先，根据定义，物品或服务本身必须具有较高的"可共享性"。这就意味着物品或者服务要相对标准化，事前可以较为清晰地界定其范畴、状态和具体条件，可以重复使用，不具有过分的排他性。

其次，要考虑分享的经济性。通常情况下，购买费用与租赁费用要有很大的差别。可以很便宜地获得所有权的东西，通常不需要过多的分享，比如学生用的铅笔。而用于练习网球的自动发球机，则可能易于分享。

再次，使用频率也会影响共享经济性。一个经常出席正式活动的人可能要自己置办一身正装燕尾服；一个偶尔参加正式活动的人，只需临时租赁即可。当然，如果正式商家提供的产品或服务在性价比方面优于共享经济，也没有必要去刻意在共享区间"拾漏"找便宜。

还有，共享经济的灵活性和暂时不可替代性也很重要。比如，三人以上的家庭旅游者就很难在现有的正规酒店体系内找到性价比合适并能自己做饭的地方。因此，共享经济领域内的服务型家庭公寓可能对这类人群更加合适。

最后，为了最大限度地降低交易费用，共享经济一定是聚焦于那些相关信息易于在目标受众中迅速传播的项目和对象。

下面我们通过一个 ASPIRE 分析框架来考察共享经济的实质特点以及影响其价值创造的关键因素。我们首先来看共享经济的参与者的特点。

共享经济的参与者

广义而言，共享经济的参与者（Actors）可以是个体也可以是机构。在个体与机构的任何组合之间发生的交易都可能属于共享经济的范畴。也就是说，共享经济并不只是 C2C 的专利，也可以是 B2B 的实践，还可以是 B 和 C 之间的交易以及 C 与 B 的共享。

举例一：某企业有大型机械设备，自己用不完其所有产能，与其令其闲置浪费，不如租给有需求但买不起的小企业。这是 B2B 的共享。

举例二：某人有一辆 SUV（运动型多用途汽车），周末经常不开，就可以租借给想尝试一下 SUV 的司机或者爱好者，并小有盈利。这是 C2C 的逻辑。

举例三：某企业内部澡堂如果有闲置能力，可以向企业外人员开放，但仍然比纯商业洗浴中心便宜。这是 B2C 的道理。

第十三章
共享经济：价值创造的共同参与

举例四：某个程序员是一个单干户（Independent Contractor），他在完成正常固定伙伴的工作量之余，可以给某些其他企业打零工。这是 C2B 的服务。

共享经济中的所有权问题

第一，从法理上说，公有制（Public Ownership）就是大家名义上"共享"的所有权（ownership rights "nominally" shared by the public）。这种制度下，对于任何一个个体而言，都不能独立地享有相关资产的所有权。大家在经济生活中的所作所为（比如不同单位之间的相互支援）大概都可以笼统地被看作时下甚为应景的"共享经济"。

第二，在承认私有产权的制度下，牵涉到所有权的共享经济，意味着每个参与的主体只拥有相关资产的部分所有权（Partial Ownership），没有任何人真正拥有相关资产的全部所有权。比如，分时段共享的私人飞机或者高档度假村，每个所有者只拥有某些时段的所有权和使用权。这时的实际状态是大家"共有共享"。

第三，如果大家共同拥有的只是使用权，而并不涉及产权，此时的经济形态则是纯粹的"共享"（Share in or Share Together），大家共同购买、集体消费。

第四，还有一种情形，此时购买的东西介于产权与非产权之间。比如，每个小的创业企业，由于规模有限，如果单独去给员工购买医疗保险可能不划算或者负担不起；而如果数百个小企业组成联盟，集体去购买医疗保险，则有规模效应。

第五，如果某人或某机构已经拥有某产品或者服务的法定所有权，只是通过收费的方式将其产品与服务的闲置剩余容量租借给其他人或机构，此种形态则是"分享"（Share with），有提供与接受的区别。一项财产（比如房屋或车辆）的完全所有者可以在空间上或者时间上将此财产的部分使用权分享给他人。

第六，如果伙伴双方相对固定地互惠性地共享某种各自拥有的产品与服务（无论是易货贸易还是按某种标准进行现金结算），那么这种特殊的共享便是一种更加特定的"互享"（Reciprocal Sharing），比如航空公司之间的代码共享，通常是跨航线的互享，在一条航线上 A 共享 B 的飞机，在另外一条航线上 B 共享 A 的航班。

价值载体的可共享性

共享经济中大家共享的是各类价值载体（产品、服务或者体验）。这些不同的价值载体并不是都适合共享的，有些载体在物质范畴和时空维度上不可能被共享，有些载体的共享在社会观念和文化习俗上难以被接受。下面我们详细探讨价值载体的可共享性（Sharability）。

物质与时空方面的可共享性

物质与时空方面的可共享性（Physical Sharability），大概可以通过如下若干维度来界定。它们之间可能有重叠和交互作用；也可能会互相矛盾，但至少不会在同一个品类或者场景下。因此，我们先把它们简单地罗列如下：

标准化 任何一种新的经济形态，在其一开始，交易各方总是会缺乏足够的相关信息和相互信任。标准化（Standardization）的东西，使得买卖双方在交易之前对所交易的东西有足够的理解和共识。也就是说，产品和服务的标准化，在一定程度上减少了由于信息不对称或者对产品的描述与想象带来的曲解和歧见，使交易或者共享更加便捷。比如，最早的网购主要都是集中在书籍和 CD 等相对标准化的产品。

模块化 模块化（Modulization）使得可共享的东西有清晰的边界，可以被独立地分割和界定，不至于和整个系统或者系统中不参与交易与共

第十三章
共享经济：价值创造的共同参与

享的部分撇不清关系。同时，模块化也会使得任何一个模块都比整个系统的规模要小，容易单个或小批量地进行交易或共享。那些镶嵌在复杂系统内很深的东西就很难被共享。比如，一个必须经过三道站岗护卫的军事重地中的临时剩余房屋就很难参与市场性的短租活动。

流动性 除了房屋等物品，大部分参与共享的物品和服务本身必须具有足够的流动性（Mobility），这样才便于在不同地点和场景的人们去共享使用。显然，剩余资金的流动性最强，可以被大家共享或者用于某种共享的活动。余额宝便是资金共享的新业务形态，可以增加零散资金的规模经济效应。再比如，一个业余小丑演员或者相声演员要在不同的场馆间迅速游走。这是所谓的"赶场经济"。

复用性 被共享的物品与服务通常要具有可重复使用性（Recursiveness or Repetitive Usability）。否则，如果一次用完，物品的拥有者便没有重复参与此类共享经济的可能。如果纯粹为了共享而去重复地购置一次性消费的物品，再去"共享"给别人从而盈利，那便是专职从业，而不是顺便共享自己的冗余闲置资产了。可重复使用的东西，比如兼职专车司机的技能以及美国人提及共享经济时最早也是最常用的一个例子：电钻。不可重复使用的东西，比如某些医用器械、针头针管，即使你想廉价转让或者免费赠予买不起的低级医院，也是难以被接受的，至少在合法的渠道内或者知情的前提下，是难以被接受的。

即时性 有些东西的共享是有非常强的即时性的（Spontaneity or Instantaneousness）。比如上面提到的电钻，你需要的时候，可能中介平台上愿意共享的人都在忙于别的正事儿或者兴致勃勃地忙于共享其他的东西，无法马上租借给你。这时，你就很可能干脆自己去买一个以便马上可以使用。而晚上10点左右你喝完酒要找代驾，大酒店的门口可能有很多等待"接活儿"的司机，你只需在手机上一个点击，几秒钟之内就可以搞定。这就是所谓的"随叫经济"。

协同性 有些东西的共享不仅要及时，而且要与共享者的其他活动或者另外一些互补的活动在时空上相互协同，同时同地发生（Synchronization and Co-location)。比如，器官捐赠（包括通过合法补偿或民间协商而进行的捐赠），就必须是提供者与接受者在一定的时空范围内现场交接。因此，即使信息发达和平台广阔，由于难以满足即时性与协同性的双重要求，有些非常有价值的东西也可能很难被共享。

受社会文化属性影响的可共享性

除了物质方面的因素，下面这些社会属性也会影响大家剩余或闲置的各类价值载体的可共享性。

排他性 有些东西具有天然的排他性（Exclusiveness）。前面说过，就物理属性而言，某些产品，一旦经过使用，便不再拥有使用价值，不可复用。与物理属性相关或者交织的还有社会属性，比如据说是从一而终的藏獒，便不可共享。另外一些产品，虽然有人使用过，仍然可以被别人再次使用，但社会文化因素会导致其"可共享价值"骤然降低至趋近于零，甚至会变成负数，令人避之不及，甚至要付钱请人将其清理走。比如，病人住院时在医院里用过的餐具或者其他器具。类似的还有别人用过的小物件，如牙刷和金属牙签等。因此，这里所说的排他性并不是物质层面本身的，而是社会形象或者心理感受层面的"社会化的不理想性"（Social Undesirability）。当然，当省钱和经济性才是硬道理的时候，社会属性就先暂时往后靠。曾有一个笑话：某经济学家结婚，其新娘要把自己的名字镌刻在钻戒上。该经济学家说"千万别，那样会降低再售价格"。

独占性 有些东西，由于其自身特点或者社会属性，大家愿意独自拥有，而不愿意去与别人共享。这是极强的独占性或者占有欲（Possessiveness）。不管用不用，得有。有了，即使闲着不用，也不能让他人染指。比如，有些有极端爱书癖的人，绝对不将自己的藏书外借或者示人。当然，有些东西的独占性是分时段的和主人的：在每一个具体的时段和主人手里，绝不共享；但一旦主人亡故，还是可以再次易主的。

私密性 无论贵贱贫富，大家都会在某些场合在乎自己的隐私（Pri-

第十三章
共享经济：价值创造的共同参与

vacy）。因此，某些隐私性较强的物品，大家可能不愿意去共享。当然，反过来说，有些人就是喜欢窥探别人的隐私，尤其是明星的隐私和八卦。这样，有些平台就会以贩卖明星隐私为由头，大力推动所谓"共享经济"的迅猛发展。越是号称或者貌似"私密"的信息，越是容易被用来爆料共享。当然，也有人故作姿态，貌似很私密，实际上是要刻意张扬。

阶层性 中国和许多国家一样，是讲究圈子和社会阶层（Social Class or Clique）的。某种物品和服务，如果一个阶层认为是属于本阶层专属的，那么与低一阶层的人士共享便是自降身价，因此是不划算的或者不被认可的。因此，物品与服务的阶层代表性会阻抑它们在不对称阶层之间的共享。如果类似的共享时有发生，那么被共享的物品与服务就已经不再具有该阶层身份地位和品味格调的代表性。因此，大家要么不共享，要么不再认为其有价值。比如，与上述的排他性、独占性和私密性相关，某些高档俱乐部的会员卡是不能够被轻易共享的，否则持卡人就可能被"请出局"。

情感性 某些情感价值较强的东西，在一般情况下，难以共享。比如，某些具有特殊记忆的器皿或者工具，对于所有者来说拥有极高的情感价值。还有，就是与排他性相关的因由：某些东西一旦被别人所拥有过，即使从来没有使用过，也是被他人"玷污"过了，自己从情感上难以接受对其共享。就像汽车4S店经常说的，任何一部新车，只要被买主开出4S店，哪怕里程表上只有半公里，那部车就已经是二手车了。从心理感受上说，其可共享的价值就立刻锐减。

社交性 通常而言，易于共享的东西可能会有某种较强的社交属性。比如，房屋短租和专车服务都属于社会属性较高的共享，可以增进人们社交体验的深度和广度。在实践共享经济的同时，会有社交体验的乐趣和刺激，当然也有相应的困窘与挑战。在一些极端的情况下，有些人参与共享经济最重要的原因可能是社交而不是经济。比如，前面提到的不同国家的学生互访时住在对方的家里，可以直接体验同类人在不同国家和地区的相似之点与差别之处。当然，在社交或者经济的旗号下，也存在一些别有用心和图谋不轨之人。

认同性 最后要说的是价值理念上的认同感。某些物品或者服务的共享，容易符合流行的价值理念。比如，顺风车可以减少碳排放。共享某种不可再生资源或者不可回收资源可能会利于人类的可持续发展。信奉和认同这种价值理念的人就可能积极地参与共享，甚至额外付费去进行非常"不经济"的共享。认同性，可以说是一种非常强大的社会心理学层面的理由，任何物品与服务一旦与某些人群的认同感有超强的契合，那么它的社会化的可共享性就会急剧上升。

参与者的共享倾向性

不是所有人都愿意参与共享经济。也就是说，共享经济的目标受众和潜在参与者具有不同的共享倾向性（Propensity to Share）。共享倾向性可以简单地定义为人们对价值载体（产品、服务和体验）的分享意愿与企图，主要指的是大家对待共享的态度。这种态度和意愿可以是天生的，也可以受后天环境和教育的影响。我们可以泛泛地谈一般性的共享倾向，也可以聚焦在具体某个品类（Category）或者领域（Domain）中特定性的共享倾向。

所有权与共享

首先必须说明，共享是与产权或者类似产权的"名义份额拥有权"（比如一群人中每人可以分得一个苹果）密不可分的。没有实质上的或者名义上的所有权，就无所谓共享给别人，因为你根本没什么可去共享，没什么属于你的东西可以由你决定去共享（或者确切地说，是去"分享"）给他人。你把已经属于你的那个苹果给了别人，那才是分享。如果你名下并没有属于自己的苹果，也就无所谓由你来给别人分享。

第十三章
共享经济：价值创造的共同参与

共享倾向的影响因素

有些人天生地愿意分享，对所有权或者私有性不甚敏感，对物品的独占心不强。有些人则天生地爱"吃独食"，宁愿物品闲置或者废弃也不与他人分享，只要东西到了自己手里，绝对不会再给别人，即使自己所拥有的东西的价值已经近乎为零甚至已经为负。这便是所谓的敝帚自珍。还有一些人，不在乎（某些）具体物品与服务的拥有，主动与他人分享。这并不是独占心不强，而是终极地在乎人心方面的控制和拥有。所谓的"财散人聚""千金散去还复来"。比如，真正懂得权力的人，知道权力是必须要分享的。即使是独裁，也要在某些领域对下属分享权力。否则，别人也不会与你分享或共享。

当然，教育手段、文化潮流、社会风尚、政治运动以及技术进步等多种因素，也会改变人们的分享倾向。无论是学雷锋、做好事，还是社区服务、做义工，社会的发展和思想的进步都会影响人们的共享意愿和对待共享的态度。

"提供共享"的倾向性

共享（或曰分享）通常有一个收与受的角色问题，亦即"提供共享"和"接受共享"。大家为什么愿意提供物品和服务与他人分享呢？

其一，慷慨。纯粹的分享可以给分享的提供者以慷慨自豪的感觉（Generosity），觉得自己够义气、够"人物"。与此相关的社会属性是荣誉（Honor）。大家觉得分享的提供者用爱心施善行，具有高尚情操。

其二，责任。与个体情操相关的是社会责任感。这种社会责任感可以是帮助弱势群体，把物品与服务分享给有需要的人；也可以是认为通过分享，减少了浪费，为人类的可持续生存和发展做出了自己的贡献。

其三，回报。与上述慷慨相关的，实际上是对那些接受分享者的一种潜在的预期：要么欣赏并感激这种慷慨，要么在将来有所回报（Return the Favor），无论形式经济与否。这符合社会规范中互惠（Reciprocity）的逻辑。受人滴水之恩，定当涌泉相报。

其四，盈利。现金支付或者任何形式的经济补偿，正是共享经济所强调的经济回报。在共享经济时代，盈利赚钱已经成了理所当然的因由，即所谓的盘活存量、废物利用并从中得到经济利益。

其五，社交。分享的社会属性大于经济意义。尤其是在提供分享服务的时候，可以见识和交往各种人。在这一点上，无论是对于所分享物品与服务的提供者还是对于接受者来说，都可能是一个有吸引力的因由。比如，学生跨国交流时，双方通常会住在对方家里，而不是住在学校或酒店。

不同人在这些维度上的倾向性是不一样的。有些看重慷慨，有些在意回报；有些强调经济利益，有些注重社会规范。不同的"提供共享"的倾向性，在很大程度上决定了可用于共享的物品与服务的供给。

"接受共享"的倾向性

大家为什么愿意接受别人分享的物品与服务呢？

其一，便宜。有些东西太贵，自己买不起，必须接受分享或者与人共享，这样才能比较便宜或者能够负担得起地获取。这是日常的状态或者长期的行为，也是共享经济的重要推动因素。

其二，方便。有时接受分享要比自己购买更方便灵活（Convenient and Flexible）。省不省钱倒不是主要问题。有的人喜欢图方便；有的人坚守原则，不方便别人，也不方便自己。

其三，情感。有的人喜欢尝试别人经历过的东西，或者有情感价值的东西。比如，很多日本人花低于正价的价格购买明星用过的"中古"包或者鞋。这算是广义的共享经济。有些人则不能够想象或者忍受享用别人用过的东西。

其四，猎奇。很多东西自己买不起，但可以通过接受分享的方式去尝

第十三章
共享经济：价值创造的共同参与

试、体验和猎奇。比如，租借一天超豪华车过过瘾，或者付费参观一下名人故居或者明星现居。这是短期的行为和一时的动机。

其五，理念。有些人拒绝陌生人或者异族的物品与服务。比如，"不食嗟来之食"。当然，提供分享的倾向性也会受到价值观念的影响，比如，"宁为玉碎，不为瓦全""宁与友邦，不予家奴"。当然，也可能与之相反，出于节约或者环保的理念，有些群体不仅愿意接受别人的分享，而且可能主动要求别人分享他们已经不再需要而即将浪费掉的东西。

可以想见，一般而言，一个人、组织或者社会与国家，如果自给自足的能力较强，其与外界交往的必要性就会减少，共享的倾向性也不会太高。总之，有些人有极强的参与和接受共享的倾向；有些人厌恶、反感甚至完全拒绝接受别人的分享或者拒绝将自己的东西与人共享；其他人可能无所谓，见机行事，看共享的领域和情境。显然，只有在提供者和接受者双方的共享倾向性都很强的情况下，共享才会层出不穷、风潮涌动。

共享与否的综合考量

给定价值载体的可分享性以及参与者的分享倾向，共享经济发生与否，通常取决于参与者对价值载体本身的价值与交易成本之间的比较。比如，美国最早的共享经济网站，许多是共享电钻这样的物品的。电钻，很多喜好自己动手（DIY）者的家里都有，但都不常用，通常闲置。急需用的时候，你是愿意花15美元租用别人的呢，还是愿意花35美元去买一个新的呢？开车跑路、寻找、等人自然有费用，而且所共享来的电钻也不一定好用。这些问题和费用加起来，可能还不如自己去买一个新的电钻划算。于是电钻租赁网站用者寥寥，大多先后关张。如果所共享产品的单价太低，省的钱还不够弥补增添的麻烦。

还有，是共享经济中经济因素和社交因素的均衡问题。通常情况下，大家最为关心的其实还是共享带来的经济性，或曰划算。毫无疑问，在某些新兴领域，或者对于某些特定的阶层（比如年轻的"背包客"）而言，人们可能更在乎和看重社交诉求、民俗体验、文化探索和其他社会属性的东西。但对于一般消费者而言，猎奇和体验并不是主要的或者重复性的需要。性价比是雪中送炭，社交则是锦上添花。如果纯粹是以社交为目的，就可能已经不是共享经济，而是共享生活了。

中介平台

共享经济若要大肆盛行，仅有参与者的共享倾向性和价值载体的可共享性仍是不够的。若要使得提供和接受共享的双方便捷经济地交易，有效而值得信赖的中介平台（Intermediaries）往往是不可或缺的使动因素（Enablers）或促进因素（Facilitator）。前者使得原本不可能出现的现象成为现实，后者使得已经初具雏形的事情增效扩容。

共享经济平台：传统与现代

共享经济的例子可谓比比皆是，只是原来大家都不把它往这个当下时髦的说法去想而已。在传统经济时代，大家可以到报纸的"分类信息"（Classified）栏目去寻找一些廉价物品的获取信息。分类信息，说白了，就是广告。比如，旨在促使二手汽车在私人之间买卖的信息。报刊媒体便是买卖双方的信息平台。在如今的共享经济大潮到来之前，其实大家就早已非常鼓励分享了。在西方国家的某些社区，如果你的东西是免费供人索取的（比如一个过时而占用空间的旧沙发），就可以免费在本地的某些报纸上刊登信息。如果你意在收费转让，那就要给报纸交一定的广告费。

免费让人拿走，这才是真正纯粹的分享。现在很多人把二手货的交易（比如原来的跳蚤市场、车库市场，后来的 eBay）等都纳入所谓的共享经济。广义上都说得过去，但毕竟多少有些牵强。这些交易都是市场行为，而且涉及产品所有权的转让，不是共享，而是易主。但无论如何，共享抑

第十三章
共享经济：价值创造的共同参与

或交易都是离不开平台的服务的。只不过在数字经济时代，数字信息平台使得原先不太可能和不太方便的共享经济性交易变得可能而且更加便捷而已，比如房屋租赁或出行服务等方面的共享经济平台小猪短租和滴滴出行。

> 随着人们对于网络的广泛应用，我们正在见证共享经济的兴起。我想我们对占有的痴迷正处在一个分水岭上，而共享经济正是其相反一方。
>
> ——理查德·布兰森（Richard Branson），英国企业家

去中介化的悖论

随着共享经济的发展，大家经常会听到所谓的"去中介化"的说法。共享经济会推动"去中介化"的说法，其实是一大悖论和误区。中介并没有被去掉，不过是改变了形式和角色而已。通常情况是中介的层级更少而且数量相对集中，有时甚至趋于垄断，变得更加强大和更加排他。比如，瓜子二手车直卖网著名的广告语是"没有中间商赚差价"。确实是没有其他的中间商赚差价，而它自己正是一个中间商、该交易中唯一的中间商。

作为共享经济的使动者和促进者，Uber 和 Airbnb 这些中介平台所促进的可能是 P2P（点对点网络贷款）的分享，也可能是新的专业或者职业的产生，虽然这种专业或者职业起初比较业余。最终，也许共享经济的共享功能将被逐步淘汰。恰如游击队，在特定时期可以生存甚至兴旺，但随着事件的发展，要么转成正规军，要么自然退场。对于共享经济中与别人共享价值载体的业余从业者而言，最终转向产品和服务专业提供商的经济意义将会逐渐增强。

在这个发展和转换过程中，至少 Uber 和 Airbnb 这些平台的存在本身不是在进行分享，而是专业的营利性机构在做专业的中介平台。显然，它们的出现和存在确实催生和维系了多种共享经济业务的内容和形态。共享经济不是去中介化，它依赖的恰恰是强大的中介。所有的人际交流、交往和交易都必须通过媒介。最基本的媒介是语言和货币。所谓的脱媒或者去中介化，不过是媒介的更新和转换而已。正是因为新中介形式的出现，共享才更有可能。

> 你大概可以把我称作技术中介。我知道怎么跟硅谷的人对话，我也知道如何把与他们的对话解释给所有其他的人。
> ——马克·奥斯特洛夫斯基（Marc Ostrofsky），风险投资者

中介平台的功效

平台的有效性和效率，将取决于信息传播和搜寻（Search）的便利性和准确性、参与者之间的广泛连接性（Connectivity）、服务评价（Review）与选择的便利、支付（Payment）的安全与便捷，纠纷的仲裁与解决（Dispute Resolution）、平台整体的综合信用（Credit）以及安全性和可持续性（Sustainability）。

首先，信息搜寻是双方交易匹配成交的前提。平台的搜寻功能要做到信息的全面系统、细致精准、真实可靠、即时及时。其次，平台的规模和触及范围（Reach）直接影响参与的广泛程度和参与者之间的连接程度。中介平台的成功在于迅速地在目标受众中形成规模、增大连接度。再次，在数字经济时代，大家极端重视信息反馈，关注其他参与者的感受与评价。平台上的客户评价功能要尽可能地保证用户评价真实可靠、内容丰富及时，而且针对性强，对于其他参与者有参考价值。还有，与平台相关的

第十三章
共享经济：价值创造的共同参与

支付功能要做到便捷、安全和私密性强。最后，当交易双方发生冲突和纠纷时，中介平台应该有迅速而公正地解决纠纷的态度、手段和能力。

一个中介平台最为重要的资产是信用，是平台的参与者和各类使用者对其技术实力、功能可靠、守法合规、诚实守信等多方面表现的总体性信任，是由上述的信息、支付、客服、评价、沟通、仲裁等多种手段保证的大家对平台本身和平台上分享活动的整体信心与安全感。中介平台的可持续性在于它能够吸引和保留足够的参与者，使自己成为参与者们在某项特定共享经济领域中的首选抑或唯一依靠。

共享经济的监管

共享经济中相应的政府监管（Regulation）以及从业者的自治（Self-Regulation）直接影响共享经济中的价值创造和价值捕获。

作为新的经济形态，共享经济不仅挑战了现有的商业模式和经济秩序，而且在制度安排和政策法规方面也给政府和社会带来了一系列必须应对的挑战，比如监管、税收、服务、安全、社会保障等多方面的问题。正像在探索中前进的中国经济改革一样，在共享经济的发展道路上，适度允许来自基层的探索和创新，也许是明智之举。事实不断证明，只有经过实践检验并符合市场逻辑的创新才能真正流行。共享经济应该享有这个机会去证明自己。我们不妨谨慎乐观地拭目以待。在这个过程中政府最需要做的并不是对共享经济进行直接干预，而是要关注并阻抑那些对公共资源的挤占和负面影响。

比如，从出行而言，大概只有搭乘顺风车的情况，才同时拥有规模经济或范围经济的优势而又并不增进对环境的负面影响。假设你必须去某个地方。你一个人开车去也是去，顺便捎上两个同路的人也是去，并没有额外的油耗成本、汽车折旧和其他费用。同时，你的分享，无论适当收费或者纯属帮忙，都不对环境造成额外的压力或污染。然而，很多时候，共享经济在积极盘活存量的同时，可能并没有减少供给的产生从而减轻对地球的压力。相反，分享可能恰恰增加了某些容量的供给或者社会资源的耗费。比如 Uber 的出现与繁盛可能导致对公共交通（地铁和公共汽车）的替代。本来在家闲置的很多车辆也上路了。2016年有人测算，Uber 的出现使得曼哈顿的交通速度降低了8%！同样，使用单价甚低的共享单车大量挤占公共资源而其商业模式又难以使得其业务正常地维系长期运营，车辆的报废和弃置造成了大量的资源浪费。

有一阵子，你可能会遇到这种情况：你急着在街上打出租车，有三五辆出租车在你眼前晃悠，你刚要上车，司机说"对不起，这是别人预定的车"。所谓的出租车，就是招手即停、上车即走。为了从中介平台得到某种补贴，出租车从纯粹的市场经济"杀入"共享经济。以此观之，共享经济名义下并不一定都是在做增量，很可能是从现有的存量里强行分一杯羹，甚至可能扰乱正常的经济秩序。共享经济对总体经济形态的影响可能并不总是符合帕累托最优原则。新的经济形态，通常是更加方便了某些人，顺带损害了另外一些人的利益。

还有，在特殊时期，政府可能会鼓励所谓的地摊经济。但长期而言，地摊经济也好，地下经济也罢，都应该在既定公共秩序以及相应法律规章和道德伦理框架的范围内运作，不能干扰正常的社会秩序与民生状态。

共享经济的情境性

共享经济的适用场景和创新

不同的情境（Environmental Context）下，共享经济的实用性和经济性可能千差万别，其演化与影响也会形态各异。在迪士尼乐园，你玩得很"嗨"，处于亢奋状态，花钱就不那么算计；在情侣出入频繁的地方，你卖玫瑰花，很多人不好意思不买，你就容易得逞。显然，交易的场景很重

第十三章
共享经济：价值创造的共同参与

要，有时需要仪式感和轰动性，有时需要私密感和排他性。因此，如何造就适当的场景，也是共享经济在发展过程中需要面对的一大挑战。

概而言之，分享，通常是属于再分配领域的事情，而（主要）不是创造性领域的作为；是属于深入挖掘和充分利用（Exploitation），而通常不是拓展边界和积极探索（Exploration）。越是前沿探索性的领域，越是大家追求高额回报的领域，因此分享的可能性就会越小，追求独占的动机就会越强。当然，这是对于参与分享的交易者而言的。对于平台创新者而言，他们也是探路者，使得他人更好地将闲置冗余资源进行充分利用。

作为推论，越是涉及高端资源或者前沿知识的领域，大家参与分享的动机就相对越弱。大家全神贯注，极度专注和投入，根本没有剩余，哪有分享？比如高端的技术研发或者药品的早期研发。这是"庙堂"的事儿，而不是"街市"的事儿。到了创新的传播领域，"山寨化"盛行，那时才是共享的"盛世忙区"。

制度安排是否鼓励分享，也会影响共享的广泛程度。很多著名的大学不允许教授校外兼职，学术任职性的分享都会被限制。而现今，国内的著名指挥家们可以同时担任三至五个交响乐团的音乐总监。

针对一项特定的产品或者服务，人们自给自足的可能性越大，共享的可能性越小。原来昂贵的律师服务可以通过雇用著名律师当企业的法律顾问来代替。花大价钱请麦肯锡来"共享"其经验，可能不如直接雇用麦肯锡的顾问进入企业战略部。如果这种将市场活动组织内部化的举措成效相当，那么大家就会自给自足，而不是去购买或者借用（共享）他人的服务。

著名组织或者高端组织内部资源利用越不充分的领域，组织中的人越有激励进行外部共享。所谓的利用不充分，最直接的指标就是当事人觉得没有得到应得的回报，但同时又离不开组织平台所提供的合法性与资质和资源。一位知名医院的著名医生可能会到其他医院出诊，分享其才能，获得超额回报，但肯定不会成为一位"四处走穴"的游医。他必须有归属，归属是共享的资格和本钱。

分享的现场感及其营造需要认真地思考和设计。有些分享是纯粹情感性的，需要一时冲动，而经不起理性分析。因此，要促使这类分享的产生，必须有足够的现场感和情境感，使得大家愿意暂时放弃理性而直接诉诸情感或感官刺激来满足自我需求。比如，在某个别人造势烘托的场合，众目睽睽之下，你一激动，可能牺牲了你的休息日去做某种你本来根本不愿意去做的义工。

概而言之，大部分人的大部分剩余或者闲置的物品、服务、能力和时间，至少相对于同类专业的人员的价值提供，都是业余的、不稳定的，或者不规范的。根据定义，共享经济的主要意义在于盘活存量和在正规市场交易体系之外的拾遗补阙或者随机调剂。因此，这也意味着具有较高可共享性的东西通常都是供给广泛的大路货，是正规经济（传统经济）的补充，在其领域内或许具有可持续性，但难以挑战主流正规经济。通常情况下，这种经济形态中，很难会发现极为珍贵的东西，比如主人因为不识货而将某些古董或者名贵的东西低价共享；也很难会有多少在低水平重复之余而刻意谋求的产品与服务创新。共享，毕竟是要解决已有剩余和闲置物品的问题。

虽然开放式创新备受追捧，但真正的创新，尤其是所谓"从0到1"的创新，通常都是在"庙堂"中而不是"街市"上创造的。"街市"上所流行的大多是流通领域里的传播扩散，或曰"山寨化"的过程。共享，亦是主要属于"街市"上的流通买卖。平心而论，那些做中介的大平台可能在创新，包括技术上的创新和商业模式上的创新。而那些参与共享的主体，现在看来，主要还是在盘活存量，而不是专注于产品与服务的创新。随着原本共享者的逐渐敬业和专业化，也许，新一轮的创新可能在共享经济中产生。

共享经济的悖论

影响共享经济发展的一个重要悖论是，共享经济一旦真的成功，它基

第十三章
共享经济：价值创造的共同参与

本上就已经不再是共享经济了。也就是说，一旦共享经济的参与者成为正规和主流的一部分，他们必定已经是专业从业者，而不再是顺便共享的人。

如果大家都各自专注于自己的专业和特长，人尽其才、物尽其用，基本上就不会有太多的时间和精力去考虑剩余和闲置的东西。如果大家绞尽脑汁地去琢磨如何共享自己的剩余，而不是专注于自己的主业和专长，那么我们所共享到的大多都是别人比较业余的或者不够专注的服务和交易提供。并不是所有人的剩余产品、服务、时间、能力都值得共享。如此，人们是应该争取在某个专业上出类拔萃，没日没夜玩命地赚足够多的钱去享用最专业的各类产品和生活服务呢，还是应该每天苦思冥想如何去分享自己那些廉价物品或者同质化的普通劳动力呢？

本 章 结 语

在数字经济时代，共享经济迅速成为一种广受欢迎的价值创造手段。有关共享经济的尝试成功与失败皆有，机会与挑战同在。本章首先介绍了共享经济的实质和基本形态，而后通过一个 ASPIRE 分析框架来考察和解读共享经济的参与者、共享经济中价值载体的可共享性、参与者的共享倾向性、中介平台的使动作用与功效、政府监管与从业者自律，以及共享经济的情境性特质。

首先，共享经济的参与者可以是个体，也可以是企业，还可以是企业与个体的各类不同组合。他们（它们）可以利用共享经济的手段和方法来盘活和利用闲置资源，创造新的价值交付和享用方式。

其次，并不是所有的价值载体（产品、服务与体验）都适于被共享。其可共享性可以由物质与时空属性以及社会和文化属性两个维度来界定。前者包括价值载体的标准化、模块化、流动性、复用性、即时性和协同性；后者包括价值载体的排他性、独占性、私密性、阶层性、情感性、社交性和认同性。

再次,参与者的共享倾向性受到提供者的慷慨、责任、回报、盈利和社交以及接受者的便宜、方便、情感、猎奇和理念等多种因素的影响。

还有,共享经济的发生离不开中介平台的支持与促动。平台的功效取决于它在信息搜寻、连接范围、反馈评价、支付手段、纠纷解决等多种维度上的表现及其总体的信用与可持续性。在谨慎乐观地鼓励和引导共享经济尝试和发展之际,政府监管应该尽量避免直接干预,但要关注和阻抑共享经济可能给公共资源带来的负面影响。

最后,值得一提的是,作为当下时髦的一种价值创造手段和方法,共享经济的适用性、可行性以及创新性取决于特定的情境和场景。

第十四章　品味格调：卓越价值的持久魅力

　　为消费者创造价值乃是企业的根本使命。消费者的价值需求包括功能层面的基本需求以及更高层次的生活方式上的需求。前者注重价值载体的功能性特点，强调其实用功能本身的强劲可靠；后者关注价值载体的品味与格调，凸显心理上和社会层面的满足。所谓的卓越价值，不仅需要功能满足与品味格调的同时存在与有效结合，而且最终要体现在品味与格调上的表现优异，能够为目标受众带来由衷的好感与超常的满足。品味与格调（讲究而不是将就），乃是卓越价值的持久魅力。本章通过 SURE 和 DARE 两个分析框架来考察价值创造在基本功能与品味格调层面的表现，并强调消费者的上瘾和忠诚对于持久卓越价值提供的不可或缺。

　　所谓的消费者价值，乃是消费者关于特定价值载体（产品、服务与体验）对其某种需求的满足程度的判断，是一种关系属性，取决于主体与客体双方的特点以及具体的消费情境和场景。同一种产品对不同人的价值是不一样的，而且对于同一个人在不同情境下的价值也可能是不一样的。企业所面临的挑战，是如何在给定特定资源的前提下，使自己的价值创造最大化，力求在最合适的时间和场景将最为适当的价值载体，用最易于被消费者接受的方式和可以接受的最高价格提供给他们，从而使消费者得到满足，并同时收获属于自己的那部分价值。

为了分析的简便，我们可以把消费者的价值需求简单地区分为基础功能层面的需求和更高一级的品味与格调层面的需求。前者即使做到了雪中送炭，也可能"雪融戏散"。后者虽是锦上添花，倒可能魂牵梦萦。

前者就事论事。根据定义，消费者价值主要体现在价值载体能够满足消费者在某个需求领域最为基本的和最为功能性的要求，比如饮食方面的吃饱不饿或者衣着方面的遮体避寒。这里主要讲究的是性价比：在同一个价格上，消费者获得更多数量或更高质量的产品与服务抑或体验提供；或者给定同等数量与质量的价值提供，消费者的支出更低。

后者则主要是聚焦在别出心裁和花样翻新地用各种设计和创意来更加精当和妥帖地满足消费者的需求以及基本功能之外的附加需求，从而更好地适合并彰显其独特的品味与格调。比如，根据顾客特殊要求定制的产品与服务，如东京银座某个广受褒扬的寿司大师根据你的喜好和心情而现场制作的手卷，抑或米兰、巴黎的当红时装设计师为你量身定制的独一无二的秋季套装。此时的价值评价，基本上是注重基本功能以外的东西，更加强调的是社交需求、设计理念、流行趋势、时髦风范、文化底蕴和审美体验，价格弹性并不是目标客户最为重要的考量维度。

也许，存在最为持久的企业，是那些能够在品味与格调层面让世人不断惦记和追捧的、能够为大家提供高端参照系的那些传世典范企业。它们及其价值提供成为各类追求升级换代的消费者的理想目标和终极欲求。然而，仔细思之，其实在任何层面和价位，都可能会有企业将其价值提供做到极致，不仅性价比最优，而且能够在某些方面为目标消费者群体提供某种抵不住的诱惑，亦即重复享用的刺激和诱因。也就是说，要让消费者上瘾（Addicted or Hooked），成为其生命中（至少在某个阶段）不可或缺的价值提供者。消费者对你的产品上瘾、欲罢不能，这也许是价值创造的持久魅力所在。比如，某种方便面或者酸辣粉受到特定消费群体的强烈而持续的追捧。大家可能根本不在乎它是否健康或者非油炸，要的就是口味刺激。

第十四章
品味格调：卓越价值的持久魅力

当然，即使如此，通常而言，价值创造的最为精彩的空间、发挥余地最大的空间，也许同时也是企业的价值捕获比例最大的空间，应该是那些单价较高或者超高的、专注于品味和格调的价值载体的提供。挑战最为低端和最为功能性的价值提供的企业可能你追我赶、层出不穷。随着技术进步和其他因素的改变与调配，这些企业会不断地提高功能性价值提供的性价比。与此不同，高端和最为顶端的价值提供则需要多年的积累和打磨，靠的是技术、商业、文化和历史等多方面因素的互动融合与浸淫积淀。虽然对品味和格调的追求可以贯穿各个品类和价格区间，但持续地、习惯性地追求品味和格调的注定是那些具有足够的价格消化能力的高端消费人群。高价格给提升品味与格调所通常必需的高额成本带来足够的容忍与运作空间。

我们可以通过两个分析框架来看这两类价值提供的主要特点：一个是SURE框架，一个是DARE框架。前者着力勾勒以基本功能为主的价值创造，兼及与品味和格调极为相关的情感性。后者主要聚焦于对价值载体的系统性的刻意打造，无论是在满足基本功能方面还是在情感需求方面，都极端注重在品味和格调上的探索与挖掘。也就是说，两个框架的侧重点有所不同。前者注重功能与品味和格调的描述与简介，后者则注重提升和彰显品味和格调的方法与路数。其实，功能本身以及品味和格调同时贯穿了两个框架。

靠谱的价值提供：SURE框架

所谓"靠谱"，指的是价值载体在如下四个维度的综合表现：简单性（Simplicity）、适用性（Usefulness）、稳健性（Robustness）和情感性（Emotionality）。前三个维度主要涉及功能性本身，情感性维度升华至功能性以外的心理附加价值和额外诱惑。其实，世间不靠谱的事远远多于靠谱的事。讲究的少，将就的多。通常大家只是凑合。这就使得靠谱的价值创造

从竞争优势到卓越价值：
赢得持久超常经营绩效

显得尤其珍贵和难得。

简单性

简单性，体现在设计的简单明了、直观直白，功能的简洁易用、明显突出。没有做作和冗余，坚决剔除毫无任何附加值的无用功能和不必要的选项。而且功能设定和使用流程清晰简便，不会产生不同功能之间的混淆。简单性不仅可以聚焦于核心功能本身的提供，而且可以减少顾客使用时的困惑和干扰以及相应的焦虑与烦恼。

比如，最常见的例子便是单行道的设计，剔除了狭窄街道上双向车流可能造成的各种麻烦。在产品方面，比如当年在手机的"功能机"时代，为方便老人而设计的大键盘手机，只是为了方便接听电话，不需要任何其他的干扰性设置。再比如，最初的 iPod 设计，只有一个屏幕和圆形控制器以及中间的母键，简洁明了。还有，谷歌的搜索界面，就是一个简单的 Logo 和一个搜索框，没有任何乱七八糟的推介和轰炸，给人以简洁明晰、客观公正的感觉，突出的只是其搜索的功能性，而不是网站所有者的功利性。

在食品方面，袋装的爆米花原料包，包含了处理过的玉米和调料，包装体积很小。需要享用时，只需放进微波炉加热几分钟就会自动起爆而生成一袋可以开袋即食的爆米花。设想，如果哪家食品公司设计出一款只需一拉即可自加热至适宜饮用温度的罐装高品质咖啡，就可能会从根本上解决咖啡外卖的问题，而不需要麻烦快递小哥满世界送那些仅运费就每杯七八块钱、其实也只是一键自动冲调而成的咖啡。当然，在那些需要复杂精致地打理的慢生活地段，自有其独特的逻辑。而大众消费和即时消费，需要的往往是简约和简单。

谈及古典音乐，维也纳金色大厅大概在人们心目中最为知名。它最为受乐迷赞赏和迷恋的并不是其金碧辉煌，而是其造型简洁和音效甚佳。其实，在铁杆儿爱乐者眼里，阿姆斯特丹皇家音乐厅同样拔尖出众，还有著

第十四章
品味格调：卓越价值的持久魅力

名的波士顿交响乐厅。这几家世界顶级的音乐厅拥有一个惊人的共性，那就是演奏大厅本身都采用极为简单的设计风格，即所谓的"鞋盒型"。没有奇形怪状的装饰与布景，也没有花里胡哨的各种吊板或意在增强音效的设备和装置。

这种简洁的设计所带来的效果，则是声音的温润明亮，尤其适用于古典音乐的演奏和欣赏。而且，整个空间的"死点"较少，无论观众坐在任何席位，听到的乐队混响都不会太差或者变异太大，音效稳健如一。迄今为止，这种简约设计所带来的音效仍然未被各种所谓创新性的音乐厅设计所超越。对于那些痴迷的爱乐者而言，这些音响天堂无疑承载了他们的情感寄托，给他们带来经年往复的审美体验。每一次到访，都是一次听觉的盛宴和音乐的朝圣。

适用性

产品的适用性，可以从基本功能和拓展功能两个方面来考察。

基本功能指的是一个产品原本的设计用途及其满足这种用途的能力，也就是发挥其应该发挥之作用的本领。这个功能的考察可以体现在有效性和易用性上。有效性，即产品能够实现其设计意图的能力，能够解决它要解决的问题。比如，建筑外体涂的防火材料是否能够按照设计要求在规定时间内使得建筑不受火灾侵袭，或者手术用的麻药是否能够达到相应的麻醉效果。再如，避孕药是否能够安全避孕，减肥茶是否能够真正减肥，等等。易用性，即产品使用和操作的难易程度，是否好使易用。比如，人流量巨大的出入口的门与门把手的设计方向是否合理，是否能够使人们轻松自如地推拉开启；酒瓶盖是否容易打开；冰箱门是否容易密闭。这些细节都是直接影响产品基本功能的重要因素。

拓展功能指的是在产品的基本功能之外的、能够为顾客提供附加价值的功能。这种功能取决于产品的定制性、配套性和周到性等。定制性指的是产品满足个体客户特殊需求的能力，体现的是量体裁衣、随身定制的能

从竞争优势到卓越价值：
赢得持久超常经营绩效

力。这种能力可以使得企业更加精准地满足客户的特殊需求，比如量身定制的衬衣与西服。配套性要解决的也是产品使用过程中的总体方便与满意性，包括配套产品的提供、系统集成的程度、售后服务的质量、技术支持的能力。比如，IBM的系统集成能力是它在大客户商务服务业务上脱颖而出的制胜法宝。周到性指的是贯穿产品从购买到使用再到处理弃置的全周期的便利、灵活及舒适。一家受人信赖的汽车4S店便是提供这样一种完整配套服务的典型。

简而言之，适用性就是精准有效地提供消费者所需要的功能，该达到什么效果，就达到什么效果。既不无端地虚妄拔高、贪大求洋，也不无故地紧凑逼仄、缺斤短两，而是最为适用和实用地为消费者提供便捷和实惠的价值载体。

在很长一段时间内，南方航空往返北京和阿姆斯特丹的航线上，执行任务的都是空客380超大型机。如果你坐的是头等舱或者商务舱，那么恭喜你，你的座位空间是令人羡慕的，也可以优雅从容地享受定制的美食餐饮。不过你也不要高兴得太早，全飞机500位乘客呢，如果你取行李时等上半个钟头，也不算新鲜事儿。虽然你的行李上贴的牌子可能是优先级，可行李搬运工按照他们的偏好做事，还真不一定认你的优先级。飞机大，通常停得比较偏远，人多行李多，怎么也得搬运一阵子。如果你坐的是经济舱，座位空间不一定比其他型号飞机上的座位空间大，很可能还更挤。上下飞机耗时、餐饮服务耗时、空乘人员喊累，整个过程已经达到规模不经济。如果整个飞机的舱位都是头等舱或者公务舱倒可理解。然而，把超大量不同舱位的乘客强行放在一起，就可能会影响所有人的体验。很难想象你买一辆奥迪Q7，前面两个座位宽大舒适，但后面又局促地塞了3排9个座，那样的话，就不知道你买的到底是豪华越野车还是大型面包车。

如果你到最新建成的诸多机场航站楼，可能会发现这些人流量超大的场所，存在大面积的空间闲置浪费，这些空间价值没有得到充分使用，而大家经常需要使用的电梯不仅数量少得可怜，而且电梯内的空间小到与机场的整体空间以及正常的客流量完全不相匹配。而且，有时从登机口出来

第十四章
品味格调：卓越价值的持久魅力

到提取行李再到出机场可能要步行很远。设计理念上固然可以强调空间感，但首先要保证功能性，否则便是南辕北辙、本末倒置。有人调侃说，大部分意大利设计师级别的鞋子都不舒服，大部分由著名建筑师 Frank Llyod Wright 设计的房子都漏雨。这也许无关紧要，人家卖的主要是设计和做派，讲究的是独一无二的"范儿"，并不一定是为了满足功能需求本身。而对于大部分讲究实际功能需求的消费者而言，忽略产品的适用性无疑是一大败笔。

回头再看阿姆斯特丹皇家音乐厅。该音乐厅的二楼楼层很高。但厢房的楼梯，左右宽阔、进深足够、梯度低矮，可以使六七十岁的老人从容地在四方形空间内拾级而上、缓缓绕行。即使不用电梯，照样轻松自在。厅内的台阶亦是舒缓从容。反观近年来诸多新建的音乐厅，厅内楼梯陡峭高耸，不由得让你胆战心惊。他们的设计准则好像是唯恐你从容自在。偌大的公共场所，厅外闲置空间无限，而洗手间小到一次只能容纳三五个人，升降电梯亦是如此。仿佛就怕方便了你！

稳健性

稳健性，意味着无论是什么样的使用群体和时空组合，所设计的功能效果都能够得以顺利实现，稳定一致、屡试不爽（Robust and Reliable）。用俗话说，就是"皮实耐用"。从时效上说，稳健性其实不仅意味着可靠性高而且体现在耐久性强。也就是说，即使是经过长时期多次使用后仍然能够保持原有性能。

比如，20世纪末中国刚进入家用汽车时代，很多老的车型（还是进口车）还用化油器。冬天早上还要先"热车"一段时间才能启动上路，否则车辆就可能熄火歇工，非常娇贵。而同时期的新近车型则完全不需要这种特殊处理：不管什么场景和气候，一打就着，立刻启动；一踩油门就走，一踩刹车就停。车是为人服务的，不是要人伺候的。这是一个汽车作为简单易用而且安全可靠的商品的时代，不是当年司机还得学会自己修车的年月。再比如无线耳机，一款稳健性强的耳机能够清楚、准确、连续、无干扰地接收信号，不看说明书就能很快凭直觉正确使用，经得起磕碰和天气变化，无辐射或者低辐射，长时间佩戴仍然保持足够的舒适感，充电电池的容量大、寿命长而且充电速度快。

服务的可靠性也是一样。比如，在如今的微信时代，一个当年2G时代的服务应用仍然在某些细分市场上盛行不衰，那就是网上银行和移动支付所依赖的短信密码和提醒，非常简单实用、精准有效，而且安全可靠。"成功完成支付"的提示更是给大家带来"轻松搞定一切"的良好体验。

同样，B2B的价值提供亦是非常在乎稳健性与可靠性。比如，提供数据储存备份与即时提取服务的云服务机构，还有机场、车站、医院、电台等重要场所、机构与组织，必须有稳定而不间断的电力供应。因此，与电力的输送和使用相关的任何环节的产品与服务，小到开关和稳压电源，都必须满足稳健可靠的要求。

对于军品而言，可靠性更是不可或缺。比如，AK47突击步枪，据称是世界上最受欢迎的武器。其结构简单、易于操作、皮实耐用，在其有效射程内非常实用。难怪，AK47突击步枪乃是几乎所有士兵的最爱，当然也是游击队员们的最爱。AK47突击步枪在一个地区的交易价格往往被用来衡量该地区的和平指数，其价格越高，表明局势越乱。

当然，如果你"不爱武装爱红装"，也没有关系，你可以拿起美颜相机，或者启动手机拍照上的美颜功能，耍耍自拍，搞点儿自嗨，简单方便，老少咸宜。这种美颜功能也是非常皮实和稳健的。通常你都会变"美"一些的，至少在你自己心目中颜值爆棚，比整容划算多了。

情感性

情感性（Emotionality），则指的是价值载体能够在多大程度上给目标受众带来情感价值和精神满足，使他们感到熟悉亲切、契合熨帖、赏心悦目、恬适怡然，自然而由衷地感到心情愉悦。人们的情感会受到认知、意

第十四章
品味格调：卓越价值的持久魅力

识和感官等多方因素的影响。有些价值载体，其作用只是在于满足最为功能性的需求，不会为使用者带来心情上的涟漪或者情感上的波澜。有些价值载体则会由于其独特性和可爱性使人在认知、意识和感官上产生愉悦感和亲切感，正面地影响人的情绪，给人以情感上的满足。

在认知方面，企业可以通过某些产品的特性，有针对性地选择特定消费者群体，对其某些独特的文化理念和价值信奉进行触动、迎合与褒扬。这样可以与消费者在比较深入和亲切的层次上进行交流、沟通及吸引，从而在与对手产品的竞争中胜出。比如，某些饭店明确标出该店不使用味精及其他人工调味剂与添加剂，并且只选用有机蔬菜和自由放养禽畜肉类。这就非常符合对自身健康极为关注及敏感的顾客的口味与认知，使之感觉放心、满意。再比如，某些企业坚持为社区做某种公益事业，从而带来大家对其品牌的信赖与好感，愿意支付一定的溢价，以表示对其行为的认同，并对自己的这种认同与溢价支付感到自豪和欣慰。

通过巧妙的产品设计和营销策略，企业可以打造独特的令人垂青喜爱的品牌形象，诱发顾客好感，争取品牌忠诚，提高其产品的情感性功能。比如，畅销全球的依云矿泉水，其广告语中不厌其烦地强调它们的水来自法国阿尔卑斯山脚下天然小镇的清泉。无论如何更新改版，其瓶身不变的以清浅湖蓝为底色的设计更是令人精神愉悦，使人意识到它的独特，感觉亲切熟悉而又心中窃喜。如果没有这种无形差异化与有形差异化的完美组合，其情感性以及与之俱来的产品溢价也许会大打折扣。消费者不仅仅是在喝瓶装水，而且是在不断地提醒、强化和庆祝自己的生活方式。

显然，诸多的婴儿与儿童产品和服务重点打的也是情感牌。从奶粉到纸尿裤，从儿童滑板车到乐高玩具，质量稳定且品牌值得信赖的厂家所提供的价值载体，能够给家长带来认知上的安全感、意识上的责任感和情感上的满足感。购买和使用这种价值载体，家长会觉得没有亏待自己的孩子，感到对孩子悉心呵护、宠爱有加，感到自己有格调、有坚守，于是幸福愉快，自觉美满。

从竞争优势到卓越价值：
赢得持久超常经营绩效

相对靠谱也是极好的

简单、适用、稳健、情感，能够满足其中一个维度就很不容易了，能够同时满足两个以上就已经非常靠谱了。像阿姆斯特丹皇家音乐厅这样，四项皆可满足的，已然是奢侈品中的上品。如果我们仔细观察，其实身边很多相对靠谱的事物，还是可以带来很多启发和思考的。比如，苹果的 iPod 和早期版本 iPhone 上母键的设计，便是简单性的典范。这种设计不仅便捷易用，而且给人一种"一定能实现所需目标"的确定感。孩子们也有自己喜爱的玩意儿。一块泡泡糖，塞到嘴里，嚼了，吹个大泡泡，大家比赛一下，旁人夸赞一番，也很得意。再比如，某些耳熟能详、脍炙人口的歌曲，朗朗上口、易学易唱，每次听或唱都能够产生情感上的共鸣。这些显然都是比较靠谱的价值提供。

什么是不靠谱的产品、服务或体验呢？比如，无视情境而机械地按章办事，要求环卫工人在刮大风的时候清扫街道上的落叶，边刮边扫，做无用功。再比如，把咖啡厅的非抽烟区指定在厅堂的内部深处，需要走过所有抽烟的人才能进入。更为搞笑的是，早在飞机上还能抽烟的年代，欧洲某家航空公司把通道一边定为抽烟区，把通道另一边定为无烟区。如此形同虚设，不禁令人啼笑皆非。有些地铁出口，与附近街道之间几乎没有任何缓冲，从地铁口出来一迈步，就可能撞上街道上的行人或者车辆；地铁车厢关门的声音可能吵得像大喇叭，令人胆战心惊。

凸显品味格调的价值提供：DARE 框架

工业时代的逻辑主要是效率。后工业时代的逻辑主要是"感受"。原来的核心问题大概是：这个东西能解决我的什么实际的功能性需求？现今的核心问题则主要是：这个东西能给我带来什么好的感受？前者注重厂家

第十四章
品味格调：卓越价值的持久魅力

的生产率及其产品在消费者眼中的性价比。后者注重厂家对于消费者的洞察和关照以及产品在消费者眼中的差异化与个性化。比如，头疼脑热时吃的止疼片就属于功能性的范畴，要解决当下的具体问题；而饮用价格不菲的维生素水在意的则主要是感受，感觉自己是在有意识地照顾自己的身体从而预防疾病。无法使得消费者感觉到独特品味和格调的东西，肯定是价格被"往死里砍"，最终沦落为工业时代的效率逻辑。如果能够让消费者感觉品味独特、格调突出，则价格不是问题。大家如今很是愿意为感觉掏钱，尤其是最新一代的年轻消费者们。

可以说，作为消费主力军的中产阶级，尤其是高消费群体，如今在各类需求方面不断升级换代。他们不仅需要各类价值载体在基本功能上能够合格达标，而且要同时力求获得在品味和格调层次上的深度满足。显然，这也是一个从满足温饱向自我实现的跃迁与转型。其实，对那些从可支配收入来看的低端消费者而言，感受也是同样越来越重要。比如，前些年的媒体调查发现，很多年轻人不愿意待在农村或者回到农村的最重要原因，不在于城乡之间生活条件的差距，而是回农村之后不方便上网，从而缺少了跟主流世界相连接的感受。作为一种令人极为不爽的情感缺失，这也正佐证了 SURE 框架中情感性的重要。大家都需要在认知和意识上觉得与世界的主流脉搏相连，要满足情感归属的需求。

除了情感性维度，前述靠谱的价值提供（SURE 框架）主要强调的是功能性消费本身的描述。下面呈现的凸显品味与格调的价值提供（DARE 框架）则不仅仅是重视在满足基本功能的时候要体现品味与格调，而且更重要的是，要全方位地刻意注重消费者的感受和体验。它除了将 SURE 框架中的情感性一项进行提升，还要满足一系列相关的其他方面的需求。也就是说，它要营造和满足的品味和格调可能体现于企业所提供的价值载体在多个维度上的综合表现：精神内涵、社会意识、审美情趣、心理感受、感官状态、价值认同，如此等等。

凸显品味和格调的价值提供，就是有模样、有滋味、有温度、有腔调；让人赏心悦目、情投意合、爱不释手、欲罢不能；可以是不动声色的低调奢华，也可以是极端出格的张扬显摆。无论怎样，特定的品味与格调匹配特定的目标受众。具体而言，这里呈现的 DARE 分析框架包括细致入微的设计感（Design）、丰沛流畅的审美感（Aesthetic）、显而易见的精致感（Refinement）以及令人向往的兴奋感（Excitement）。正是这些要素的组合使得卓越的价值创造拥有持久的魅力。

设计感

首先，产品和服务要有设计感。动过脑子，走过心，有专业的道理；形状、颜色、比例、构型、分拆、组合，等等，能够较好地满足人体工学、心理预期、社会习俗、空间约束、时间限制等多种复合性的要求；同时，又在一定程度上挑战现有的思维，让人眼前一亮。也就是说，不仅在功能性上表现优异，能够提高使用效率和有效性，而且在情感性上沁润人心，能够提升其格调特色与整体档次。

著名的 Victorinox 瑞士军刀，可谓产品设计感超强的上佳典范。其设计紧凑、精巧便捷、功能多样、简单易用，不仅给人以功能上的可靠感、值得信赖感，而且使人感到精致可心、爱不释手。一个小小的魔方，给多少人的童年带来了无限的遐想和手脑并用的乐趣。苹果电脑自 1980 年以来就以超强的设计感著称，其 Macintosh 成为一代经典。乔布斯被逐出苹果公司又受邀返回之后，首次推出的苹果电脑就是五款不同的颜色，为原本冰冷的机器赋予了浓烈鲜活的生活色彩和情感价值。

> 设计不仅仅是关于看上去感觉如何。设计是关于如何实现功能性。
> ——史蒂夫·乔布斯（Steve Jobs），苹果公司创始人
>
> 设计是你品牌的无言大使。
> ——保罗·兰德（Paul Rand），美国设计师

第十四章
品味格调：卓越价值的持久魅力

著名运动鞋企业锐步，曾经推出一款广受追捧的"Reebok Pump"运动鞋。该款鞋的"前脸儿舌头"上有一个塑胶打气阀，向下按动可以给整只鞋进行充气。之后，耐克发明了Nike Air技术，将气囊用于其运动鞋的鞋底。为了运输方便，减少占用空间，日本人别出心裁地培育出了方形的西瓜。同样是节省空间的设计，但好像还没见哪个厂家能够量产可以放在墙角的三角形的电冰箱。电动车特斯拉并没有采用新奇的车型，而是采用类似保时捷那样的相对传统的流线型设计，彰显其豪华性和运动性的魅力。

设计感不仅仅是针对产品本身，还可以体现在服务与体验的整个流程中，强调的是消费的象征性意义和社会心理上的感觉。别小看网红奶茶，一杯奶茶的材料、成色、口感和呈现，卖的就是设计感。针对购买和饮用的每一个步骤和环节，一个用心的店家都可能充分地进行设计，从仪式感和社交性上增进消费者的情感诉求并针对性地进行满足。同样，海底捞火锅店的顾客等位管理，从免费的饮料小食到美甲服务和照片打印以及儿童玩具，都体现出对顾客的关怀和在乎，给顾客带来某种颇为暖心的惊喜，至少跟那些同类同档但流程并不如此精细的店家相比。

审美感

审美感是价值创造中极为值钱的要素。所谓值钱，一是指价值提供过程本身极为费钱，需要专家行家上手、高人达人操刀，更需要相应的品质卓越和性能独特的原材料，以及相较于普通生产制造过程更为专业而灵活的制造工艺和程序；二是指产品本身较为值钱，不管在任何价位，都会比同类的基础功能性的产品要值钱。这意味着消费者愿意为这种更加出众的价值提供支付溢价，而且商家作为该价值的提供者也会有足够的空间来捕获自己的超出常规水平的那部分价值。

显然，价值载体的审美感是离不开上述的设计感的。如果设计和呈现能够在审美维度满足甚至超越受众的需求，那将会为其带来难以抑制的好感，使其情不自禁地甘愿支付溢价。当然，审美取向与标准既有大众间通行的基本准则，又有不同受众群体中独特的品味与个性。有人喜好爱马仕（Hermes）或者路易威登（Louis Vuitton）的手包设计，有人喜欢材质环保的简单布兜（Tote Bag），还有人（尤其是某些年轻人）喜欢包体上钉满各种闪亮钉子的 MCM 品牌的包。各有各的特色、标准与跟风人群。也就是说，审美也是一种时尚和潮流，是一种社会化的行为甚至运动。一个特定审美风尚的流行，需要有"领头羊"类型的潮流引领者和创造者。无论是自愿还是被诱导，"领头羊"不惜重金，首当其冲。然后会有紧随其后的跟风者慷慨"入坑"。

> 艺术是从经验提取模式。我们的审美享受就是认出此模式。
>
> ——怀特海，英国数学家、哲学家

潮流没有对错，审美难分高下。价值创造的妙处正是在于对症下药，只要设计符合特定人群的审美标准即可。有人不喜欢你的东西没关系，那不是你的目标受众。审美倾向鲜明的价值载体往往具有超强的独特风格和目标受众，使得大家的观点和喜好极端两极分化。"甲之蜜糖，乙之砒霜""萝卜青菜，各有所爱""恨得咬牙切齿，爱得死去活来"。有的人认为别人的审美简直就是审丑，也许别人也是这样认为他们的。企业一定要让其目标受众觉得企业的价值载体提供充分满足了受众的审美感，而且愿意为这种独特价值创造支付相应的价格。

精致感

精致感是让人觉得价值载体具有卓越价值和持久魅力的另外一个重要诱因。显然，它与上述的设计感和审美感密切相关。具体而言，精致感意味着你让你的受众群体觉得你真心实意地在乎，在乎你的手艺，在乎你的

第十四章
品味格调：卓越价值的持久魅力

受众，尊重自己，成全他人。你有态度、有原则、有坚守、有承诺。所谓的工匠精神，就是专业精神和敬业精神：视手艺如生命，视成果如亲生；如切如磋，如琢如磨；精益求精，投入执着。这是具有精致感的价值载体得以出现的必要前提。

一方面，精致感体现在价值载体的精准性、精细度和精美度上。精准性意味着尺寸不差毫厘，功能不多不少，作用正好合适。比如优质门的设计、制造与安装，门与门框之间的距离疏密适当，不松散漏缝，也不滞涩摩擦。精细度体现的是材料和加工呈现的细致，比如显示屏幕的像素与光洁度的高低，细致逼真而又适合人们的视觉。精美度则是由于造型的精巧及其完美呈现给受众带来的总体愉悦感，比如 iPod 在 MP3 播放器市场上的一枝独秀，从 iPod、iPod Mini 到 iPod Nano。

另一方面，精致感的造就与实现有赖于价值载体产生过程中的完成度、细节关注度以及整体协调度。首先，精致感的造就需要较高的完成度。欲求完美，永无止境。在这种境界下，所有的作品都是未完成的半成品，都有遗憾的成分和改进的空间。无论是在技术可能性上还是在耗费的时间跨度上，完成的状态越是接近大家心中完美的境界，所谓的完成度就越高。比如，茅台制造过程中九次蒸煮、八次发酵、七次取酒，贮存三年后再包装出厂。这显然是急功近利的厂家难以耐心完成的。其次，精致感的呈现主要在于对细节的关注度。应用程序页面上的"确定"（OK）键到底放在什么位置最为符合用户习惯和总体美观的要求？门把手到底是长方形好还是椭圆形好？定制西装衣袖的长短是否应正好露出四分之三英寸的衬衣袖口？最后，整体协调度同样影响大家对价值载体精致感的综合评价。比如，一个网站页面的布局疏密、内容的编排顺序、图像与文字的搭配、总体的视觉效果和使用便利等，都可能影响其精致感。再比如，一个手机的摄像头、按钮、母键等的位置关系，甚至厂家 Logo 的大小与摆位等，都可能影响其精致感。

对于精致感明显的价值载体，大多数人都能够明确无误地体会到其精妙。有些精致感极为低调平和但匠心独运的价值载体，则需要识货的明眼人方可鉴赏与识别。对于精致感，将就的人不愿为之付费，宁愿找一个最为便宜的替代品来满足功能性的要求；讲究的人自然会愿意为之支付溢价，不一定只是赞赏和褒奖工匠精神本身，更是在乎自己的满足与感觉，是要确认和欣赏自己的生活方式，褒扬和彰显自己卓越的品味与格调。企业的卓越价值提供，就在于发现、培育并服务于那些愿意并能够为有精致感的价值载体支付溢价的顾客群体。

兴奋感

凸显品味与格调的价值提供，最终的检验标准是"兴奋感"，即能够让人感到兴奋和激动。比如，打游戏上瘾的人最容易理解这种体验。产品和服务的设计感、审美感与精致感，不仅让其目标受众觉得合情合理、理所当然，而且让他们感到刺激和惊喜——正中下怀、暗合心意。"咱们真是想到一块儿去了！""你是我的牌子""就你懂我""我爱上你了！"情愫饱满，心情舒畅。仿佛终于找到了知音知己，相见恨晚，暗自庆幸，难以自拔，沉醉其中。你的价值提供要让人一接触就感到兴奋，过后仍然让人不断惦记、挥之不去。这是情感层面的拔高与升腾。

首先，兴奋感来自产品本身。有些人喜欢巧克力，有些人偏爱冰激凌。有些人看到星巴克挪不动步，有些人看到冰红茶必须畅饮。有人喜欢打游戏，有人喜欢歌舞厅。有人滑雪，有人溜冰。无论是物理的、生理的还是心理的或社会的原因，有些东西和活动本身就是容易带来兴奋感的。比如，糖就是如此，很多人无法拒绝甜品。问题是，即使在这些品类的价值载体上，仍然有一个能否令人更喜欢、更激动从而创造更加卓越价值的问题。比如，意大利的 Ferrero 巧克力，每粒巧克力都是独立包装，内含榛子等坚果，用金色的或者其他耀眼颜色的锡纸进行包装。看到包装纸就可能让人浮想联翩。

其次，兴奋感来自即时回馈所带来的满足。开着小摩托车兜风，风吹发际线的舒爽惬意会使人立刻兴奋。打游戏痛扁对手、消灭敌人、给自己

第十四章
品味格调：卓越价值的持久魅力

涨分，会马上令人心情亢奋。很多社交软件和社区，其存在靠的正是即时回馈所带来的兴奋与喜悦性的满足。当然，得不到即时回馈和立刻满足的焦虑也自然由此而生。如何使得焦虑能够催生对该价值载体的进一步需求，而不是由焦虑导致消费者放弃该价值载体，乃企业需要平衡拿捏的一个棘手问题。

再次，为了鼓励大家持续消费与不断投入，或者说将其锁定于自己企业或者生态系统的价值提供谱系与历程上，企业需要对其产品本身形成层级梯队和升级的路径——由大众升级到奥迪，由泸州老窖升级到国窖1573，由游戏中的初级菜鸟升级到英雄王者……升级的过程就是一个不断自我激励、自我确认和自我庆祝的过程，这本身就注定是令人兴奋和向往的。企业的各类积分活动也是基于类似的理由，给消费者以某种占了小便宜的窃喜，使其不知不觉地锁定于企业的既定游戏。20年前，当巴菲特的Berkshire Hathaway公司的股票达到每股63 000美元的高价时，为了给初入股市者和年轻粉丝们提供一个与其一起分享投资成果的机会，他们推出了售价每股1 000美元的B股。

还有，就是产品系列的拼凑与集成。比如，收集球星卡片，收集歌星唱片，收集玩具系列。企业可以进行时序先后以及频率节奏的把握，可以通过各种奖励制造惊喜，还可以推出珍藏版、限量版、经典版和复古版等多种升级版的收藏产品。总之，要掌控情势，张弛有度地去不断地吊消费者的胃口。比如，奖励一旦成为常规或者可以预测便会失去魅力。越变幻莫测，越让人抓狂，同时又偶有得奖，大家就越是愿意不断地去试。"老虎机"给人的感觉就是这样：你不知道什么时候会中奖，希望总在下一次。比如，前一阵子很火的盲盒（Molly），就是不断花样翻新的收集游戏的最新变种。

最后，一个令人兴奋的重要诱因就是恰当的场景设计。大家在企业刻意营造的令人兴奋的范围中或者自己容易产生兴奋感的情形下会有派生的需求。比如，卡拉OK厅里的酒精饮品消费，基本上不是完全理性的，而是情境性的。卡拉OK这种产品服务本身就是一种让大家"自嗨"的社会性的消费，使大家自我感觉良好、自我肯定、自我赞赏、自我张扬。再比如，一家人跑到迪士尼乐园，在兴高采烈的心境下，尤其是孩子们快乐无比的情绪下，各种冲动性的消费都可能立刻发生。排队花大价钱跟维尼熊吃早餐，你会在意费用吗？哈根达斯开实体店，不仅是展示和售卖其冰激凌，而且是要满足社交需求以及相关的喜悦感、兴奋感和尊崇感。

当然，场景并不一定都是高大上，消费并不一定都要花大价钱。价值载体与目标受众只要在某些场景有效地连接，就能够制造兴奋感。街头"撸串儿"，要的就是随性爽快，没人过于在意卫生标准。对于半夜嘴馋的学生而言，味道浓烈劲爆的方便面简直是人间美味，令人垂涎欲滴。所以，很多情景下，廉价的即时满足也会很刺激，令人兴奋异常。这跟设计感和审美感不完全矛盾。要设计对场景，注重审美移情，品味与格调要与受众群体相符。

你不喜欢我没关系，不是每个人都有良好品味的。

——匿名

格调就是有勇气自己去选择和拒绝，是上佳的品味和文化。

——乔治·阿玛尼（Giorgio Armani），意大利时装设计师

品味与格调的综合体验

与 SURE 框架相似，一项产品或服务如果能够满足 DARE 框架中的一项或二三项要求，就已经比较有特色了；能够同时满足四项要求的，则堪称上品，接近完美卓越的价值提供。比如，如今收归宝马集团旗下的英国汽车品牌 Mini Cooper，设计精巧、做工精良、色彩斑斓、迷你可爱，而且安全性强。简单、实用、可靠、小巧、精致、美观，令人心生愉悦。瑞士名表 Omega 集团旗下的斯沃琪（Swatch）亦是将设计、时尚、青春、趣

第十四章
品味格调：卓越价值的持久魅力

味、情感等多种因素巧妙结合。戴着舒服，看着愉悦，想着有趣，觉得好玩。

当然，有些价值提供意在长期持久，有些价值提供则是对于所创价值的短平快"收割"。比如，从三株口服液到脑白金等一系列的保健品和营养品，其营销手段都具有非常强烈和巧妙的设计感，具有浓烈的情感诉求，甚至具有一定程度的审美效果和受众兴奋感。比如，脑白金以一个"孝"字锁定了多少消费者？到底有多少老人真正吃了孩子们孝敬的脑白金，不得而知，也不重要，关键是这一款定制礼品给他们双方提供了情感上的一时满足。

20世纪末的央视广告标王秦池酒，当时也是被大家当作礼品送来送去的。能在央视新闻联播前后的黄金时段每日打广告，给人的感觉大致是靠谱，不会有什么大的差池。真正有多少人喝了，口味如何，是山东本地自酿还是外地购进，这些细节问题大家都没工夫细问。有些在特定维度上符合DARE准则的却不一定符合SURE准则。

最后的综合结果就是上瘾

为了能够持久地创造卓越价值，企业在SURE和DARE两个框架下的所有努力都是为了保持和增强消费者的忠诚度和习惯性消费的频率，拉高其单次消费的总价。有了长期内足够的消费频率和总价，企业才能更好地捕获其价值创造的成果。说白了，企业需要消费者上瘾，从而形成习惯性的消费，进而带来双方都不好拒绝和难以替代的价值提供与价值享用关系。所谓的"习惯"（HABIT），可以被解读为消费者对某个企业提供的价值载体的上钩（Hooked）和上瘾（Addicted），故而被"收买"（Bought）或"搞定"，而这恰恰是由于这些价值载体造成的不可或缺的（Indispensible）依赖以及乐此不疲的（Tireless）习惯性消费。

不妨回忆一下谷歌联合创始人佩奇的"牙刷准则"。谷歌投资进入的产品和服务领域,对于其用户来说,最好是习惯性的和不可或缺的,就像牙刷一样,每个文明人每天都要用上一次或者多次。它参与的搜索业务、手机安卓系统、谷歌电子邮箱、在线广告等多种业务都是属于这样的习惯性消费场景。巴菲特喜好投资的那些所谓具有良好内在价值的企业也都是与人们日常生活息息相关的各类产品和服务提供商中的佼佼者。

如今,随着数据收集与运用的不断提速、扩容、复杂与熟练,企业将会更加便捷精准地捕捉和洞察消费者的偏好与习惯,更加有的放矢地"看人下菜"、诱发兴趣、推荐新品、提高频率,而且也会通过第十一章中阐述的订阅服务等手段增进重复购买和习惯性消费。

本 章 结 语

价值创造在于通过满足消费者的需求来实现企业自身的价值。消费者的需求通常具有针对功能性本身的基本层面的要求,也有注重品味与格调的生活方式层面的更高要求。工业时代,大家注重功能与效率。数字经济时代,大家越来越重视感觉和体验。最终,持久卓越的价值提供有赖于对品味与格调以及情感和精神层面的关照以及消费者的上瘾及习惯性的消费需求。本章通过 SURE 和 DARE 两个相互关联的分析框架,梳理关于对消费者价值提供的一些手段与方法的系统思考。

SURE 框架,强调价值载体(产品、服务和体验)的简单明晰、适用实用、稳健可靠和情感传递。DARE 框架聚焦价值载体的设计特色、审美情趣、精致表现和兴奋激动。无论是功能满足还是情感慰藉,都需要专业的设计和精致的呈现才能真正打动消费者。设计感和精致感自然是企业在价值创造方面的基本功,不仅雪中送炭,而且锦上添花。提供令人兴奋激动和持续喜爱的价值载体,在审美和精神层面为消费者带来满足和惊喜,当是企业捕获价值的可靠手段。

若要消费者上瘾从而形成习惯性的消费,寄望于短期的刺激和欣喜是

第十四章
品味格调:卓越价值的持久魅力

不够的,一时间的讨好和"抖机灵"亦是难以长期为继。致力于长期卓越价值创造的企业,必须将顾客真诚地作为持久的服务对象,乃至终生的甚至跨代的服务对象,千方百计地去揣摩、发现、诱导和创建新的需求。最终,价值创造是企业与消费者之间的一种相互承诺,一种价值共创的过程。它需要的不仅是简单的功能满足,更是品味与格调上的追求与实现。

参 考 文 献

马浩. 竞争优势: 解剖与集合: 修订版 [M]. 北京: 北京大学出版社, 2010.

马浩. 战略管理: 商业模式创新 [M]. 北京: 北京大学出版社, 2015.

马浩. 分享经济中的可分享性. 清华管理评论 [J], 2016, 11: 36-41.

马浩. 热共享, 冷"SHARING". 清华管理评论 [J], 2018, 5: 70-73.

马浩. 战略管理学说史: 英雄榜与里程碑 [M]. 北京: 北京大学出版社, 2018.

马浩. 战略的悖论: 拆解与整合 [M]. 北京: 北京大学出版社, 2019.

Abell, D. F. Defining the Business: The Starting Point of Strategic Planning [M]. NJ: Prentice-Hall, 1980.

Adner, R. The Wide Lens: A New Strategy for Innovation [M]. UK: Penguin, 2012.

Adner, R. Ecosystem as structure: An actionable construct for strategy [J]. Journal of Management, 2017, 43 (1): 39-58.

Adner, R. and Kapoor, R. Value creation in innovation ecosystems: How the structure of technological interdependence affects firm performance in new technology generations [J]. Strategic Management Journal, 2010, 31 (3): 306-333.

Almirall, E. and Casadesus-Masanell, R. Open versus closed innovation: A model of discovery and divergence [J]. Academy of Management Review, 2010, 35 (1): 27-47.

Alvarez, S. A. and Barney, J. B. Discovery and creation: Alternative theories of entrepreneurial action [J]. Strategic Entrepreneurship Journal, 2007, 1 (1-2): 11-26.

Abrahamson, E. and Fairchild, G. Management fashion: Lifecycles, triggers, and collective learning processes [J]. Administrative Science Quarterly, 1999, 44 (4): 708-740.

Amit, R. and Schoemaker, P. J. H. Strategic assets and organizational rent [J]. Strategic Management Journal, 1993, 14 (1): 33-46.

Amit, R. and Zott, C. Value creation in e-business [J]. Strategic Management Journal, 2001, 22 (6-7): 493-520.

Andrews, K. R. The Concept of Corporate Strategy [M]. Homewood, IL: Dow Jones-Irwin, 1971.

Baden-Fuller, C. and Morgan, M. S. Business models as models [J]. Long Range Planning, 2010, 43 (2-3): 156-171.

Barney, J. B. Strategic factor markets: Expectations, luck, and business strategy [J]. Management Science, 1986, 32 (10): 1231-1241.

Barney, J. B. Firm resources and sustained competitive advantage [J]. Journal of Management, 1991, 17 (1): 99-120.

Barney, J. B. Gaining and Sustaining Competitive Advantage [M]. 2nd ed. NJ: Prentice-Hall, 2002.

Barney, J. B. and Zajac, E. J. Competitive organizational behavior: Toward an organizationally-based theory of competitive advantage [J]. Strategic Management Journal, 1994, 15 (S1): 5-10.

Baron, D. P. Integrated strategy: Market and nonmarket components [J]. California Management Review, 1995, 37 (2): 47-65.

Baum, J. A., Calabrese, T. and Silverman, B. S. Don't go it alone: Alliance network composition and startups' performance in Canadian biotechnology [J]. Strategic Management Journal, 2000, 21 (3): 267-294.

Brandenburger, A. and Nalebuff, B. Co-opetition [M]. NY: Currency/Doubleday, 1997.

Casadesus-Masanell, R. and Ricart, J. E. From strategy to business models and onto tactics [J]. Long Range Planning, 2010, 43 (2-3): 195-215.

Casadesus-Masanell, R. and Ricart, J. E. How to design a winning business model [J]. Harvard Business Review, 2011, 89 (1-2): 100-107.

Cennamo, C. and Santalo J. Platform competition: Strategic trade-offs in platform markets [J]. Strategic Management Journal, 2013, 34 (11): 1331-1350.

Chen, M.-J. Competitor analysis and interfirm rivalry: Toward a theoretical integration

[J]. Academy of Management Review, 1996, 21 (1): 100-134.

Chesbrough, H. W. Open Innovation: The New Imperative for Creating and Profiting from Technology [M]. Boston: Harvard Business School Press, 2003.

Chesbrough, H., Vanhaverbeke, W. and West, J. eds., New Frontiers in Open Innovation [M]. London: Oxford University Press, 2014.

Child, J. Organizational structure, environment and performance: The role of strategic choice [J]. Sociology, 1972, 6 (1): 2-22.

Cockburn, I. M., Henderson, R. M. and Stern, S. Untangling the origins of competitive advantage [J]. Strategic Management Journal, 2000, 21 (10-11): 1123-1145.

Cohen, W. M. and Levinthal, D. A. Absorptive capacity: A new perspective on learning and innovation [J]. Administrative Science Quarterly, 1990, 35 (1): 128-152.

Collins, J. C. and Porras, J. I. Built to Last: Successful Habits of Visionary Companies [M]. New York: Harper Business, 1994.

Collis, D. J. How valuable are organizational capabilities [J]. Strategic Management Journal, 1994, 15 (Winter Special Issue): 143-152.

Collis, D. J. and Montgomery, C. A. Creating corporate advantage [J]. Harvard Business Review, 1998, 76 (3): 70-83.

Cusumano, M. A. How traditional firms must compete in the sharing economy [J]. Communications of the ACM, 2015, 58 (1): 32-34.

D'Aveni, R. A. Hypercompetition [M]. New York: Free Press, 1994.

D'Aveni, R. A., Dagnino, G. B. and Smith, K. G. The age of temporary advantage [J]. Strategic Management Journal, 2010, 31 (13): 1371-1385.

De Wit, B. and Meyer, R. Strategy: Process, Content, Context. 4th ed. [M]. London: Cengage Learning EMEA, 2014.

Durand, R., Grant, R. M. and Madsen, T. L. The expanding domain of strategic management research and the quest for integration [J]. Strategic Management Journal, 2017, 38 (1): 4-16.

Dyer, J. H. and Singh, H. The relational view: Cooperative strategy and source of interorganizational competitive advantage [J]. Academy of Management Review, 1998, 23 (4): 660-679.

Eisenhardt, K. M. and Martin, J. A. Dynamic capabilities: What are they? [J]. Strategic

Management Journal, 2000, 21 (10-11): 1105-1121.

Ethiraj, S. K. and Levinthal, D. Modularity and innovation in complex systems [J]. Management Science, 2004, 50 (2): 159-173.

Evans, P. and Wurster, T. S. Blown to Bits: How The New Economics of Information Transforms Strategy [M]. Boston: Harvard Business School Press, 1999.

Eyal, N. Hooked: How to Build Habit-forming Products [M]. New York: Penguin, 2014.

Ferrier, W. J., Smith, K. G., and Grimm, C. M. The role of competitive action in market share erosion and industry dethronement: A study of industry leaders and challengers [J]. Academy of Management Journal, 1999, 42 (4): 372-388.

Freeman, R. E.. Strategic Management: A Stakeholder Approach [M]. Cambridge: Cambridge University Press, 1984.

Ghemawat, P. Sustainable advantage [J]. Harvard Business Review, 1986, 64 (5): 53-58.

Ghemawat, P. Commitment [M]. New York: Simon and Schuster, 1991.

Ghemawat, P. and Del Sol, P. Commitment versus flexibility [J]. California Management Review, 1998, 40 (4): 26-42.

Gomes-Casseres, B. The Alliance Revolution: The New Shape of Business Rivalry [M]. Harvard University Press, 1996.

Govindarajan, V. and Trimble, C. Reverse Innovation: Create Far from Home, Win Everywhere [M]. Boston: Harvard Business Review Press, 2012.

Grant, R. M. The resource-based perspective of competitive advantage: Implications for strategy formulation [J]. California Management Review. 1991, 33: 114-135.

Grant, R. M. Toward a knowledge-based theory of the firm [J]. Strategic Management Journal, 1996, 17 (S2): 109-122.

Grönroos, C. and Voima, P. Critical service logic: Making sense of value creation and co-creation [J]. Journal of The Academy of Marketing Science, 2013, 41 (2): 133-150.

Grove, A. S. Only The Paranoid Survive: How to Exploit The Crisis Points That Challenge Every Company and Career [M]. New York: Doubleday, 1996.

Gulati, R. Networks and alliances [J]. Strategic Management Journal, 1998, 19: 293-318.

Gulati, R., Nohria, N. and Zaheer, A. Strategic networks [J]. Strategic Management Journal, 2000, 21 (3): 203-215.

Hamel, G., Doz, Y. L. and Prahalad, C. K. Collaborate with your competitors and win [J]. Harvard Business Review, 1989, 67 (1): 133-139.

Haspeslagh, P. C. and Jemison, D. B. Managing Acquisitions: Creating Value through Corporate Renewal [M]. New York: The Free Press, 1991.

Hillman A. J., Hitt M. Corporate political strategy formulation: A model of approach, participation, and strategy decisions [J]. Academy of Management Review, 1999, 24 (4): 825-842.

Iansiti, M. and Levine, R. The Keystone Advantage [M]. Boston: Harvard Business School Press, 2004.

Jacobides, M. G., Cennamo, C., and Gawer, A. Towards a theory of ecosystems [J]. Strategic Management Journal, 2018, 39 (8): 2255-2276.

Jacobson, R. The persistence of abnormal returns [J]. Strategic Management Journal, 1998, 9 (5): 415-430.

Kapoor, R. and Agarwal, S. Sustaining superior performance in business ecosystems: Evidence from application software developers in the iOS and Android Smartphone Ecosystems [J]. Organization Science, 2017, 28 (3): 531-551.

Kapoor, R. and Lee J. M. Coordinating and competing in ecosystems: How organizational forms shape new technological investments [J]. Strategic Management Journal, 2013, 34: 274-296.

Kim, W. C. and Mauborgne, R. Blue Ocean Strategy [M]. Boston: Harvard Business Review Press, 2005.

Lavie, D. Alliance portfolios and firm performance: A study of value creation and appropriation in the U. S. software industry [J]. Strategic Management Journal, 2007, 28 (12): 1187-1212.

Leonard-Barton, D. Core capabilities and core rigidities: A paradox in managing new product development [J]. Strategic Management Journal, 1992, 13 (Summer Special Issue): 111-125.

Leonard-Barton, D. Wellsprings of Knowledge: Building and Sustaining The Sources of Innovation [M], Boston: Harvard Business School Press, 1995.

Lepak, D. P., Smith, K. G. and Taylor, M. S. Value creation and value capture: A multilevel perspective [J]. Academy of Management Review, 2007, 32 (1): 180-194.

Li, J., Chen, L., Yi, J., Mao, J., and Liao, J. Ecosystem-specific advantages in international digital commerce [J]. Journal of International Business Studies, 2019, 50 (9): 1448-1463.

Lieberman, M. and Montgomery, D. First mover advantages [J]. Strategic Management Journal, 1988, 9 (S1): 41-58.

Miller, D. The architecture of simplicity [J]. Academy of Management Review, 1993, 18 (1): 116-138.

Mizik, N. and Jacobson, R. Trading off between value creation and value appropriation: The financial implications of shifts in strategic emphasis [J]. Journal of Marketing, 2003, 67 (1): 63-76.

Moore, J. F. The Death of Competition: Leadership and Strategy in The Age of Business Ecosystems [M]. New York: Harper Business, 1996.

Nonaka, I. and Takeuchi, H. The Knowledge-creating Company: How Japanese Companies Create The Dynamics of Innovation [M]. London: Oxford University Press, 1995.

Oliver, C. Sustainable competitive advantage: Combining institutional and resource-based views [J]. Strategic Management Journal, 1997, 18 (9): 697-713.

Parker, G., Van Alstyne, M. and Choudary, S. Platform Revolution: How Networked Markets Are Transforming The Economy and How to Make Them Work for You [M]. New York: W. W. Norton & Company, 2016.

Payne, A. F., Storbacka, K. and Frow, P. Managing the co-creation of value [J]. Journal of the Academy of Marketing Science, 2008, 36 (1): 83-96.

Penrose, E. The Theory of the Growth of the Firm [M]. London: Oxford University Press, 1959.

Peteraf, M. A. The cornerstones of competitive advantage: A resource-based view [J]. Strategic Management Journal, 1993, 14 (3): 179-191.

Pfeffer, J. Competitive Advantage Though People [M]. Boston: Harvard Business School Press, 1994.

Porter, M. E. Competitive Strategy [M]. New York: The Free Press, 1980.

Porter, M. E. Competitive Advantage [M]. New York: The Free Press, 1985.

Porter, M. E. Towards a dynamic theory of strategy. *Strategic Management Journal*, 1991, 12 (S2): 95-117.

Porter, M. E. What is strategy? [J]. Harvard Business Review, 1996 (11-12): 61-78.

Powell, T. C. Competitive advantage: Logical and philosophical considerations [J]. Strategic Management Journal, 2001, 22 (9): 875-888.

Prahalad, C. K., and Bettis, R. The dominant logic: A new linkage between diversity and performance [J]. Strategic Management Journal, 1986, 7 (6): 485-501.

Prahalad, C. K. and Hamel, G. The core competence of the corporation [J]. Harvard Business Review, 1990 (5-6): 79-90.

Prahalad, C. K. and Ramaswamy, V. Co-creation experiences: The next practice in value creation [J]. Journal of Interactive Marketing, 2004, 18 (3): 5-14.

Priem, R. L. A consumer perspective on value creation [J]. Academy of Management Review, 2007, 32 (1): 219-235.

Robert M. Grant. *Contemporary Strategy Analysis*. 3rd Edition. Oxford: Blackwell Publishing, 1998.

Rumelt, R. P., Schendel, D. and Teece, D. J. Fundamental Issues in Strategy: A Research Agenda [M]. Boston: Harvard Business School Press, 1994.

Shipilov, A. and Gawer, A. Integrating research on inter-organizational networks and ecosystems [J]. Academy of Management Annals, 2019, 14 (1): 92-121.

Smith, J. B. and Colgate, M. Customer value creation: A practical framework [J]. Journal of Marketing Theory and Practice, 2007, 15 (1): 7-23.

Stalk, G. Competing Against Time: How Time-based Competition Is Reshaping Global Mar [M]. New York: Simon and Schuster, 1990.

Stalk, G. Evans, P. and Shulman, L. E. Competing on capabilities: The new rules of corporate strategy [J]. Harvard Business Review, 1992 (3-4): 57-69.

Sundararajan, A. The Sharing Economy: The End of Employment and The Rise of Crowd-based Capitalism [M]. Cambridge: MIT Press, 2016.

Teece, D. J. Business models, business strategy and innovation [J]. Long Range Planning, 2010, 43 (2-3): 172-194.

Teece, D. J. Next generation competition: New concepts for understanding how innovation shapes competition and policy in the digital economy [J]. Journal of Law, Economics and Policy, 2012, 9 (1): 97-118.

Teece, D. J., Pisano, G. and Shuen, A. Dynamic capabilities and strategic management [J]. Strategic Management Journal, 1997, 18 (7): 509-533.

Thiel, P. A. Zero to One: Notes on Startups, or How to Build The Future [M]. New York: Crown Pub, 2014.

Wernerfelt, B. A resource-based view of the firm [J]. Strategic Management Journal, 1984, 5 (2): 171-180.

Wernerfelt, B., and Montgomery, C. A. What is an attractive industry? [J]. Management Science, 1986, 32 (10): 1223-1230.

Williams, J. R. How sustainable is your competitive advantage? [J]. California Management Review, 1992, 34 (3): 29-51.

Williamson, O. E. Strategizing, economizing, and economic organization [J]. Strategic Management Journal, 1991, 12 (S2): 75-94.

Wood, W. and Neal, D. T. The habitual consumer [J]. Journal of Consumer Psychology, 2009, 19 (4): 579-592.

Zenger, T. Beyond Competitive Advantage: How to Solve The Puzzle of Sustaining Growth While Creating Value [M]. Boston: Harvard Business Review Press, 2016.

Zervas, G., Proserpio, D. and Byers, J. W. The rise of the sharing economy: Estimating the impact of Airbnb on the hotel industry [J]. Journal of Marketing Research, 2017, 54 (5): 687-705.

Zhu, F. and Iansiti, M. Entry into platform-based markets [J]. Strategic Management Journal, 2012, 33 (1): 88-106.

Zollo, M., Reuer, J. J. and Singh, H. Interorganizational routines and performance in strategic alliances [J]. Organization Science, 2002, 13 (6): 701-713.

Zott, C. and Amit, R. Business model design and the performance of entrepreneurial firms [J]. Organization Science, 2007, 18 (2): 181-199.

Zott, C. and Amit, R. The fit between product market strategy and business model: Implications for firm performance [J]. Strategic Management Journal, 2008, 29 (1): 1-26.

Zott, C., Amit, R. and Massa, L. The business model: Recent developments and future research [J]. Journal of Management, 2011, 37 (4): 1019-1042.

后　　记

　　《竞争优势：解剖与集合》是我出版的第一本著作。此书最初以英文版的形式于 2004 年由北京大学出版社出版发行，总结和梳理了我在 1996 年至 2004 年的 8 年间对于战略管理学领域竞争优势这一专题的研究成果。最近一次的中文修订版也已经出版 10 年了。由于尚有一定的市场需求，承蒙北京大学出版社邀请，今年再次着手对此书进行修订更新。

　　此次的修订与更新主要体现在两个方面：一是精简和重组了原来关于竞争优势的两个部分的内容，删去了过时的素材案例，并进行了全新的梳理和提炼。需要说明的是，由于注重对概念和框架本身的陈述，新版中并未刻意增补新的案例。二是添加了全新的关于价值创造的第三部分，新增的内容大概占到全书总篇幅的三分之一。故此，新版更名为《从竞争优势到卓越价值》。

　　自本书 2004 年的英文版开始，北京大学出版社为我出版的十余本著作均由张燕女士担任责任编辑，她的专业和敬业令人由衷地赞叹。同时我也感谢北京大学出版社经管事业部主任林君秀老师多年的关照和鼓励。感谢北京大学国家发展研究院姚洋院长和所有同事在朗润园为我提供的良好的学术环境，使我能够在管理学领域潜心耕耘。我也在此感谢我的众多学生对本书的阅读与使用以及反馈和建议。

　　此书修订更新之际，正值 2020 年 "环球同此凉热" 的一段特殊时期。长期居家生活与学习的日子，使得我们一家四口难得地每天厮混在一

后　记

起。抬头才见，低头又趋；你来我往，形影不离。焦虑与欢愉交织，磕绊与互助并举。洁鸥与祥鹤一天天长大，不仅学业长足进步，而且更为令人惊艳的是二人日渐娴熟精美的厨艺。后生可喜，后浪可期。我们都一如既往地在袁远同学的引领下一起大踏步地向前奔去。

展望未来，抚今追昔。感慨良多，亲情历历。父母的教诲与鼓励永远是我前进的动力。自我17岁到北京上大学，一路读书教书，乐此不疲。外出游学，异地工作。说来惭愧，这些年来一直没有机会长期在生活中陪伴父母。如今我年过半百，父母也都年事已高，甚是想念惦记。能够聊以自慰的也主要是一周几次的视频通话而已。

我的妹妹马兰和妹夫阿飙长期与父母在一起，精心照顾他们的生活起居。我的哥嫂运成和玉珍及其孩子们马敏（与其夫向华）和马翀（与其妻晓瞳）也是能够经常照料我父母。妹妹与哥哥及其家人的陪伴与照料给父母带来了欢乐，也给远离家乡的我带来些许慰藉。管我叫爷爷的乐怡、如意和如果更是令太爷爷和太奶奶欣喜。家和事兴，其乐融融。我将此书献给我亲爱的兄妹以及后辈们。

马浩　再识
得州西湖翠溪轩
2020年8月31日初稿
2020年9月7日定稿